最新
「授業書」方式による保健の授業

保健教材研究会・編

大修館書店

はじめに

　保健教材研究会は、発足以来30年余、保健学習で扱われるべき教材の開発に力を注ぎ、その時々にそれを具体的な授業構想として公表してきた。1980年代以降は、板倉聖宣氏らによる仮説実験授業の授業書から教材開発と授業構想の方法に示唆を得て、「『授業書』方式による保健の授業」を構想してきた。これまで、その授業構想を中学校版（「『授業書』方式による保健の授業」1987年）、高校版（「続『授業書』方式による保健の授業」1991年）、中学校の全面改訂版（「新版『授業書』方式による保健の授業」1999年）、小学校版（「小学校『授業書』方式による保健の授業」2002年）として、大修館書店を通じてそれぞれ発行してきた。

　本書は、1991年の高校版を全面改訂したものである。改訂とはいえ、今日的視点から高校の保健教育内容を見直し、高校段階で扱われるべき教育内容のゆるやかな体系をも考えながら授業構想に取り組んだものであり、全面的に改訂された授業構想に加えて、新たに開発されたものも少なくない。その意味では、本書は旧版の改訂というより新版と称しても差し支えない内容が盛られている。書名を改訂版とせず「最新『授業書』方式による保健の授業」としたのもそのためである。

　その内容体系は、目次を一瞥していただければわかるように、次の7つの柱からなっている。

　序．健康の考えかた　　　　　　Ⅳ．現代の生活と健康
　Ⅰ．からだ・こころと健康　　　Ⅴ．現代の医療と健康
　Ⅱ．人間の性と健康　　　　　　Ⅵ．国際交流の進展と健康
　Ⅲ．環境と健康

　これらは、現行の学習指導要領の内容領域の体系性のなさや内容上の不備を補うかたちで対案提示を試みたものである。とはいえ、この7領域を確定的なものと考えてはいないし、それぞれの柱に盛られたいくつかの授業構想がもつ内容も、それをもってその柱の全体をカバーするものではない。それらを網羅するだけの教材開発と授業構想が間に合わなかったというのが、正直なところである。この領域構成の完成と各柱の穴を埋めることを当研究会の引き続く課題としたい。また、読者の方々には、ここに盛られた教材と授業構想をモデルにして、本書に不足している内容の教材開発と授業構想にぜひ取り組んでいただきたい。

　しいて言うと、旧版と違った点がもう一つある。それは、盛られた授業構想に従来の「授業書」方式による授業と少し趣の異なる授業構想が含まれていることである。周知のように、私たちの打ち出してきた「授業書」方式による保健の授業は、仮説実験授業の授業書に倣って「問題→予想・仮説→

討論→説明（検証）」というプロセスをたどるように構想されてきた。しかしながら、本書には、必ずしもこのようなプロセスをたどらない授業構想もいくつか提示されている。それは、保健の授業がすべてこのプロセスをたどるものであるという考えを少し柔軟にしたことによる。というのは、授業における討論が必ずしも一つの結論に到達するものばかりではなく、いろいろな考えかたやアイディアを出し合うブレインストーミングや一つの事柄について是か非かを論じあうディベートなどを取り入れた授業、あるいは討論とは異なる形態（作業やゲームなどのアクティビティ）を取り入れた授業もあってよいと考えたからである。

　その意味では、本書のタイトルをこれまでと同じように「『授業書』方式の保健の授業」とするのにはやや無理があると考える向きもないではない。しかしながら、敢えてこの表現を踏襲したのは、「授業書」方式による授業構想の表現方法が、幅広い人々に教材と授業の構想を伝えるのに非常に有効（優れた方法）であると考えているからである。と同時に、保健の授業では、授業での集団思考（討論）を通して一つの科学的結論に到達するというプロセス（これが授業書本来のプロセスである）が生徒たちの科学的認識の形成にとって極めて重要である、との私たちの認識は変わらないことを付け加えておきたい。

　教育現場の先生方には、ここに盛られた授業構想の有効性を実際の授業で検証していただくとともに、これらをもとに生徒たちの実態に合ったより適切な教材と授業づくりに取り組んでいただきたい。そして、その工夫・改善された授業構想をぜひ当研究会にフィードバックしていただいてさらに改善を重ね、一緒に日本の保健教育の充実に寄与していきたいと考えている。それが当研究会の初心でもあるからである。

　本書の編集・刊行にあたっては、大修館書店の加藤順さんと西阪治子さんに大変お世話になった。執筆陣が多人数にわたり、なかなか足並みのそろわない私たちのスローペースの作業に、辛抱強く、また粘り強くサポートしてくださったことに深く感謝している。

保健教材研究会会長　藤田和也

もくじ

はじめに 2
「授業書」方式による授業の運営のしかた 6

序章　健康の考えかた　7

　1　健康とは何か 8
　2　健康の多様な考えかた〜自己実現〜 12
　3　健康と行動〜意志決定と行動選択〜 17

Ⅰ章　からだ・こころと健康　23

　1　文明と人間のからだ 24
　2　こころとからだ〜心身の相関〜 31
　3　ストレスとその対処 37

Ⅱ章　人間の性と健康　45

　1　人間と性〜生殖の性をめぐる現在〜 46
　2　援助交際〜性にかかわる社会問題を討論する〜 54
　3　トランスジェンダー 58
　4　エイズ 65

Ⅲ章　環境と健康　71

　1　ごみの不法投棄 72
　2　リサイクルを含めた循環型社会への転換
　　　〜プラスチック製容器包装のマークから考える〜 79
　3　環境ホルモン 88

IV章　現代の生活と健康　　95

1　生活習慣病の予防〜血管病をどう防ぐか〜 …………………………… 96
2　薬物乱用 ……………………………………………………………… 102
3　食と安全 ……………………………………………………………… 108
4　サプリメント ………………………………………………………… 114
5　豊かな労働社会を目指して ………………………………………… 121

V章　現代の医療・福祉と健康　　131

1　医療機関・医療サービスと健康 …………………………………… 132
2　ドナーカードから移植医療を考える ……………………………… 136
3　高齢者の健康 ………………………………………………………… 144
4　バリアフリーからユニバーサルへ〜みんながともに生活できる環境づくり〜 …… 152

VI章　国際交流の進展と健康　　157

1　食料問題 ……………………………………………………………… 158
2　地球温暖化問題 ……………………………………………………… 165
3　感染症問題 …………………………………………………………… 172

■「授業書」方式による授業の運営のしかた■

「授業書」方式による保健の授業はどのように運営されるのか。もっとも一般的な授業のしかたは次のとおりである。

――――――◇――――――

① 「授業書」を作成する。その際、「問題」を解いているときに、「説明」や次の「問題」がみえないようにしておく配慮が大切である。ワラ半紙の４分の１ぐらいの用紙の表に「問題」、裏に「説明」を書き、とじて冊子にしておくと好都合である。

② 冊子を配る。まず「問題」を読む。教師が読んでもよいし子どもに読ませてもよい。読んだのち、問題の意味がじゅうぶんにつかみ得ていないようであるならば、何を問うているのかを説明し、全員が理解したかどうかを確認する。

③ 「予想」を立てさせる。クラス全員が選択肢に○印をつけたかどうかを確認したのち、どれに○印をつけたか挙手させる。

④ その人数を板書する。

⑤ 「予想」した理由について発表させる。ア、イ、ウ……の順でもよいが、「予想」の少なかったグループから発表させたほうが意見が出やすい。理由は、必ずしも論理的であることを要求する必要はない。「なんとなく」でも、選択した根拠の一つとして認める。一定の理由をもっていると思われるにもかかわらず、うまく発表できないような場合、教師が助言してやることも大切である。

⑥ それぞれの理由があがったならば、子ども同士で討論させる。他の予想を立てている友だちに、そのような理由で予想を立てるのはおかしい、といった意見を発表させるわけである。子どもから意見が出ず討論が成立しない場合は、次に進む。ただし、教師の判断によって教師が介入し、討論をもりあげるようにしてもよい。時間を気にして、時間に子どもを合わせることがあるが、このようなことは避けたい。

⑦ 意見が出つくした段階で、「友だちの意見を聞いているうちに予想が間違っていたように思うので変更したい」という子どもがいれば変更させる。つまり、あらためて挙手させ、先に板書した分布の横にその人数を記入する。

⑧ 「説明」を読む。教師が読んでも、子どもが読んでもよい。「問題」と同じように、「説明」の内容が理解困難なときはさらに補足して説明する。ただし、「説明」以外の内容をもち込んで、くどくど述べる必要はない。

⑨ 「問題」や「説明」に出てくる資料などは模造紙に書いて黒板に貼り、説明した方が効果が上がる。また、「授業書」に示されていない教具を利用してもよい。

⑩ 授業の最後に、時間があれば、あるいは時間を設けて、子どもたちに本時の感想を書かせるよい。この場合、自由記述でもよいが、「楽しさ」と「わかりやすさ」の２点から感想を書かせたりすることも考えられる。そうすると、感想文からいろいろなことができるはずである。

以上が、一般的な「授業書」方式による授業の運営のしかたである。討論が活発になされると授業はもりあがるし、認識も深まる。そのためには、自由に意見を出し合うことのできる学級の雰囲気づくりが大切である。一定の時間をかけると、少数意見が間違っているわけでもないことを知り、次第に意見を出しやすい雰囲気になってくることも確かである。

序章　健康の考えかた

1　健康とは何か

2　健康の多様な考えかた
　　〜自己実現〜

3　健康と行動
　　〜意志決定と行動選択〜

1　健康とは何か

Ⅰ　学ぶ意味

　健康は現代社会で生きる人々にとって、生活上の Key Word の一つであるといってよい。しかしながら、健康という言葉の意味するところが人々に明瞭に共有されているかというと、必ずしもそうではない。それは高校生たちにとっても同様であり、自明のことのようにして使ってはいるが、いざ健康とは何かと尋ねられると、答えに窮するところがある。というより、意外と狭い範囲でしかその意味をとらえていない。

　そこで、健康がもっとも基本的な Key Word であるところの保健学習において、健康という語がどのように定義されているか、また、健康という語の視野の範囲がどのような広がりと深さをもっているかについて改めて気づくことは、高校生が保健学習を始めるにあたって、学習への構えをつくる（保健学習の内容がどれだけの視野の広さと深さを必要としているかを感じとる）うえで、十分に意味のあることである。換言すれば、保健でこれだけ幅の広い内容が扱われているのはなぜなのか、その根拠がこの健康概念の広さと深さにあることを感じとるところに、この学習の意図がある。

Ⅱ　ねらい

　この学習では、グループディスカッションをしながら、健康ということを考えるときの一人ひとりの視野（思考）の範囲はかなり狭いことに気づかせるとともに、世界保健憲章（WHO 憲章）の健康の定義を手がかりに、健康概念の広がり（身体的な面だけでなく、精神的、社会的な面にまで広がっている概念であること）と同時に、深さ（その達成は個々人の努力だけでなく社会的・国家的施策があいまって可能であること）について認識させたい。

　そしてさらにこんにちでは、人間としての生きかたの質（Quality of Life）や生きる意志と意欲、ともに生きることを重視するような健康観が求められるようになっていることに気づかせたい。

◆授業の展開

[1] 健康のイメージ

> **指示1**　（ブレインストーミング）
> 　この授業では、「健康とは何か」ということを考えます。健康という言葉の定義をする前に、まず自分なりに感じている「健康」という言葉のイメージをグループで出し合い、それをもとに「健康とは何か」についてのグループの見解をまとめることにしましょう。
> 　「健康」という言葉を聞いてあなたは何をイメージしますか？　配られたメモ用紙の一番上の欄にあなたがイメージした言葉を書きます。それを書いたらそれを左隣の人に渡します。
> 　さらに、右隣から回ってきたメモの上の欄に書かれた言葉を読んで、あなたがさらにイメージした言葉を次の欄に書きます。そ

　この授業はグループでの話し合いを中心に進めるので、あらかじめ 5〜6 人のグループに分ける。

ブレインストーミング

　いろいろな考え・アイディアを豊かに出し合うために、出された意見を批判せずに自由に出し合うようにする。

　あらかじめ、3 枚に切り離せるメモ用紙を全員に配布しておく。

　このやりかたは、グループで互いの発想を出し合ってグループとしての考えをまとめる方法で、KJ 法と呼ばれている。

の際、自分が先ほど上の欄に書いたものと同じ言葉は書かないようにします。できる限りイメージを広げるように連想してください。

これを3つの欄が埋まるまで続け、全ての欄が埋まったらそれらを切り離し、書かれた言葉の共通のもの同士を集めてグルーピングします。そして、そのグルーピングしたものを参考に、「健康とは何か」についてのグループの見解をまとめましょう。

「健康とは〜である。」とまとめる際に、できるだけ広い視野でまとめることをアドバイスする。

指示2 （プレゼンテーション）
各グループでまとめた「健康とは何か」について全体に紹介しましょう。

プレゼンテーション
全体に発表する。
各グループから出された健康の定義を板書していく。

指示3 （グループディスカッション）
各グループから出された健康の定義には、次の各視点のどれが含まれているでしょうか。各グループの定義に含まれている視点を記号a〜gで書き入れましょう。
 a. 病気か否かで健康をとらえている。
 b. 体調の良さ・悪さで健康をとらえている。
 c. 心理状態（情緒、気分、意欲）をとらえている。
 e. 生活ぶり（よく食べ、よく眠れるなど）をとらえている。
 d. 人間関係がうまくいっているといった社会性を含めている。
 f. まわりの環境との関係でとらえている。
 g. 社会（政治や経済、社会状態）との関係に触れている。

グループディスカッション
a〜gでは、下にいくにつれ、健康について考える視野の範囲がしだいに広くなっている。
a=1, b=2, c=3, d=4, e=5, f=6, g=7点として、各グループの定義の得点を計算してみるのもよい。得点の高い定義ほど視野の広い、包括的な定義であるといえる。

[2] WHOの健康の定義

指示4 （グループディスカッション）
次の英文は、WHO（世界保健機関）がかかげる世界保健憲章（WHO憲章）の前文に書かれている健康の定義の部分です。グループで話し合いながら、日本語に訳してみましょう。
Health is a state of complete physical, mental and social well-being and not merely the absence of disease or infirmity.

〈参考1〉
まず、下の語の意味を参考に、上の文のHealthからwell-beingまでの意味を考えてみましょう。
　state：状態、complete：完全な、physical：身体的、
　well-being：良好

〈参考2〉
次に、下の語の意味を参考に、and not merely以後の意味を考えましょう。
　not merely：単に〜ではない、absence：欠如、ないこと、

グループディスカッションでは、必ず司会とまとめ役をグループで決めさせる。司会とまとめ役は一人でもいいし、二人で分担してもよい。

WHOの健康の定義
「健康とは、身体的、精神的、社会的に完全に良好な状態であり、単に病気や虚弱でないということではない。」

infirmity：虚弱

指示5 （グループワーク）
　それでは、WHO の健康の定義の日本語訳を、下の（　）の中に言葉を入れて完成させましょう。
　健康とは、（＿＿＿＿＿＿＿＿＿＿＿＿＿＿＿＿＿＿＿＿＿＿＿
＿＿＿＿＿＿＿＿＿＿＿＿＿＿＿＿＿＿＿＿）であり、
単に（＿＿＿＿＿＿＿＿＿＿＿＿＿＿＿＿＿＿）というだけではない。

指示6　WHO の健康の定義は、健康には三つの側面があると言っています。それはどういう側面でしょうか。
　また、and not merely 以後の文はどういう意味でしょうか。なぜ、このような付け足しがなされているのでしょうか。

説明1　この世界保健憲章は、第二次世界大戦後間もなく（1946年に）採択されたものです。健康の定義に social という語が入れられたのは、会議の中で、その国の人々の健康を保障するには社会保障などの整備が重要であるという議論を踏まえたものであるといわれています。そのために日本でも、当初は、social well-being が「社会福祉」と訳されたりもしました。
　ともあれこの定義は、健康は身体的・精神的のみならず、社会的な影響をも受けるので、社会的な条件を整えることが必要であるという考えかたを表しています。

指示7　（グループディスカッション）
　この考えかたは、世界保健憲章の前文のこの定義のあとに、次のことをうたっていることからもわかります。
・到達しうる最高水準の健康でいられることは、人種・宗教・政治信念・経済的ないし社会的地位にかかわらず、誰もが有する基本的権利の一つである。
・政府はその国民の健康に対して責任を負うものであるが、その責任は適切十分な保健的・社会的施策を行うことによってのみ果たすことができる。
　それでは、日本の社会で、この二つの趣旨に反してこの権利が侵害されていたり、政府の責任が十分に果たされていないと思われることがらをグループであげてみましょう。

[3] 改めて WHO の健康の定義を考える

指示8　（グループディスカッション）
　WHO の健康の定義が意味している健康の範囲の広さが理解できましたか？　このように WHO の健康の定義は積極的な意味をも

グループワーク
　グループで作業をする。

　ここでは、グループの日本語訳の発表をせずに、次に進む。

　グループを指名して答えさせる。

　この定義は、個々人の状態が身体的にも、精神的にも、社会的にも良好な状態にあることを意味している。

　身体的、精神的、社会的の三側面があげられたら、「社会的に良好な状態」とはどういうことかを考えさせてみるのもよい。

　「and not merely」以後の意味については、健康は単に病気でなければ健康だという狭い意味ではないことを確認しておく。

　グループであげられたものをクラス全体で交流する。その際に、その事柄の内容とそれをあげた理由について簡単に説明を求め、その説明に納得できたら拍手をするよう指示する。

　環境問題による健康被害や薬害問題について考えさせる。

　優れていると考える点を箇条書きさせ、発表させる。

序章　健康の考えかた　11

っているので、世界中でよく使われます。ところで、この定義の優れていると思われる点はどこかをグループで話し合い、グループの見解をまとめましょう。

指示9　（プレゼンテーション）
各グループの見解を出し合い、もっとも説得的な見解はどれかについて話し合いましょう。

プレゼンテーション
グループの見解を発表する。

指示10　（グループディスカッション）
ところで、WHOの健康の定義については、もう一方で問題点も指摘されます。この定義にどのような問題点（限界）があるかをグループで考えてみましょう。

話し合いが進まないようであれば、
・completeの意味を考えさせる。
・体に障害をもった人の健康はどうなるのかを問いかける。

説明2　世界保健憲章の健康の定義は、身体的、精神的、社会的に「完全に良好な状態」とうたっていますが、私たちの健康は完全な状態を維持することは、実際上、不可能です。したがって、世界保健憲章のいうような健康状態は理想であって、現実には無理ということになります。

また、健康をこのように理解すると、障害をもった人はいつまでたっても健康になれず、健康から見離された存在になってしまいます。

[4] 自分たちで理想的な健康の定義を考えよう

指示11　障害をもった人でも健康であるといえるような健康の定義を、グループで話し合ってまとめましょう。

各グループで考えた健康の定義を披露しあう。
そのグループの定義が健康の定義としてより適切か（支持するか）を全員の挙手で判定してもよい。
できれば、各グループから出された健康の定義に触れながら、左のまとめをするようにしたい。

［まとめ］
現代では、WHOの健康の考えかたを大事にしつつも、その人の生きかたの質（Quality Of Life＝略してQOL）や前向きに生きようとする意志や姿勢が重視されるようになっています。したがって、障害をもっている人でも、人生の目的をもって意欲的に生きているならば十分に健康であると言えるでしょう。
さらに今後、自分の健康だけでなく、まわりの人々とともによりよく生きていくという考えかたに立った健康観（共生の健康観）がますます重要になっていくといえるでしょう。

2 健康の多様な考えかた〜自己実現〜

I 学ぶ意味

人々の健康に対するとらえかたは、どのように変化してきたのであろうか。個人のQOLを題材としたテレビドラマの放映や死生観を題材にしたエッセイ・書籍の出版などによって、「無病息災」という考えかたが必ずしも完全なる健康ではないという健康観が持たれるようになってきた。しかしながら、高校生にとって「病気でないのが健康」「体が丈夫でなければ健康ではない」という意識は、いまだ少なからず見受けられることも確かである。日常生活において健康は生きるための手段と考えられはしないだろうか。それが病気や事故などによって心身に障害をもつようになると、健康は生きるための手段から目的へと変化する。そして、回復の過程を経てまた健康が手段となる。本授業は、この回復の過程を「自己実現」への過程としてとらえ、筆者の元同僚であるO先生のエピソードを教材とし、本人の了承を得て作成したものである。

II ねらい

自分が健康であるか否かは、個人によって異なる。それは主体的・客観的健康、身体的・精神的健康、社会的健康など健康を考える上での尺度が多様にあるからである。現代社会において、病気をもったり、事故や病気によって障害をもつことは、誰にでもおこりうることである。しかし、病気にかかっていたり、障害を有していても、各自の目標に向かって生きがいのある日々を送ることは極めて大切である。人間はいかなる場合も生かされているのではなく、能動的に生きているという実感と意欲が必要であることを、この授業から生徒たちにつかませたい。また、「無病息災」というこれまでの健康概念を揺さぶるものとしたい。

◆授業の展開

説明1 O先生は、高校・大学時代ラグビーの選手として、全国大会にも出場するほどの選手でした。大学卒業後は高校の保健体育教師として授業・部活動の指導を行っていました。

36歳になったある夏のことです。今日で夏休みも終わり明日から新学期が始まるという日、脳出血で倒れ5日間意識が戻りませんでした。この間、手術も行われましたが、医師が家族を集中治療室に呼んで対面させたほど重篤な状態でした。しかし、倒れて5日後に意識を取り戻し、一命をとりとめることができました。

意識が戻ってすぐ先生はがく然とします。昨日まで動いていたはずの右手と右足が動かないのです。倒れて5日間が経過していましたが、先生の頭の中では手足が動きグラウンドを走っていたのが昨日のことのように思えたのです。「何で昨日まで動いていたのに、今は動かないんだ」「グラウンドを走れない自分、生徒の前に立てない自分なんて死んでしまった方がいい」。しばらくの間、先生はこんなことばかり考えていました。

このエピソードは筆者の元同僚であり友人でもある教師のものである。授業者のもつエピソードに置き換えていただければ、よりよい授業となるだろう。

序章　健康の考えかた　13

> **問題1**　O先生が倒れる前と倒れた後について考えてみます。倒れる前は健康だったでしょうか、健康ではなかったでしょうか。また、倒れた後は健康だったでしょうか、健康ではなかったでしょうか。それぞれについて予想し、その理由も考えてみましょう。
>
> (1)倒れる前
> 〈予想〉
> 　　ア．健康　　　イ．健康ではない　　　ウ．わからない
> 〈理由〉
> 　　(　　　　　　　　　　　　　　　　　　　　　　　　)
>
> (2)倒れた後
> 〈予想〉
> 　　エ．健康　　　オ．健康ではない　　　カ．わからない
> 〈理由〉
> 　　(　　　　　　　　　　　　　　　　　　　　　　　　)

挙手によりそれぞれの分布を板書し、何人かを指名しその理由を聞く。

実際の授業での分布(生徒数 39 名)
倒れる前　ア　10
　　　　　イ　22
　　　　　ウ　7
倒れた後　エ　0
　　　　　オ　27
　　　　　カ　12

授業前は倒れる前の予想として「ア」と答える生徒が多いように思われたが、実際はそうではなかった。

(1)倒れる前

アのおもなもの
・生徒たちと部活動をやっていた。
・支障なく日常生活を送っていた。
・急に倒れたのだからそれまでは健康だ。

イのおもなもの
・突然倒れたのだから、自覚症状がなくても異常があったはずだ。
・高血圧などの持病をもっていたのでは。

ウのおもなもの
・体調が悪かったのかも知れないが、仕事に誇りをもって取り組んでいたからどちらにも判断できない。
・運動はしているがほかの面では健康かどうかはわからない。

(2)倒れた後

オのおもなもの
・手足が動かなくなってしまったから。
・身体の自由がきかなくなって落ち込んでいるから。
・一度死にそうになったから。

カのおもなもの
・右側だけ動かないということは、健康であるか健康でないか、どちらともいえないから。

実際の授業場面では、積極的に理由を述べる生徒が多かった。

> **説明2**　倒れた後については、健康ではないとすることが妥当に思えます。倒れる前について「健康」だと考えた人はそれでよいのでしょうか。たしかに、グラウンドを走り回り、生徒たちと部活動を行っていたということを考えれば「健康」といえるかもしれません。しかし、「高血圧であったかもしれない」「体調が悪かったのでは」という意見も出されました。これらのことから、日常生活は支障なく送れ

主観的健康と客観的健康があることをつかませたい。

ていたもののO先生は「健康でない」なにかがあったようにも考えられます。はたして、本人が健康であると意識していれば「健康」といえるのでしょうか。

> **質問1** O先生の入院はこの後も続きますが、倒れてから3か月は「死んでしまいたい」という日が続きました。しかし、あることがきっかけで「もう一度自分の足で歩いてみよう、もう一度教壇に立ちたい」と考えかたが変わるようになります。
> どのようなことがきっかけで、そう考えるようになったのだと思いますか。

倒れてからの経過を理解させながら、何人かの生徒に聞いてみる。

説明3 倒れてから3か月、O先生にとっては「何もやる気のおこらない」ベッド上での生活が続いていました。ある日、お見舞いに訪れた4歳になる次男がベッドに座りながら「パパ早くお家に帰ろうよ。また一緒にポチャ（お風呂）入ろうよ」と一言先生に向かっていいました。先生は「そうだ自分には子どもたちがいる、家族がいるんだ。この子たちのためにもう一度自分の足で歩かなければ」とこの一言に強い衝撃を受け思ったそうです。それまでは死ぬことしか考えていなかった人間が、わが子の一言でまったく正反対のことを考えるようになったのです。

実は、この出来事の前にお見舞いに訪れた先輩の先生から、「そんなに死んでしまいたいのなら、死んでしまえ」と言われていました。その先生は弱気なO先生を励まそうという気持ちだったのですが、落ち込んでいるO先生にとってその言葉は、「できるものならそうしたいけれど自分で死ぬことすらできない自分」に追い打ちをかけるものであり、さらに落ち込んでしまったといいます。しかし、この言葉もO先生を勇気づける一言であったことを、O先生は後の辛いリハビリの中で思いおこしたということです。

みなさんも自分の経験をふり返ってみてください。生き死にという究極の局面ではなくても、近しい人の一言に自分が変われたということが少なからずあるはずです。このときの先生の状態はみなさんからすればまだ健康とは言いがたいし、本人も健康とは意識できない状態ですが、明らかに何かが動き始めている状態に変化したことはわかると思います。

質問に対する生徒の答え
・生徒がお見舞いに来て励まされた。（多数）
・ラグビーの練習の苦しさを思い出した。
・家族に励まされた。

実際には「もう一度教壇に立ちたい」と思えるようになるまでに、O先生にとっては途方もなく長い時間が必要だった。

説明4 さて、O先生は病院でのリハビリテーションが終わり、車椅子ではありますが自分で移動ができるようになると、次はリハビリ専門の施設での生活が待っていました。リハビリ施設は自宅から車で2時間ほどの場所にあります。これまでと違って家族も頻繁に訪れることはできません。それは、一人の力で生活をしなくてはならないことを意味しています。「今日はあの階段の所まで」「今日は階段の先の椅子の所まで」といった具合に自分で目標を立てて歩行訓練をしていきます。今までだったらほんの数秒で移動できた距離を10分以上か

けて歩きます。スポーツマンであったO先生にとって「はじめはたいしたことない」と思わせる距離だったそうです。実際にやってみると毎日、毎日マラソンと同じ距離を走っているような感覚にとらわれたといいます。それでも、一緒に入所して懸命にリハビリに取り組んでいる人たちをみて、「自分より重い障害をもった人ががんばっているんだ、自分もがんばらなければ」と思い、3か月後には200mを自力で歩行できるようになりました。

そんなある日、奥さんとともにリハビリの担当者との面接がありました。そこで、職場への復帰を目指していた先生にはショックな一言が待ち受けていました。

「あなた本当に元の仕事に復帰するつもりなのですか。ここでリハビリに取り組むということは、残っている機能でできる仕事を探していくことなのですよ。よく考えてください」

O先生は呆然とします。隣に座っていた奥さんは言葉もなく涙ぐんでいます。それでも「家族、自分、生徒のためにもう一度教壇に立つ」という決意は変わらず、こう言われて逆に何が何でもという気持ちになったそうです。その後も辛く厳しいリハビリを続け、倒れてから3年後にO先生は職場への復帰を果たすことになります。

O先生は職場復帰後、転勤した学校で保健体育教師として活躍中。右半身は相変わらず不自由であるが、自分の経験を授業で生徒たちに話せるまでになった。自他ともに「健康」と認める。

> **質問2** 健康は生きる目的であるという考えかたと、健康は何かをやるための手段であるという考えかたがあります。O先生がリハビリに取り組んでいるときと、職場へ復帰したときそれぞれの時点において健康は目的であったのか、それとも手段であったのか考えてみましょう。
>
> (1)リハビリに取り組んでいるとき
> 〈予想〉
>   ア．目的　　イ．手段　　ウ．わからない
> 〈理由〉
>   (　　　　　　　　　　　　　　　　　　　　)
> (2)職場に復帰したとき
> 〈予想〉
>   エ．目的　　オ．手段　　カ．わからない
> 〈理由〉
>   (　　　　　　　　　　　　　　　　　　　　)

実際の分布
(1) ア　38
　　イ　0
　　ウ　1
(2) エ　5
　　オ　29
　　カ　5

(1)リハビリに取り組んでいるとき
アのおもな理由
・自力で自由に動けるようになったわけではないから。
・倒れた直後に比べて少しは手段に近づいているが、身体の機能を取り戻していないから。
ウのおもな理由
・倒れた直後よりは心も体も上向きになってきたけど判断できない。

生徒自身について自分にとって健康は「手段か」「目的か」を考えさせたところ全員が「手段」と回答した。

(2)職場に復帰したとき

エのおもな理由
- 職場復帰を果たしても、まだまだ本来の健康を取り戻したわけではないから。
- 身体に障害が残っている以上、手段とはいえない。

オのおもな理由
- 身体に障害が残っていても、職場復帰して普段の生活を取り戻したから。
- 自力で生活できるようになったから。

カのおもな理由
- どの程度回復すれば手段といえるのか判断できない。

説明5 この質問に正解はなかなかみつけられませんが、リハビリに取り組んでいるときは、O先生にとって健康はまだ手段ではなく目的と考えてよいのではないでしょうか。O先生には今も右半身が動かないという身体の障害が残っています。しかし、職場には復帰できないと言われていたにもかかわらず、実際には再び教壇に立って授業ができるようになりました。以前、多くの人は「無病息災」という言葉を健康の代名詞としてとらえていました。慢性的な病気を多くの人がかかえている現在において、必ずしもこの言葉が健康を表している時代ではなくなってきています。病気や障害があっても「健康」といえる心身の状態もあるのではないでしょうか。

みなさんの考えかたをみても、「場合によっては障害があっても不健康とは違う」という意見が出されました。この考えからすれば、病気をコントロールしながら生活する、障害とうまく折り合いをつけながら生活する、こんな健康もあっていいと思いますし、この場合、健康はその人にとって生きる手段と、考えてもいいのではないでしょうか。

普段みなさんは自分の健康を生きるための手段だと考えていますか、それとも健康は目的だと考えていますか。病気や障害をもつとその時点で健康はその人にとって「目的」になります。O先生がそうであったように、病気や障害をもつ以前は健康はあまり意識されず、生きていくための「手段」と考えられます。そして、目的から手段に変わっていく過程を一言でいうならば、「自己実現」という言葉で表現できるのではないでしょうか。「自己表現」は自分のためと考えられがちですが、それ以上に周囲の人たちへ自分の存在を示す過程のようにも考えられないでしょうか。

この授業を受けて、自分の健康に対する考えかたはどのように変わったでしょうか。また、考えが深まったでしょうか。それを授業の感想とあわせて記録してください。

授業後のおもな感想（要約）

- 「健康」について改めて考えさせられました。改まって聞かれるとさっぱりわかりません。今日の授業をこれからの生活で活かしていこうと思います。

- 私の祖父は下半身が動きません。ストレスがたまって周りに当たることもあります。心以外は健康なのだから健康って難しい。

- 健康はいつ崩れるかわからない。そのときが来てもそれを認められる勇気が必要なのだと思った。希望を捨てたらいけない。

- 健康の考えかたは人によって違うと思います。重い病気やけがから治ろうとすることも「自己実現」なんだと思った。

- 今日の授業は難しかった。もう少し「手段」と「目的」について考える時間が欲しかった。

- 病気や障害があっても健康といえる状態があることがわかった。

序章 健康の考えかた　17

3　健康と行動 〜意志決定と行動選択〜

Ⅰ　学ぶ意味

　日常的な生活習慣がその発症・進行に関与する病気とされる生活習慣病の時代を迎え、健康の保持・増進に果たす個人の日常の生活行動の役割は、ますます重要となってきている。そのため、「自分の健康は自分で守る」という言説のもと、個人の行動の変容を目指す心理学や行動科学の成果が積極的に導入された健康教育が重視され、展開されてきている。そこでは、個人が健康行動を「選択する主体」としての力量形成が求められているにもかかわらず、「行動変容」という結果重視の功利主義的な健康教育のために、その行動のもつ意味や価値もわからずに「自主的に行動させる」、「強いられた自発性」という形容矛盾的現実も生じてきている。そのため高校生も、健康行動に影響する心理的・社会的要因に気づかず、あたかも自ら主体的に意志決定・行動選択したように誤って認識し行動している面もみられる。

　そこで、真に「選択する主体」を育て、質的に高い適切な意志決定・行動選択を行うためには、主体自身がその行動のもつ意味や価値やその行動に影響する要因が「わかる」ということが前提となるという観点から本授業書を作成した。

Ⅱ　ねらい

　この学習では、①行動の内容についての保健の科学的な理解のともなわない意志決定・行動選択では、正しい行動は困難であること、②人の健康行動には、個人のもつ心理的要因のみならず、個人をとりまく社会的・経済的・文化的要因が深くかかわっていることに気づかせるとともに、③健康行動を実行するためには、その前提となる要因や行動の実現を可能にする要因や、行動を継続しやすくする要因があることを学び、その学びを行動の実行計画に具体化できる力を付けさせたい。

◆授業の展開

　質問1　あなたの健康を守るために、あなた自身が日頃おこなっていること（行動）を二つあげてみましょう。
　また、やったらよいと思っているものを一つあげてみましょう。

生徒各自に発表させ、それを板書しながらクラスで多いものを明らかにしていくとよい。

　説明1　健康のための行動はさまざまです（次表）。運動や休養・睡眠、食事など日常生活のすべての行動が健康とかかわっているといえます。このような、「健康の保持・増進、病気からの回復を目的として行われる行動」を健康行動といいます。「食習慣、運動習慣、休養、喫煙、飲酒等の生活習慣が、その発症・進行に関与する病気」である生活習慣病がわが国の死亡、病気、障害の大きな原因となっている現在、健康行動の果たす役割はますます重要となっています。

　しかし、その健康行動はさまざまな要因でその実行が妨げられたり、効果があげられなかったりすることがままあります。その大きな理由の一つは、その行動にいたる意志決定や、行動選択の過程に問題があるからだと考えられます。ここで、日常にみられる「歯磨き行動」の

2010年を目指した国民の健康づくり運動である「健康日本21」では、行動目標とその数値化が図られている。そこでは、栄養・食生活、身体活動と運動、休養・こころの健康づくり、たばこ、アルコール、歯の健康、糖尿病、循環器病、がんに対する対策があげられている。

意志決定・行動選択にかかわる要因について学ぶことを通して、正しい意志決定・行動選択をするための方策を学びましょう。

健康行動のアセスメント項目

栄養と食習慣
- 規則的な食事（食事の回数）、果物、塩分、脂肪、繊維性食品、朝食、間食、ダイエット

嗜好品
- たばこ、アルコール、コーヒー、物質（薬物）乱用

ポジティブ健康行動の実践
- 適度な睡眠時間、規則的な運動習慣、歯磨き、直射日光の回避

安全行動
- 運転行動（シートベルトの着用、制限速度の遵守、飲酒運転をしない）、安全なセックス、環境衛生、家の保全

予防的行動
- 血圧測定、定期的健診（自己、専門家）、予防接種、がん検診、医療機関の適切な利用

(津田彰『医療の行動科学Ⅱ』北大路書房，2002年)

問題1 あなたが虫歯を予防するために歯磨き（行動）をしようと思うのは、どんなときですか。あてはまるものに○をつけて下さい。（いくつつけてもかまいません）
　ア．虫歯になるかもしれないと思ったとき
　イ．虫歯は大変な病気だと思ったとき
　ウ．歯磨きをすれば虫歯を防げると思ったとき
　エ．家族にすすめられたとき
　オ．その他（　　　　　　　　　　　　　　　　　）

説明2　次の図のように、病気を予防するための行動をとるようになるには、このままではまずいという「脅威」を感じることが必要となります。このためには、このままでは病気にかかる可能性が高いという「罹患性」と、病気になるとその結果が大変であるという「重大性」を感じる必要があります。

また、その行動をとることにより、「脅威」を減らすことができるという行動の「有効性」と、その行動をとることの本人にとっての負担などの「障害」をはかりにかけて、「有益性」が「障害」よりも大きいと感じることが必要です。

「脅威」に影響する他の要因として、病気だと感じたり、周りからの勧めやマスメディアからの情報、家族や友人が病気になるなどの「行動のきっかけ」があります。

このように、行動するかしないかにかかわる健康リスク（危険性）の認識や健康行動の恩恵などについての健康信念は、その人の健康観を反映し、健康知識と深くかかわっているのです。

個人の健康行動がどのように実行されるのかを説明する理論的モデルの一つである健康信念モデル(Health Belief Model)から、意志決定・行動選択にかかわる健康信念を構成する要因を学ぶ。

健康行動をおこすきっかけ

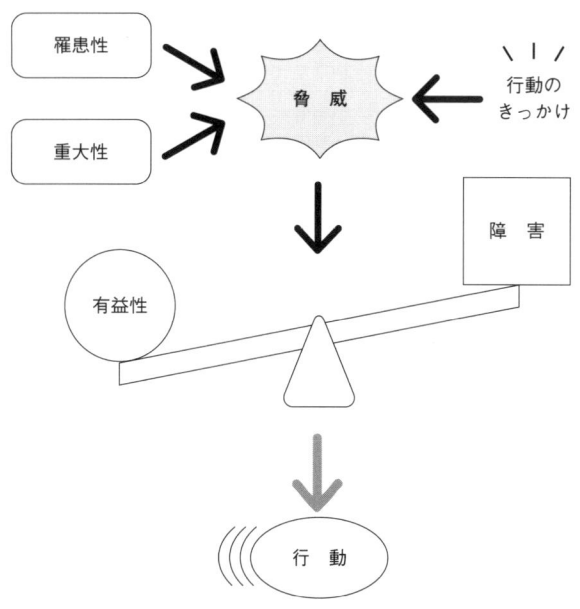

罹患性 →
重大性 → 脅威 ← 行動のきっかけ
↓
有益性 ─ 障害（天秤）
↓
行 動

（松本千明『医療・保健スタッフのための健康行動理論の基礎』医歯薬出版株式会社，2002 年）

健康によいとされる行動がおきるためには、「脅威」を感じる必要がある。しかし、それが強過ぎると「恐怖」に変わり、行動をとることの妨げになる可能性がある。

問題 2 動物園のチンパンジーが歯磨きするのと、あなた（人間）が歯磨きをするのとでは、どちらがよく磨けていると思いますか。

〈予想〉
　ア．チンパンジー　　イ．自分　　ウ．どちらともいえない

そう思った理由をあげましょう。
（　　　　　　　　　　　　　　　　　　　　　　　　　　）

説明 3 磨いているのと磨けているのとは違います。行動するかしないかだけでなく、どんな磨きかたをするかという行動の質にも意志決定・行動選択が深くかかわっています。きちんと磨くためには、虫歯の原因となる歯垢についての知識とともにその歯垢をかきおとすという歯磨き行動のもつ意味や価値についての理解や、磨こうと思ったら磨ける技能がまず備わっていなければなりません。

それが、お手本となるものの表面的な再現だけがすべての「結果まね」をするチンパンジーの歯磨きと、歯垢をとるという原因支配力を身につけてお手本を生み出すモトを自らのうちに具現しようとする「原因まね」をする人間の歯磨きの違いなのです。

「磨けばいいんでしょう」という行動の質を問わない歯磨きは、チンパンジーと同じ歯磨きなのです。

このように正しい意志決定・行動選択が「できる」前提には、その

健康教育は行動に結びつかなければ意味がないという考えかたから、「知識」よりも「行動」が強調されやすい。しかし、「わかる」（知識・理解）抜きの「できる」（行動）を強調する健康教育は、人を操作の対象とし、チンパンジーの歯磨きと同様の「結果まね」を生みやすい。

行動のもつ意味や価値について理解すること、つまり「わかる」ことが根底にあるのです。

> 学校で「保健」を授業として学ぶ意味もここにある。

問題3 あなたの歯磨き剤の付けかたはどちらですか。

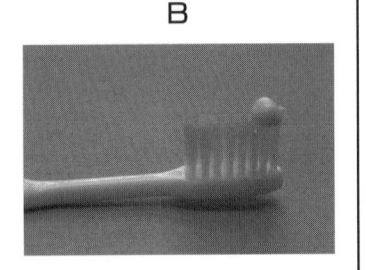

A   B

その付けかたをするのはなぜですか。
(　　　　　　　　　　　　　　　　　　　　　　　　　)

説明4 歯磨き剤は少し付ける方がよいのです。

でも、たっぷり付ける人が多いのはなぜでしょうか。歯磨き剤の成分には、歯を白くする研磨剤の他に、口の中のさわやかさを出すための清涼剤や、味や匂いをよくするための薬剤などが含まれています。これは歯みがき行動をおこしたりその行動を継続するのに有効な働きをしています。また、歯磨き剤の広告では、歯磨き剤たっぷりのイメージが作られています。

しかし、歯磨き剤に含まれる清涼剤や発泡剤は唾液の分泌をうながす働きがあります。多く付けすぎると口中が泡だらけになり、そのため歯磨きする時間が短縮され、丁寧に歯垢を除去するブラッシングを妨げます。

このように、あなたがどの歯磨き剤をどのように使うかという意志決定と行動選択にも、歯磨き剤のもつ気持ちよさなどの心理的影響と、広告・宣伝などの社会的影響が深くかかわっているのです。

> 歯磨き剤は水だけでよく磨いたあとに少し付け、簡単に仕上げをするとよい。全く付けないと歯の表面が黒ずんでくる。少し付けて磨くだけできれいにしておくことができる。

> 同様に、どんな歯ブラシを選ぶかも、意志決定・行動選択の課題である。歯ブラシの柄は丈夫で握りやすいものがよく、また、口腔内のあらゆる部位に入れやすい植毛部の短いもので、幅の広くならないものが望ましい。衛生面から、歯ブラシは使用後丁寧に洗浄し、乾燥させて保管する。

指示1 今まで学んだことを参考にして、あなたの毎日の歯磨き（行動）に影響すると思われる要因のイメージマップを作ってみましょう。

〈イメージマップのつくりかた〉
① 「歯磨き（行動）」というキーワードから最初に連想することばを点線の枠の中に書く。
② さらにそのことばから連想することを、単語や短いことばで書き出していく。思いつくまま書きつらねることがポイントである。
③ 一つの幹から枝・葉がそれ以上出なくなったら、元に戻って新しいことばを他の点線の枠の中に書き、再び同じように枝・葉を伸ばしてゆく。
④ 枝・葉がおたがいに結びつくようだったらつないでみる。

> 模造紙にグループで作業するとよい。

> どんなときに丁寧に磨こうと思うのか、磨くのがおっくうになったり磨き忘れるのはどんなときかを思いうかべるとよい。

序章 健康の考えかた 21

```
          [    ]
            |
  [  ]— 歯磨き（行動）—[  ]
            |
          [    ]
```

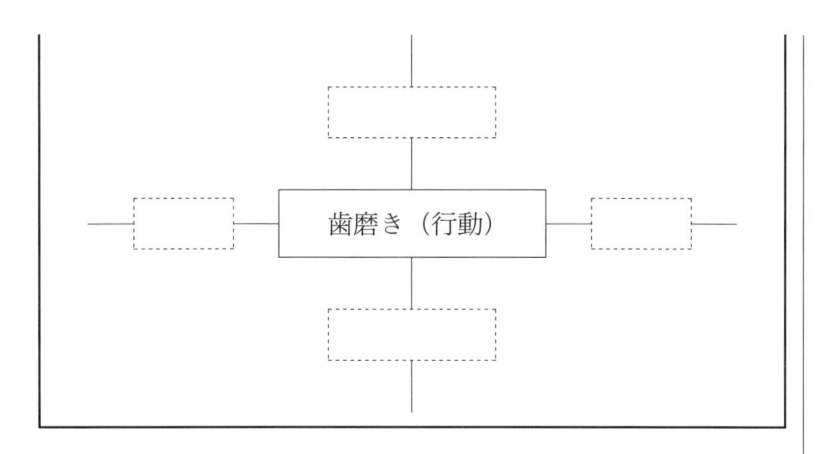

イメージマップの例

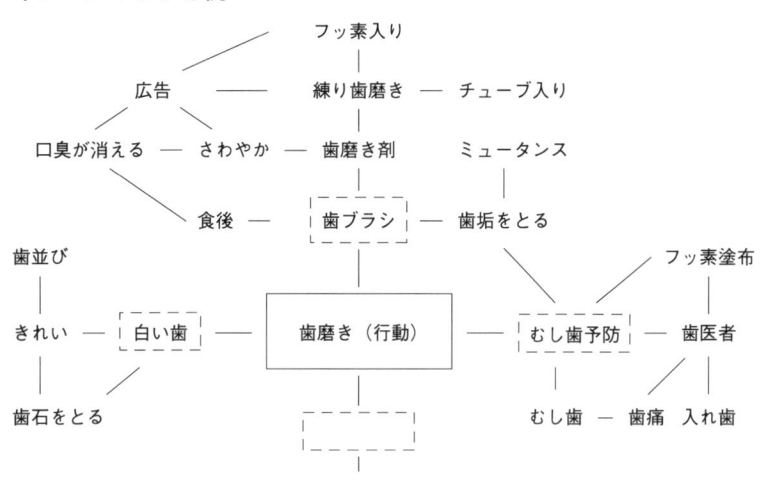

```
            フッ素入り
             |
       広告 — 練り歯磨き — チューブ入り
       /|
  口臭が消える — さわやか — 歯磨き剤   ミュータンス
       \              |         |
        食後  ——— [歯ブラシ] — 歯垢をとる
  歯並び        |                    フッ素塗布
   |          |                     /
  きれい — [白い歯] — 歯磨き（行動）—[むし歯予防]— 歯医者
   |                  |                     \
  歯石をとる         [    ]          むし歯 — 歯痛  入れ歯
```

説明5 歯磨き行動一つをみてもその行動には多くの要因が絡み合っています。

　その要因としては、①行動をおこすときの「きっかけ」やその行動の理論つけになっている知識や健康についての信念、価値観などの準備要因、②その行動を実現させるために必要な資源や技能などの実現要因、③ある行動がおこった後に、その行動が継続し、かつ繰り返して実践されるように行動に対する報酬や誘因を与える強化要因、があります。

　それぞれの要因が実行の可能性を高めたり低めたりします。普通、これらの要因がそろうことによって行動は実行に移され、また継続されるのです。

行動に影響を及ぼす3要因

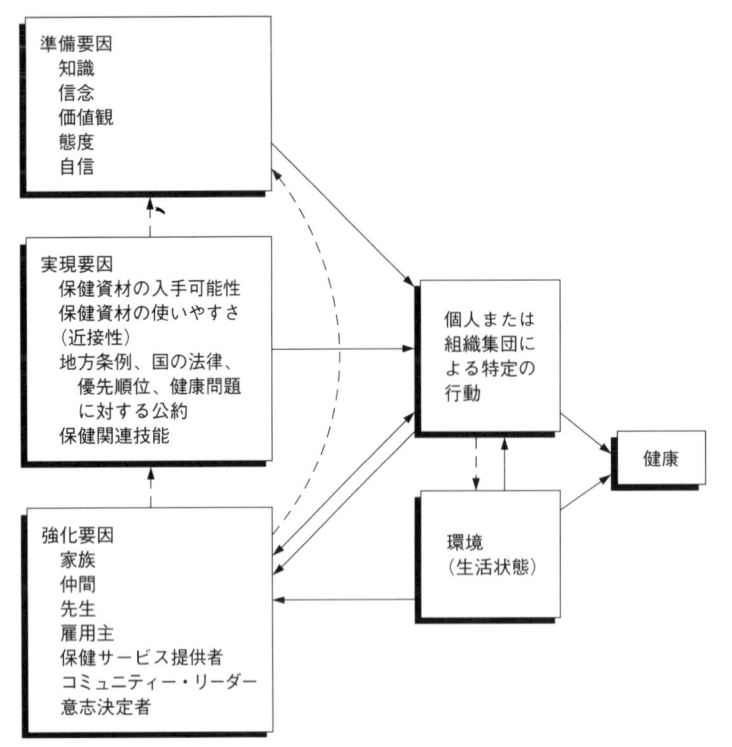

```
準備要因
  知識
  信念
  価値観
  態度
  自信

実現要因
  保健資材の入手可能性
  保健資材の使いやすさ
    （近接性）
  地方条例、国の法律、
    優先順位、健康問題
    に対する公約
  保健関連技能

強化要因
  家族
  仲間
  先生
  雇用主
  保健サービス提供者
  コミュニティー・リーダー
  意志決定者

→ 個人または組織集団による特定の行動 → 健康
              ↓
           環境（生活状態）
```

(L.W.グリーン、M.W.クロイター著、神馬征峰訳『ヘルスプロモーション』医学書院，1997年)

人間の健康行動には、個人の知識・態度などの心理的要因のみならず、それをとりまく社会的・経済的・文化的要因などさまざまな要因が深くかかわっている。このことを理解することにより、「自分の健康は自分で守る」という健康の自己責任論のもつ有効性とその限界性が見えてくる。

指示2 あなたの健康行動の実行大作戦

あなたが「やったらよいと思っている」健康行動を実行するために、その行動に影響する要因を考え、それを生かして行動実行計画を立ててみましょう。

影響する要因を、準備要因、実現要因、強化要因という視点からとらえるようにする。

---

1. やったらよいと思っている行動は何でしょう？
2. その行動を実行するのに影響する要因を考えましょう。
   ①準備要因としては何があるか？
   ②実現要因としては何があるか？
   ③強化要因としては何があるか？
3. 実行するためにそれぞれの要因のもつ価値や意味を吟味しましょう。
4. 行動を実行するためにどの要因を選ぶか意志決定し、実行のための計画を作成しましょう。

問題解決のための過程として、次のようなものがある。
①解決すべき問題を見つける。
②問題解決のための選択肢をあげる。
③それについての情報を収集し、各選択肢のもつ価値や意味の吟味を行う。
④どれを選ぶか意志決定し、問題解決のための計画を作成する。

I章　からだ・こころと健康

1　文明と人間のからだ
2　こころとからだ
　　〜心身の相関〜
3　ストレスとその対処

1　文明と人間のからだ

Ⅰ　学ぶ意味

　小・中学校までの保健学習では、からだのしくみがどのように精巧につくられているか、そしてその働きが個体の維持や種族の保存にとっていかに合目的的に営まれているかについて学習してきた。そしてまた、そのしくみと働きもさまざまな要因で破綻をきたす恐れがあること、破綻を回復するための技術や方法が社会的・歴史的に工夫され、整備されていることについての学習もしてきた。

　これまでのこれらの学習は、からだのしくみと働きがもつその巧みさとからだを危険から守る科学・技術と文明の発展への信頼をつちかってきたといえる。

　しかしながら、こうした文明の発展により、快適さや便利さや手軽さを獲得してきたが、他方で、からだのしくみや働きに、現代の文明は微妙なマイナスの影を落とし始めていることに気づくことも重要である。

Ⅱ　ねらい

　前半では、人類が直立二足歩行を始めたことから、からだのしくみと働きに人間としての特徴（進化としてのプラスの側面とむしろ不都合が生じたというマイナスの側面）が生み出されたことを知ることによって、人類の進化とからだとの関係に気づかせたい。

　後半では、近年になって明らかになってきた人間のからだにみられる変化が、文明の発展による生活様式の変化によってもたらされていることに気づかせ、人間のからだは文明の発展によって歪められていく可能性もあり、私たち人類は人間らしいからだを維持していくために文明の発展のさせかたを考え、賢明な生活のしかたの選びとりをする必要があることを認識させたい。

◆授業の展開
[1] 人類の始まりとからだ

問題1　猿の一種が樹上生活から地上に降りて、直立二足歩行を始めたのが、人類への歩み出しの一歩であったと言われています。この直立二足歩行の開始が、やがて人類のからだにいくつかの変化をもたらしました。その変化とはどのような変化でしょうか。グループで思いつくものをできるだけあげてみましょう。

〈ヒント〉
　その変化は、体のつくりや体つき、さらには働き（身体機能）にも現われました。

グループディスカッション
　グループで話し合わせてからクラス全体で出し合う。

　グループを回り、話し合いを刺激したり、ヒントを出したりして話し合いを活発にする。

説明1　変化は大小いろいろありますが、おもな変化には次のようなものがあります。
①前足が足の役割から解放されて、手の働きをするようになった。
②脳が体のいちばん上に乗せられて、大脳が発達しやすくなった。
③上体を支えて立ち、移動するために、お尻や下肢が発達した。

グループの見解を出させながら、①②③を解説していく。

I章　からだ・こころと健康　25

イヌ・サル・ヒトの足とお尻

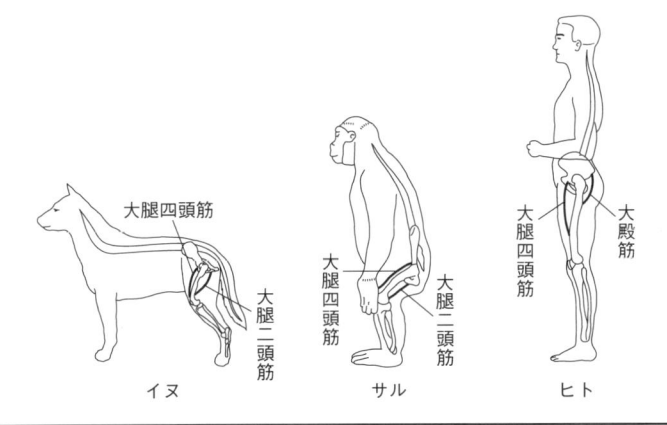

大腿四頭筋／大腿二頭筋（イヌ）
大腿四頭筋／大腿二頭筋（サル）
大腿四頭筋／大殿筋（ヒト）

まっすぐに立つために、大腿とお尻の筋肉（大腿二頭筋と殿筋）が発達したことに触れる。特に四つ足動物には殿筋がないことに触れる。

指示1　次の図は、イヌ、サル、ヒトの胸郭の上面図です。これをみると、四つ足のイヌから、サル、そして直立二足歩行をするヒトへと胸郭の形状が変化していることがわかります。この形状の変化はどうしておこったと考えますか。グループの考えをまとめましょう。

イヌ・サル・ヒトの胸部の上面図

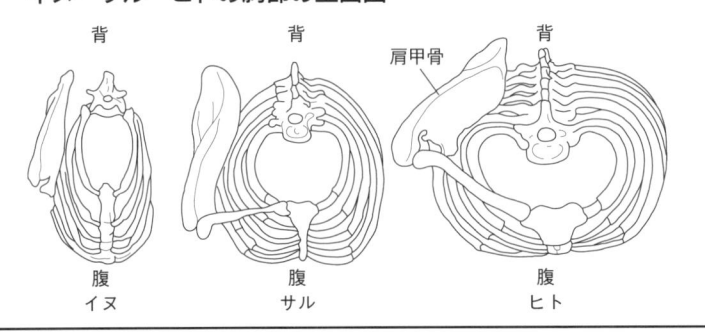

背／腹　イヌ
背／腹　サル
背（肩甲骨）／腹　ヒト

グループディスカッション
　形状がどのように変化しているか、それがなぜそうなったか、を説明できるようにまとめさせる。

　早く考えがまとまったグループから答えさせる。

（解答）
　イヌ→サル→ヒトへと胸郭がしだいに扁平になっていること。四つ足では内臓の重みが胸郭にかかるので形状が細長くなること。

指示2　次の図も、同じくイヌ、サル、ヒトの骨盤を描いたもの（前面と上面）です。これをみると、イヌ→サル→ヒトへと骨盤がよりがっしりとしていることがわかります。この違いもヒトが直立二足歩行をするようになったことと関係していると言われています。その理由についてグループの考えをまとめましょう。

イヌ・サル・ヒトの骨盤（前面図と上面図）

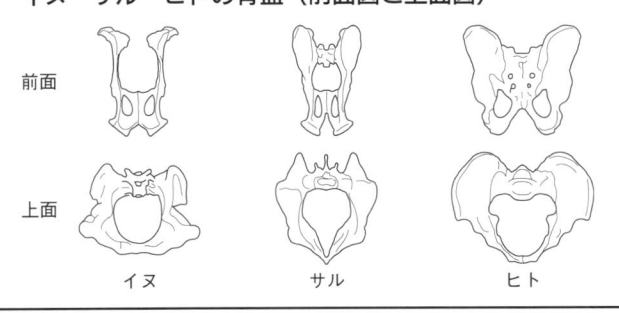

前面：イヌ／サル／ヒト
上面：イヌ／サル／ヒト

グループディスカッション
　グループで考えをまとめさせ、まとまったグループから、発表させる。

（解答）
　直立姿勢では、上半身の重さを腰のところで受けとめなければならないので、そのために骨盤がっしりしてきたと考えられている。

> **問題2** これらの変化には、これまでみてきたように、体つきや働きがより発達したものもありますが、一方で、人間にとって不都合が生じたものがあります。それらの不都合は直立姿勢をとることによって生じてきたものです。どんな不都合が生じたでしょうか？

何でもいいから思いつくものをどんどん上げさせる。

説明2 不都合が生じた例には、次のようなものがあります。
① 直立姿勢をとるため、腰に負担がかかり、腰痛をおこしやすくなった。
② 骨盤ががっしりして、出産の際の分娩に時間がかかるようになった（四つ足動物より難産になった）。
③ 内臓が縦にぶら下がる状態になったので、内臓ヘルニア（内臓が下の方に下がる）になりやすくなった。
④ 頭が上になったので、脳貧血をおこしやすくなった。
⑤ 下半身にうっ血（静脈血の流れが悪くなり、溜まりがちになる）がおこりやすくなったり、むくみや痔になりやすくなった。

腰痛をおこしやすくなる…
したがって、腰痛症や椎間板ヘルニアは人間に特有な病気（傷害）であるといえる。例外として、馬車を引く馬には人間と同じような腰痛症にかかるものがあるという。

> **問題3** ところで、現在の私たちの体で、もっとも人間らしい（人間特有といえる）身体部位はどこだと思いますか。その部位と特有と思える理由を説明してください。

自由に発言を求め、その理由も説明させる。

説明3 手や頭（脳）はすぐに思いつきますね。確かに人間の手は、五本の指を使って複雑なことができますし、腕全体を使ってボールや物を遠くに投げることもできます。このように腕や手をこれほど強く、器用に使いこなす動物はほかにいません。もちろん、脳の発達（特に大脳皮質の部分）も他の動物と比較になりません。

しかし、人間の体には、他の動物にはみられない特有な部位が他にもあるのです。たとえば、お尻です。私たちのお尻には大きくふくらんだ二つの筋肉がついています。これを「殿筋」と呼びます。この殿筋は人間特有の筋肉なのです。たとえば、馬のお尻を思い浮かべてください。しっぽの下の両側についている筋肉の部分がお尻のようにみえますが、あれは人間でいうと大腿の筋肉なのです。彼ら四つ足動物には、殿筋はほとんどないのです。人間は、足（大腿）を支えにして上半身を持ち上げて直立の姿勢をとっていますが、この上半身を持ち上げるときに働いている筋がこの殿筋なのです。

さらに、人間の背中の両側に縦についている筋肉（これを背筋という）も、人間特有の筋肉です。この筋は背すじをまっすぐに伸ばすときに使っている筋肉です。

じつをいうと、みなさんが計ったことのある背筋力は、この殿筋と背筋の合力（両方の筋肉の力が合わさった筋力）なのです。したがって、殿筋と背筋は、人間が直立二足歩行をするようになって発達した人間特有の筋肉であるということができます。

背すじを伸ばし、姿勢をシャンとするのは、すこぶる人間らしいことなのだということに触れるのもよい。

[2] 文明の発達と人間のからだ

問題4 これまでみてきたように、人間のからだは人類の進化とともに発達してきましたが、最近、私たちのからだに微妙な変化が現れています。ここでは、そのいくつかについてみることにします。

まず、下のグラフは、ある体力測定項目について、日本の小学生（11才）・中学生（14才）・高校生（17才）の全国平均を同じ年齢層の平均体重（kg）で割った値の年次推移を示したものです。このグラフの体力測定項目は何だと思いますか。

〈ヒント〉
グラフの目盛りが体重（kg）で割った値であることを手がかりにしましょう。

〈予想〉
ア．握力　　　　　イ．懸垂力
ウ．背筋力　　　　エ．脚力（垂直跳び）

説明4 この体力測定項目は背筋力です。グラフは、この背筋力を体重で割った値の年次推移を表したものです。この値を「背筋力指数」と呼び、腰の力をみる指標として正木健雄氏（元日本体育大学教授）が考案したものです。このグラフをみると、どの年齢層も年々背筋力指数は低下しており、日本の若者たちの腰の力は年々弱くなっていることがわかります。

2.0と1.5のところに引かれた点線は、2.0が介護をするのに必要な

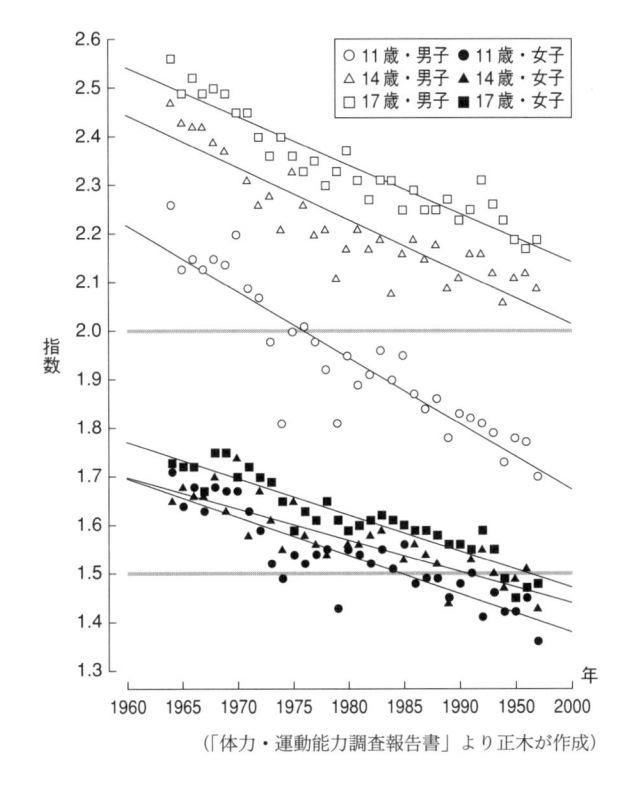

（「体力・運動能力調査報告書」より正木が作成）

腰の力、1.5が育児をするのに必要な腰の力のめやすとされています。これをみると、男子の値は介護に必要な腰の力を、女子の値は育児に必要な腰の力を、それぞれ下回るほどまでに低下してきていることが分かります。

> 私たちの腰の力がこのように弱くなっていくのはなぜなのか、それをくい止めるにはどうすればよいか、について話し合わせるのもよい。

問題5 下のグラフは、日本の小・中学生のある健康診断結果（男女を合わせた平均）の年次推移を表したものです。これは何の推移を表したグラフでしょうか。

〈予想〉
ア．う歯　　イ．近視　　ウ．肥満
エ．やせ　　オ．アレルギー

〈理由〉
(　　　　　　　　　　　　　　　　　　　　　)

> 自分たちのクラスの状態に照らして予想させる。

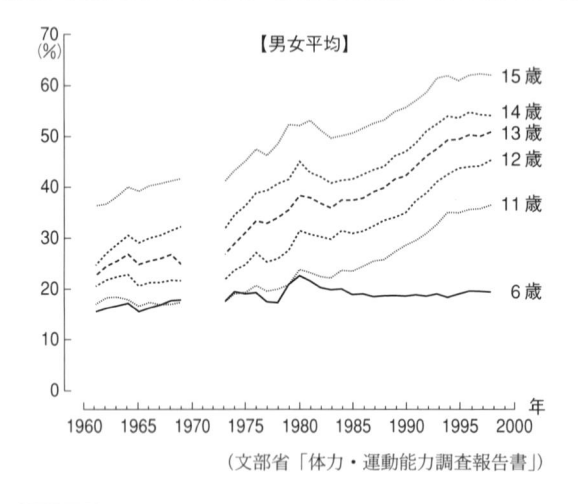

【男女平均】（グラフ：6歳、11歳、12歳、13歳、14歳、15歳の年次推移 1960〜2000年）
（文部省「体力・運動能力調査報告書」）

説明5 グラフは、日本の子どもたちの視力1.0未満の子の年次推移を示しています。これをみると、1960年代から年々増加し続けていることがわかります。その増え方をみると、30年前と比べて、11歳では17→37％、13歳では27→51％、15歳では41→62％へと、いずれも20ポイント以上も増加しています。しかも、現在もなお増え続けているのです。なお、6歳児のグラフはほとんど増加していません。このことは、むしろその後の生活のなかで視力低下がひきおこされていることを物語っています。

この増加の原因は今のところ特定されていませんが、眼科学会などでは、近いところばかりを見る現代の生活様式への適応現象であると考えられています。

> う歯を除き（う歯は微減であるが80％余）他の項目（近視，肥満，やせ，アレルギー）はいずれも増加している。

> 近いところばかりを見る現代の生活様式の例をあげさせる。

問題6 からだが快適に感じる温度を「快適温度」と呼びます。この快適温度は人によって微妙に異なるので、それらを明らかに

するには、実際に室温をコントロールしてそこにいる人々が快適に感じる温度の平均から割り出す方法を用います。ある研究者がこの方法で第二次大戦後すぐと、1960年代初頭、それから1973年に調べた結果があります。その結果は、どうなったと思いますか。

〈予想〉
　ア．快適温度が徐々に上がった。
　イ．快適温度はあまり変わらなかった。
　ウ．快適温度が徐々に下がった。
　エ．その他
〈理由〉
　(　　　　　　　　　　　　　　　　　　　　　　)

[説明6]　右のグラフは、日本のオフィス暖房の快適温度の時代変化を示したものです。最初に調査した1947年といえば第二次世界大戦後2年で、まだ暖房も十分でなかった時代です。この時は平均して17℃前後の室温で快適と答えていましたが、高度成長期に入った1960年代初頭には20〜22℃、高度成長がピークに達した1973年の調査では24〜25℃で快適と答えたといいます。これは日本の社会に暖房器具が普及し、比較的温かい室温に慣れてきたためと考えられています。裏を返せば、日本人は少しずつ寒さに弱くなっているともいえるのです。

さらに、現代人のからだの耐寒能力が弱まっていることは、アフリカやオーストラリアなどで裸体に近い状態で生活している人々と私たちの耐寒能力を比較すると明らかです。ニューギニアの高地に住む原住民、中部オーストラリアの原住民、アフリカのカラハリ砂漠に住むサン人などは、現在もほとんど裸体で生活をしているそうですが、これらの人々の体温調節の働きは私たちと比較できないほど強いといいます。たとえば、ニューギニアの高地人は夜も裸のままで、気温が6℃くらいにまで下がってもよく眠っているといいます。中部オーストラリアの原住民は、夜10℃以下の気温でも震えをおこさずに眠ることができるといいます（三浦豊彦『暑さ寒さと人間』中央公論社より）。

オフィス暖房の快適温度の変化

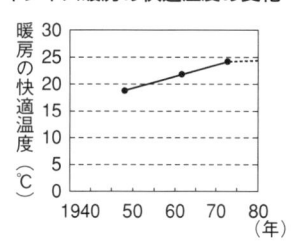

（三浦豊彦『暑さ寒さと人間』中央公論社，1977年）

[問題7]　下の絵は、日本の現代人と古代人（古墳時代人）の頭蓋骨をほぼ正確に描いたものです。どちらが現代人でどちらが古代人でしょうか。
　そう判断した根拠も説明してください。
〈予想〉
　現代人→（　　）　　古代人→（　　）
〈理由〉
　(　　　　　　　　　　　　　　　　　　　　　　)

〔説明7〕 「A」が古代人，「B」が現代人の骨です。両方の絵のあご（下顎）に注目してください。古代人の下顎は現代人のそれよりもがっしりしていますが、現代人はややほっそりしています。これは古代人と現代人の頭蓋骨を比較した場合の共通の違いであるといわれています。また、江戸時代の庶民と徳川家代々の将軍の頭蓋骨にも同じような違いがみられるといわれています。

これは食事内容の違いによるものと考えられています。現代人は古代人よりもはるかにやわらかい食べ物を食べています。徳川家のお殿様たちの食事も、当時の庶民の食事よりもはるかにやわらかいものを食べていたことは、残された料理番の記録からわかります。

じつは、下顎の骨に限らず、骨は運動刺激が少ないとがっしりとした太い骨になりません。下顎は噛むという運動によってがっしりと太くなるのです。噛みごたえのないやわらかいものばかりを食べる食事内容では、あごは十分に発達しないのです。そうした食事が何十年も、何百年も続くと人類のあごはだんだんと細くなっていくと考えられています。

〔指示3〕（ミニレポート）
　上記の問題4〜7の事実は、生活のしかた（生活様式）の変化が身体機能（筋力、視力、体温調節能力）の低下や体つき（骨の形）の変化をおこしているということがいえます。このことから、文明の発展とからだとの関係にどういうことが生じているといえるでしょうか。そして、そのことをあなたはどう考えますか。自分の考えをミニレポートにまとめましょう。

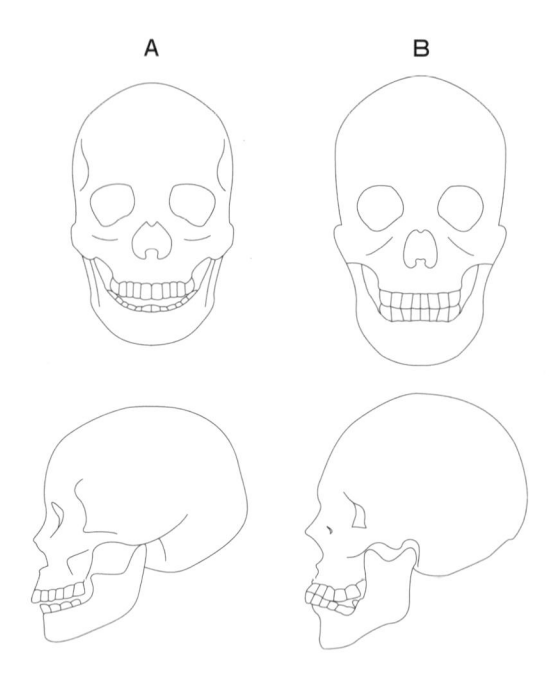

Ｂの方が顔が細長いこと、歯ならびが悪いことに注目させる。

下顎が細くなると、歯を支える顎のアーチが狭くなって、歯並びが悪い人が増えていくといわれている。事実、歯科検診では歯並びの悪い子が増えてきていることにも触れる。

ミニレポートの作成
　Ｂ5半裁程度の罫線が（17から18本）入ったレポート用紙を配布し、その場で書かせて提出させる。

2 こころとからだ〜心身の相関〜

I 学ぶ意味

　現在の複雑な生活様式やさまざまな場面でのストレスは、心身に大きな影響を与えている。1日に膨大な量の情報が飛び交い、しかもそれが国際的な広がりをもっている。それらの情報が否応なしに私たちの耳に届き、私たちの感情を興奮させたり抑圧させたりしている。また、交通機関の発達による通勤圏の拡大や遠距離出張、単身赴任の増加、深夜勤務などの労働形態の変化など、昔とは比べものにならないくらい生活環境は変化し、私たちのこころとからだに影響を与えている。
　さらに、人間関係から生じるストレスは、学校、家庭、地域、職場などいたるところで発生し、私たちのこころとからだにさまざまな影響を与えている。
　ストレスが長期にわたるとからだの器官やその機能に障害をもたらし、心身症となることもある。この心身症を理解すると同時に、こころとからだの結びつきについても理解しておくことが必要である。
　ここでは、こころとからだの結びつきの密接性について理解することを目的とした。

II ねらい

1）こころがからだの反応を引きおこす例や、からだの状態がこころに反映される例を通じ、こころとからだの結びつきについて理解させる。
2）ストレスが長期にわたると、からだの各器官やその機能の障害をもたらし、心身症となることを理解させる。

◆授業の展開

> **問題1** 私たちの生活の中で、こころの状態や変化がからだの反応を引きおこすことがあります。どのようなときにどうなるか、あげてください。

こころのありかたがからだに影響を与えていることに気付かせるのがねらいである。

〈予想される回答〉
- 恥ずかしいときに顔が真っ赤になる。
- 驚いたときに一瞬息が止まる。
- 緊張したとき汗が出る、喉がからからになる。
- 心配ごとがあると食欲がなくなる。
- 失恋をして胸が痛んだ。

生徒から、多様な意見を引き出せるよう、「こんな場面ではからだはどうなる？」と質問するのもよい。

> **説明1** このように、こころの状態や働きがからだの反応となって表れるケースは私たちの日常生活の中でも容易にみつけることができます。

> **問題2** 反対に、からだの状態がこころに反映することもあります。

どんな場合が考えられるでしょうか、いくつかあげてください。

こころからからだだけではなく、からだからこころにも影響していることに気付かせ、こころとからだは相互に関連していることを理解させるのがねらいである。

〈予想される回答〉
- お腹がすくとイライラする。
- 眠いときは何も考えたくなくなる。
- 疲れているときは何もやる気になれない。
- 適度な運動をした後は快い気分になる。

説明2 これらの例はからだの状態がこころに反映されるケースです。実際にそのことを、以下の実験を通して確認してみましょう。

指示1 以下の指示に従って、自分の気持ちをチェックしてみましょう。

実験1：胸を張り、30秒ぐらい上を向いてください。
：このときの気持ちをチェックしてみましょう。どんな気分ですか？

実験2：肩を落とし、30秒ぐらい下を向いてください。
：このときの気持ちをチェックしてみましょう。どんな気分ですか？

実験3：突然上を向き、胸を張ってください。
：このときの気持ちをチェックし、下を向いていたときと上を向いたときの違いを感じてください。何か気分が違いますか、また気分が変わりましたか？

実験4：また下を向いたまま肩を落とし、鼻で息を吸いながら泣くまねをしてください。
：泣くまねをしたら、気分も悲しくなりましたか。

実験5：今度は上を向き胸を張って、息を吸いながら泣くまねをしてください。
：泣けますか？　気分は悲しくなりますか？　何か違うという感じですね。

実験6：上を向き胸を張ったままで、大きい声を出して笑ってください。
：気持ちよく笑えましたか。

実験7：下を向き肩を落とし、大きい声を出して笑ってください。
：何だか大声を出して笑いにくいと思いませんか？

(高妻容一『今すぐ使えるメンタルトレーニング・選手用』ベースボールマガジン社、2003年)

説明3 この7つの実験から、姿勢によって気分が変わることを感じたと思います。それはからだの状態がこころに表れたからです。

また反対に泣いたり、笑ったりといった気持ちの変化に姿勢が関係していることも理解できたと思います。そのためほとんどの人は上を向いて笑っているときは「気分が良い感じ」になっており、下を向いて肩を落としているときは「気分がすぐれない感じ」になっていると思います。

このように、こころとからだは密接にかかわり合っているからこそ、からだからこころへ、こころからからだへと相互に影響を与え合っているのです。

> **問題3** では以下の状況をイメージしてください。
> 「今、あなたは体育館の舞台の上に一人で立っています。目の前には校長先生をはじめとする先生がた、先輩やクラスメイト、後輩たち、約千人近くがあなた一人に注目しています。さあ、マイクを持って話すときがきました」
> 自分のからだはどうなると思いますか。

説明4 たくさんの人の前で発表するとなると、誰しもあがると思います。あがりは「失敗したらどうしよう」「失敗したら恥ずかしい」などのこころの働きです。こうした意識は大脳新皮質に生じます。次に「失敗したら恥ずかしい」という意識が大脳辺縁系に伝えられ、そこで不安や恐れなどの情動となります。そして大脳辺縁系の下方にある視床下部から自律神経系を介して、からだのさまざまな器官に作用を及ぼします。

たとえば、心臓がドキドキするのは、自律神経のうちの交感神経が心臓に作用し、脈拍を速めた結果、おこります。特に極度の緊張や身の危険を感知した場合は、内分泌系の副腎髄質から大量のアドレナリンが血液中に放出され、筋肉などの運動器官に優先的に送り込まれます。そうすることによって、からだは逃げる準備または闘うための準備をするのです。この他にもこころの働きにより体内ではさまざまな反応がおきます。

こころがからだの状態に影響を及ぼす例とそのメカニズム

こころの作用	からだに表れた状態	体内では
緊張	トイレに行きたくなる	大脳の興奮により膀胱が反射的に収縮をしてしまう。そのため大脳皮質があたかも膀胱に尿がたまっているかのような錯覚をおこす。
	呼吸が速くなる	交感神経の働きにより、肺の気道が広がり、呼吸が活発になる。
	手に汗をかく	交感神経が興奮して、汗腺を刺激する。汗が武器を持つときの滑り止めとなり、敵と戦うための準備をする。

こころとからだの結びつきについて「あがり」を例に出し、あがるとなぜからだに変化が表れるのかを体内でおこるメカニズムを説明し、理解させるのがねらいである。

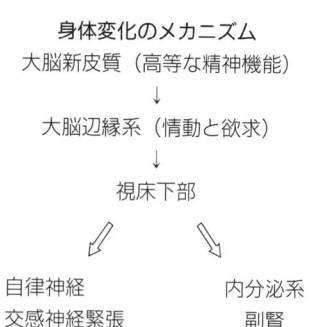

身体変化のメカニズム

大脳新皮質（高等な精神機能）
↓
大脳辺縁系（情動と欲求）
↓
視床下部
↙　　　↘
自律神経　　　内分泌系
交感神経緊張　　副腎

アドレナリンは副腎髄質で作られるホルモンで、即座にからだを反応させる力をもつ。

脳の構造

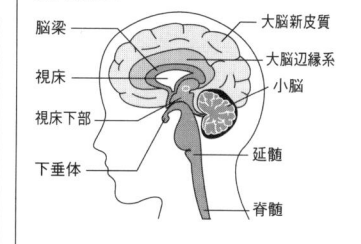

（脳梁、大脳新皮質、大脳辺縁系、視床、小脳、視床下部、下垂体、延髄、脊髄）

自律神経系は交感神経と副交感神経からなり、一般的には交感神経はアクセル、副交感神経はブレーキのような働きをしている。

恐怖	からだが凍りついたように動かなくなる	ショックが強すぎると自律神経のバランスが崩れ、酸素が行き渡らなくなり失神してしまう。それは死んだまねをして危険を回避するためとも解釈される。
	顔が青白くなる	交感神経の働きにより、血管が収縮し血液量が減るので顔面蒼白となる。
恥をかく	顔が赤くなる	副交感神経が緊張し過ぎてしまい、体表の毛細血管が拡張してしまう。
驚き	眉をつりあげる	視覚を広くすることで、網膜を刺激する光をより多く取り入れる。それにより、予期しなかった状況について多くの情報を収集し、正確な状況判断や最適な行動を選択する。

問題4 昔からこころの様子（笑い、驚き、怒り、嘆き、悲しみ、不安、心配、イライラなど）を表すときに、体の反応を言葉で示し表現してきました。

たとえば、驚いたときには「肝を冷やす」とか、恐怖を感じたときには「身の毛もよだつ」などの表現を使ってきました。他にどのような表現があるでしょうか。

＞私たちが普段なにげなく使ったり、聞いたりする言葉の中にも心身相関を表す表現があることに気付かせるのがねらいである。

〈予想される回答〉
- 驚　き……「目が飛び出る」「肝を冷やす」
- 怒　り……「血が上る」「はらわたが煮えくり返る」
- 悲しみ……「胸が裂ける」
- 恐　怖……「身の毛もよだつ」
- 不　安……「浮き足立つ」「胸がふさがる」「冷や汗をかく」
- 感　動……「胸が熱くなる」等

説明5 これらの言葉は単なる「たとえ」や大げさな表現ではなく、こころの変化に従って、実際に身体各部にも変化がおきているのです。

質問1 こころの様子を表す表現の一つに「断腸の思い」という言葉があります。どんな気持ちを表した言葉だと思いますか。

説明6 「断腸の思い」とは甚だしい悲しみのたとえです。中国の故事にある、子を奪いとられた母猿が子を失った悲しみのあまり、腸がこまかく断ちぎれてしまったということからきています。

しかしこれは単なる物語ではなく、実は科学的にも説明がつくのです。下の図はある主婦がけいれん性の腹痛を訴えた際に、大腸をレントゲンで撮影したものです。すると、実際に腸が細かくなり、切れたような状態になっていました。この主婦は姑さんとのいざこざがあるたびにけいれんがひどくなり、問診の時にも家族内の問題に話が及んだときにけいれんをおこしていたそうです。

＞ここでは実際に心身相関を表す言葉「断腸の思い」を取りあげ、こころの働きがからだに表れた心身症の1つであることを理解させるのがねらいである。

この症状を「大腸けいれん」といい、まさにこころの働きが悪い影響としてからだに表れたケースです。

大腸けいれんの状態　　**正常な状態**

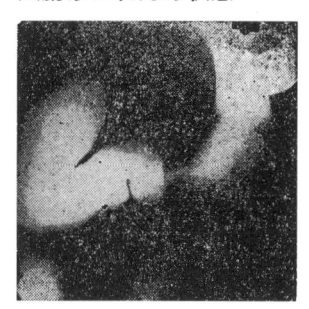

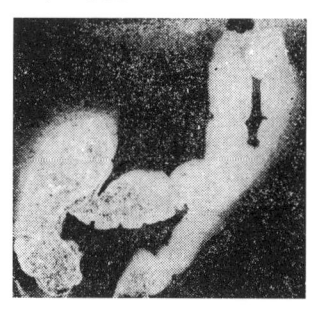

（池見酉次郎『診療内科』中央公論社，1963年）

このように不安や悩み、悲しみなど精神的なストレスが原因で何らかの病的な症状が表れたものを「心身症」といいます。

> 指示2　ストレスによっておこる心身症にはさまざまな症状があります。あなたにとって「これも心身症だ」と思われる症状を三つぐらいあげてみましょう。

〈予想される回答〉
- 下痢と便秘を繰り返す。
- テスト前に胃が痛くなる。
- 試合前に極度の緊張で吐きそうになる。等

説明7　たとえば電車に乗っている間や授業中などすぐにトイレに行けないような状況で急におなかが痛くなったり、下痢と便秘を繰り返す症状は「過敏性腸症候群」です。テスト前や試合前に極度の緊張で胃が痛くなったり、吐きそうになったりする症状は「ストレス性胃炎」といえます。これらは心身症の中でも代表的な症状です。腸や胃は身体の臓器の中でもっともストレスの影響を受けやすい器官なのです。この他にも「胃かいよう」や「摂食障害」など、心身症と呼ばれる症状は広範囲に及びます。

ストレスとは、外部からの刺激によって引きおこされる生体反応です。たとえば得意科目のテストであれば「がんばるぞ」という積極的な気持ちになっても、苦手科目のテストでは「いやだなあ」と消極的な気持ちになります。このように同じ場面に遭遇しても人によって受け止めかたが異なるので、良い刺激にもなれば悪い刺激にもなるのです。悪い刺激が強かったり、長く続いたりすると病気を発症する可能性があります。それは、ストレスが大脳新皮質→大脳辺縁系→視床下部→自律神経といった流れで次々と影響を与えるからです。

胃かいようの場合は、自律神経系の拮抗的な作用のリズムがくずれ、消化すべき内容物がないのに胃酸やペプシンなどの消化液が胃に分泌

ここでは心身症の中でも代表的な症状を取り上げ、ストレスと心身症の関係を理解させるのがねらいである。

思春期に多い心身症
　過敏性腸症候群、摂食障害、気管支ぜんそく、起立性調節障害、頭痛等

され、その結果胃壁のたんぱく質を溶かしてしまうためにおこります。つまり胃が胃自身を消化し始めてしまうのです。

　昔の人はよく「病は気から」と言いましたが、まさにこれは心身症のことを言っていたわけです。私達のこころとからだが密接に関連しているからこそ、このような現象がおこるのです。

　高校生であるあなたたちは恋愛や友人との関係、学校での成績や受験、進路など人それぞれ悩みがあることでしょう。こうしたことがストレスとなり、気付かないうちにからだの調子を崩してしまうこともあるのです。このような状態にならないようにするには、ストレスをコントロールすることが大切です。

　次回の授業では、具体的にストレスへの対処のしかたについて学びましょう。

3　ストレスとその対処

I　学ぶ意味

現代社会はストレス社会とも呼ばれるように、多くの人たちは年齢や地域を問わず、さまざまなストレスにさらされながら日常の生活を送っている。

このストレスについて正しい理解を得るとともに、適切にコントロールする方法を身に付けることは非常に大切なことである。

学校教育全体を通して生徒のメンタルヘルス（精神健康）の維持・向上を企図した場合、各自がストレスを軽減させるように環境等に働きかけたり、自分に合ったストレスへの対処法を身に付け、実生活において実践できるようにすることが必要である。

その際に、保健の授業はそのもっとも基礎となる「ストレス」に関する正しい知識を習得することができる場であることから、そのことに重点を置くべきであると考える。

II　ねらい

まずはじめに、「ストレス」という言葉の意味について理解させたい。

この言葉は日常会話の中でも多用されてはいるが、実際には正しく理解されていない場合も多い。そこでその後の授業展開上からも、一定の共通理解をさせておくことが必要となる。

具体的には、ハンス・セリエの「ストレス学説」の概要、全てのストレスが私たちにとって悪影響を及ぼすという訳ではないこと、ストレスに対する耐性には個人差があることを理解させる。

その上で、ストレスをコントロールするためにはいろいろな方法があり、自分（あるいは周囲の人）に適したやりかたを実践することが大切であることに気付かせたい。

◆授業の展開
[1] ストレスとは？

問題1　私たちの体内にある NK（ナチュラルキラー）細胞はウイルスやがん細胞を食べる働きがあり、生体防御のための重要な役割を果たしています。つまりこの NK 細胞の活性の程度は免疫力の指標の一つと考えられます。

ある時、カラオケが好きな人（3人）と嫌いな人（2人）を1つの部屋に集めて、90分間カラオケをしてもらいました。

カラオケが好きな人たちは次々と歌を歌い、嫌いな人たちはひたすら聞いているだけでした。

さてこの人たちの免疫力はどのように変化したでしょうか。

〈予想〉
　ア．好きな人は上がり、嫌いな人は変化しなかった。
　イ．好きな人は上がり、嫌いな人は下がった。
　ウ．嫌いな人は下がり、好きな人は変化しなかった。
　エ．全員変化しなかった。

NK 細胞とは

NK 細胞は主として以下のような働きをする。
1．腫瘍細胞に対する傷害活性
2．ウイルス感染の制御
3．造血機能の調節

たとえば、体中に侵入した細菌やがん細胞等の異物を見つけると、直ちに急行し攻撃を行う。

全てではないが一部の腫瘍細胞やウイルス感染細胞への攻撃において威力を発揮する。

オ．その他（　　　　　　　　　　　　　）

なぜそのように考えましたか？
（　　　　　　　　　　　　　　　　　　）

説明１　当然好きな人たちは愉快な気分になり、嫌いな人たちは強いストレスに浸っていたわけです。

そこでこの人たちのNK細胞の活性程度をカラオケの前後で比較したところ、図のような結果でした。

NK細胞活性の変化（カラオケの前後）

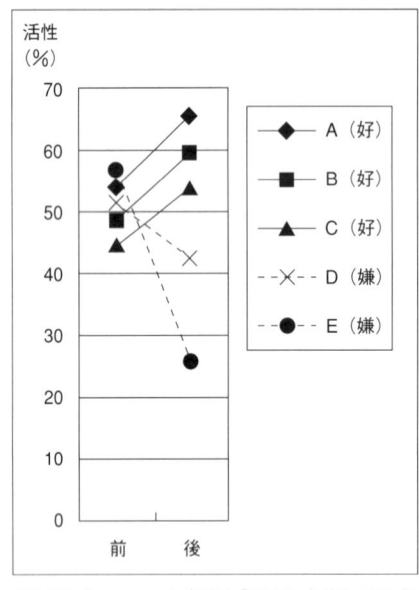

活性（％）

- A（好）
- B（好）
- C（好）
- D（嫌）
- E（嫌）

（星恵子「ストレスと免疫」『炎症と免疫』1995年より筆者作成）

このように自分の嫌いなことを目の前にしたり、自分の思い通りにことが進まなかったような場合には、単に不愉快な気分を味わうだけでなく、免疫力も低下します。

しかし反対に楽しい気分を味わうような経験をすると、免疫力が向上します。

まさに昔からいう「病は気から」あるいは「笑う門には福来たる」ということになります。

指示１　「ストレス」という言葉はどういう意味なのでしょう。
みなさんはどんな時にこの「ストレス」という言葉を使いますか。出し合ってみましょう。

問題２　1935年頃、ハンス・セリエというカナダの医学者は、

「stress」という単語を、辞書で調べてみると、以下のようである。
1．圧迫、圧力、重圧
2．（精神的・感情的な）緊張、ストレス
3．強調、力説、重点
4．強勢、語勢、ストレス、アクセント
5．（格調の）強勢、揚音
6．応力、重圧、圧力
　（ジーニアス英和辞典より）

体内にはこれまで発見されていない新しいホルモンがあるのではないかという予想を立て、確認のための実験を行いました。

そして新たなホルモンであると思われるあるエキスをネズミに注射してその影響を調べました。

実験用エキスの注射を受けたネズミの各組織は、ホルマリンに漬けて調べられました。

その結果、注射を受けた全てのネズミには、副腎皮質の肥大、胸腺リンパ器官の急性萎縮、胃と十二指腸の出血性かいようが生じていることが確認されました。

この段階で、セリエは「新しいホルモン」が確かに存在するということを予見しました。

さて、この時の彼の予見は正しかったでしょうか。

〈予想〉
ア．正しかった。
イ．正しくなかった。
ウ．どちらともいえない。

なぜそのように考えましたか？
(　　　　　　　　　　　　　　　　　　　　　　　)

> ハンス・セリエは、卵巣には卵胞ホルモンと黄体ホルモン以外にも「新しい卵巣因子」（第3のホルモン）が存在すると考え、その実証のための動物実験に取り組んだ。
> 彼は「新しい卵巣因子」を含有していると思われる卵巣や胎盤のエキスをネズミに注射してその影響を調べた。
> まず第一に卵巣を切除したネズミを、そしてその次は脳下垂体を切除したネズミを用いて実験が行われた。

説明2　セリエは「新しいホルモン」と考えられるものを精製し、その作用（影響力）を高めて実験を繰り返しましたが、一向にその変化が大きくならないことに気づきました。

そこで彼は、何故ネズミの内臓に変化がおきたのかということを推理してみました。

その結果、彼はたんぱく質を凝固させるために用いたホルマリンの影響を疑い、試しに希釈したホルマリンをネズミに注射してみました。

すると以前の実験の時と同じ変化がおきました。ということは、ネズミの内臓に引きおこされた変化は、「新しいホルモン」によるものではなく、固定用のホルマリンによる影響だったのです。

この一連の研究によって、彼の理論による「新しいホルモン」の存在は否定されましたが、ネズミがホルマリンという傷害性のある刺激に対して共通の（非特異的）反応をおこすということが発見されました。そしてその後、彼は他の刺激物質や寒冷暑熱、X線、激しい音や光、出血、強制的な筋肉労働、情緒的混乱などを用いた実験を行い、ホルマリンの場合と同じ変化がおきることを確認しました。

セリエはその後も関連する研究を続け、刺激に対して反応する過程を「警告反応」の時期と、「抵抗期」、「疲憊期（ひはい）」に分けました。

「警告反応」の時期は、刺激を感知して一時的にその直接的な影響を受けた後、その刺激に対する対応の準備をする時期です。「抵抗期」は、刺激に対抗する、いわば刺激との闘いの時期です。そして「疲憊期」

は、闘いに疲れてしまい、色々な不具合が生じる時期です。言い換えれば「消耗期」ということになります。

ストレス科学の創始者であるセリエは約40年にわたりこのような研究に携わりました。そして彼の考えかたは「セリエのストレス学説」と呼ばれています。

問題2　昔このような研究が行われました。
　終末期で死に向かう昏睡状態の患者と、意識があるまま死を迎えた患者について、暑さのような物理的刺激に対してストレスにともなう変化（副腎の肥大、胸腺の萎縮など）がどのように現れているのかを、死後の検死解剖で確認しました。
　その結果はどうだと思いますか。
〈予想〉
　ア．両患者ともに、同様の変化がみられた。
　イ．どちらも変化がなかった。
　ウ．一方だけに変化がみられた。

なぜそのように考えましたか？
（　　　　　　　　　　　　　　　　　　　　　　　）

説明3　結果は、意識のあった患者のみに変化が現れていました。これはどのような理由によるのでしょうか。

人間は刺激を受けた場合、大脳を覚醒させ、どのように対応するかを決定します。たとえば「危険な状態にある」と認知したときには、脳神経系の連携によって「闘争か逃走か（fight or flight）」の反応の準備を行ったり、不安や恐怖、あるいは怒りなどの情動の変化をおこさせます。つまり人間の場合は、刺激をどのように認知するかによって、その後の対応が異なるということになります。

このことは逆に、全く異なる刺激でも、同じように認知された場合は、共通の反応をおこすということになります。

このようにストレスへの反応には、心理的な要素が深くかかわっています。

指示2　私たちの心身に影響を及ぼすもの、すなわちストレスの原因になるものをストレッサーと呼びます。
　思いつくストレッサーをあげてみましょう。

カテゴリー分けしながら、板書する。

ストレッサーは以下の4種類に分けることができます。
1．物理的ストレッサー
　　温度（暑さや寒さ）、騒音、振動等
2．化学的ストレッサー
　　薬品による刺激、光化学スモッグ等

3．生物学的ストレッサー
    細菌感染、動物・植物の毒（自然毒）等
4．精神的ストレッサー
    人間関係、成績や業績不振、失業、別離（離婚、死別）等

> **問題4** ところでストレスが全くない環境は、私たちにとって望ましい状態なのでしょうか。
> 〈予想〉
>   ア．望ましい状態である。
>   イ．そうとはいえない。
>   ウ．その他（　　　　　　　　　）
>
> なぜそのように考えましたか？
> （　　　　　　　　　　　　　　　　　　　　　　　　　　　　）

説明4 私たちはいろいろなストレスを体験しながら成長しています。

たとえば運動することによって体の諸器官にストレスを与えます。その結果、筋力がついたり心肺機能が発達したり、あるいは運動技能が向上します。

また難しいテストに挑戦する時や、人間関係で困難が生じたりした場合はかなりストレスとなります。しかしそのような事態を乗り切ることによって、達成感を感じたり、思考力や判断力あるいは社会性の発達がみられることになります。

つまり適度なストレスは、私たちの発育や発達、いわば人間としての成長にとって必要不可欠なものなのです。かつてセリエも「ストレスは生活のスパイスである」といっています。

[2] ストレス対処法

> **指示3** ストレスに対応する力の強さを「ストレス耐性」と呼びますが、その個人差はかなりあります。
>   さて、あなたのストレス耐性を調べてみましょう。

ストレス耐性チェックリスト

次の項目について、該当する数字を「○」で囲んでみましょう。

	項　目	めったにない	ときどき	しばしば	いつも
1	冷静な判断をする	1	2	3	4
2	明朗である	1	2	3	4
3	表現するほうである	1	2	3	4
4	楽しい	1	2	3	4

刺激のない世界

かつてアメリカの心理学者が、ストレス（刺激）が全くない部屋で過ごすと、人間はどのようになるかを調べた。その結果は以下の通りであった。

1．体温調節機能の低下
　気温の変化に合わせ、汗を出したり鳥肌を立てたりして体温を調節する働きが鈍くなる。
2．暗示にかかりやすくなる
　何か指示されると、間違った指示であろうとそれに従い、「もう立っていられない」と言われると、言葉通りに足の力が抜けてしまう。
3．幻覚・妄想
　刺激（ストレス）から隔離してマインドコントロールし、社会的に問題となった例も多い。

5	人の顔色が気になる	4	3	2	1
6	前向きである	1	2	3	4
7	うらやましくなる	4	3	2	1
8	動くことが好き	1	2	3	4
9	人をとがめる	4	3	2	1
10	人の長所をみる	1	2	3	4
11	融通がきく	1	2	3	4
12	手紙の返事をすぐ書く	1	2	3	4
13	のんきである	1	2	3	4
14	事実を確かめる	1	2	3	4
15	配慮をする	1	2	3	4
16	感謝できる	1	2	3	4
17	友人が多い	1	2	3	4
18	家庭内不和	4	3	2	1
19	仕事がきつい	4	3	2	1
20	興味がある	1	2	3	4
	各列の数字の合計				
	総　合　計				

〜総合計が〜

20〜40 の人は	生活の変化があると体調を崩しやすかったりだとか、気持ちの変化がおこりやすい、ストレス耐性の低い方といえます。
40〜50 の人は	ストレスに対して強くもなく弱くもなく、平均的です。
50〜80 の人は	ストレスに強い人です。ストレスがあっても「何くそっ！」っと頑張れる人です。

（日本大学の桂・村上氏らの開発によるものを一部改変）

指示4　ストレス対処行動（解消法）は以下のような4つのタイプに分けられます。
1．課題志向型：問題の原因を究明して、解決に取り組む。
　　　　　　　経験を生かす。話し合う。相談する等。
2．感情表出型：情緒的な支援を求める。
　　　　　　　他人にぐちを聞いてもらう。甘える等。
3．代償発散型：気分転換をして冷却する。
　　　　　　　スポーツその他の趣味に熱中する。おしゃべりする等。
4．状況退避型：問題を遠ざけようとする。
　　　　　　　他人に責任を転嫁する。明るく振る舞い自分自

身をごまかす。じっと我慢する等。

あなたはこの中のどのタイプで対処することが多いですか。その方法の良いところと悪いところをあげてみましょう。

タイプ	長　　所	短　　所

【実習：リラクセーションによるストレスの軽減法】

〈呼吸法〉

「隣の人と握手をしてみましょう！」
「手の温度は何度くらいだと思いますか？」
「あなたとどちらが暖かいですか？」
「それでは今から隣の人に深呼吸をしてもらいます。」
1．着席のまま、両方の肩を引き上げながら大きく鼻から息を吸います。
2．全身の力を抜きながら、口から息を吐きます。
＊これを5回繰り返してください。

「ではもう一度握手をしてみましょう」
「手の温度は？」

〈筋弛緩〉
1．手を前に出してこぶしを握りしめる。
2．前腕に力を入れる。
3．腕全体に力を入れる。
4．腕を胸に引き寄せる。
5．腕を左右に開く。
6．一気に力を抜く。

（筑波大学・坂入洋右氏の指導による）

その他の分類例
（影山隆大による）

1．問題中心型の対処
　1）原因を調べ、解決のために努力する。
　2）今までの経験を参考にする。
　3）まわりの人と話し合ってみる。
　4）信頼できる人に相談する。

2．逃避的な対処
　5）じっとがまんする。
　6）他人に責任を押しつける。
　7）スリルやスカッとすることを求める。
　8）気持ちと反対に明るく振る舞い、自分をごまかす。

3．情緒的支援を求める対処
　9）だれかにぐちを聞いてもらう。
　10）親しい人に甘えたり優しくしてもらう。
　11）宗教などを心の支えにする。

4．気分転換と冷却化
　12）スポーツなどで気持ちを切り替える。
　13）趣味などで気分転換する。
　14）家族や友人とおしゃべりする。
　15）いつもより多く眠る。

［参考文献］
1）田多井吉之介『ストレス』創元社，1956年
2）宗像恒次『ストレス解消学』小学館，1991年
3）河野友信他編『現代のストレス・シリーズⅠ～Ⅲ』（現代のエスプリ別冊）至文堂，1999年

II章　人間の性と健康

1 人間と性
　〜生殖の性をめぐる現在〜

2 援助交際
　〜性にかかわる社会問題を討論する〜

3 トランスジェンダー

4 エイズ

1　人間と性 〜生殖の性をめぐる現在〜

I　学ぶ意味

　本教材は、今日的な時代状況の中で、性のもっとも基本にある「生殖の性」をめぐるさまざまな課題を問い直すことで、高校生段階における性教育の導入をねらったものである。その課題の一つは戦後における多産から少産への急激な変化とそれにともなう生殖性への意識の希薄化についてであり、二つは思春期・青年期の長くなった時代における「望まない妊娠」増加と中絶・生命倫理の問題についてである。

　こうした問題をじっくりと考えさせ、今日自分たちの生きている社会的な時代状況と現代を生きる人間の生きかたを見つめさせ、また自分の性的行動や姿勢、そして生命をはぐくむ性の倫理という問題にも向かい合わせたい。その意味で、高校段階での性への導入教材でもある。

II　ねらい

　本授業は、前述の課題について考えさせることにあるが、現代社会を見つめさせるにしても、自分たちの生きかたを見つめさせる課題にしても、できるだけリアルな事実や課題を提起することで、具体的に考えさせ、意識を深めさせたい。ねらいとしては、今日的な時代状況の中で、性を学ぶ意味を理解させ、性に関する自己決定能力を向上させることにある。

III　備考（教材の構成〜3時間扱い）

1）生殖をめぐる時代的変化
2）男女の性生理と生殖の性
3）中絶をめぐる性と生殖の倫理

◆授業の展開

[1] わが国の生殖をめぐる性はどう変わってきたか

> **問題1**　現在の日本人の平均寿命は、男性が約78歳、女性が約83歳です。今から約80年前の大正時代の平均寿命は男女それぞれどのくらいだったでしょうか？
> 〈予想〉
> 　ア．40歳ぐらい　　イ．50歳ぐらい　　ウ．60歳ぐらい
> 　エ．70歳ぐらい　　オ．80歳ぐらい

各時代の平均寿命

	(年)	男	女
大正 10-14	(1921-25)	42.1	43.2
大正 15-昭 5	('26-30)	44.8	46.5
昭和 10-11	('35-36)	46.9	49.6
昭和 22	(1947)	50.1	54.0
昭和 30	(1955)	63.6	67.8
昭和 35	(1960)	65.3	70.2
昭和 40	(1965)	67.7	72.9
昭和 45	(1970)	69.3	74.7
昭和 50	(1975)	71.7	76.9
昭和 55	(1980)	73.4	78.8
昭和 60	(1985)	74.8	80.5
平成 2	(1990)	75.9	81.9
平成 7	(1995)	76.4	82.8
平成 12	(2000)	77.7	84.6
平成 16	(2003)	78.4	85.3

> **説明1**　当時（大正10〜14年）の平均寿命は、統計によると42〜43歳ぐらいでした。また、戦争の終わった直後の昭和22年、つまり今より60年近く前の平均寿命は男性約50歳、女性約54歳でした。ここ約80年の間に約40歳、約50年の間に30歳も延びたのです。そして、戦後も5年ほど経つころ（昭和25年＝1950年）には女性は60歳を超え、さらに10年後（1960年）には70歳代を、24年後（1984年）には80歳を超えるようになりました。男性の平均寿命が60歳を超えるのは1951

年、70歳を超えるのは1971年で、現在まだ80歳を超えていませんが、78歳を超え80歳に近づきつつあります。

このように、急激に平均寿命が延びた背景には、戦争で多くの若者が亡くなるとか、貧困と栄養不良に起因する乳幼児の病死が少なくなったこと、医学が進歩したことなどがあります。しかし、近年の延びは、高齢者の老化予防が進んでいることが大きいと考えられます。昔から満60歳（数えで61歳）になると二度目の人生の出発として還暦の祝いの風習があり、今もそうした風習が残っています。

> **問題2** 現在80歳ぐらいのおばあさんやおじいさんが子どもだったころ、女子の初経、男子の精通の平均年齢は何歳ぐらいだったでしょうか。ちなみに、現在の初経と精通の平均年齢は、およそ女子12歳、男性13歳です。
> 〈予想〉
> 　ア．男女とも2～3歳早い　　イ．男女とも2～3歳遅い
> 　ウ．男女とも今と同じ

説明2 このころは、栄養摂取状態も悪く、身体の発育状況は今ほどではありませんでした。とりわけ、たんぱく質や脂肪といった栄養成分の摂取が少ないと、性ホルモンの分泌も悪く、初経は約14歳、精通は約15歳だったようです。よって、「イ」の2～3歳遅い、が正解です。

初経や精通がおこるということは、いのちを生み出すことの可能な「体がおとなになること」と理解していいと思います。その年齢が、徐々に早まってきたのです。

> **問題3** 現在（平成15年）の平均初婚年齢は、男約29歳、女約28歳です。では、今から80年前（大正時代）の初婚年齢はだいたい何歳ぐらいだったのでしょうか。

説明3 大正時代の人の結婚年齢は、現在のように高学歴の時代ではありませんでしたから、だいたい女性は18～19歳ごろ、男性が20～22歳ごろだったとされています。早く結婚して一人前になり、子どもを生み育てることが求められたのです。よって、初経や精通年齢の早期化とは逆に、こんにちでは結婚年齢はとても遅くなっているのです。

昔は、おとなのからだに成長してから結婚するまでの年齢は女性で4～5年、男性も5～6年だったのが、今では女性で約15年、男性で約16年にもなっているのです。つまり、思春期、青年期という時期がこの80年ほどの間に3倍も長くなっているのです。

人生（平均寿命）が長くなっているのですから、子どもから大人になるまでの時期をゆっくり過ごせることはいいことですが、思春期・青年期には急速に異性への関心も高まり、性的な欲求も高まる時期ですから、自分の将来を見据えて自らの生きかたと行動をコントロール

夫婦ともに初婚の年齢分布

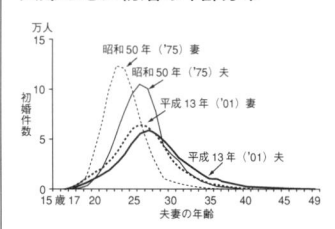

（厚生労働省「人口動態統計」）

平均初婚年齢の年次推移

	夫	妻
昭22年（'47）	26.1歳	22.9歳
25　（'50）	25.9	23.0
30　（'55）	26.6	23.8
35　（'60）	27.2	24.4
40　（'65）	27.2	24.5
45　（'70）	26.9	24.2
50　（'75）	27.0	24.7
55　（'80）	27.8	25.2
60　（'85）	28.2	25.5
平2　（'90）	28.4	25.9
7　（'95）	28.5	26.3
12　（'00）	28.8	27.0
13　（'01）	29.0	27.2
14　（'02）	29.1	27.4
15　（'03）	29.4	27.6

（厚生労働省「人口動態統計」）

するだけの意識と能力をさらに育てることが求められます。

> **問題4** では、性に関して自らをコントロールできる「性的に自立した人」とはどういう人のことをいうのでしょうか。自分の考えに近いものを一つ選び、その理由を考えましょう。
> （必ずしもどれがもっとも正しいのかといった問題ではないので、今の自分に近いものを選んで下さい。）
>
> ア．自分の性生理について十分理解し、それを大切にできる人。
> イ．異性の性生理について十分理解し、それを尊重できる人。
> ウ．どうしたら妊娠するか、どうすると避妊できるか、それはなぜかを理解して、慎重で理性的な行動のとれる人。
> エ．性に関する病気を理解し、それを予防できるとともに、他人にうつしたりしない人。
> オ．精神的または経済的に自立しているか、自立しようとし、異性にたよって生きようなどと考えない人。
> カ．その他（　　　　　　　　　　　　　　　　　　　　　）

性的自立を考えるバロメーター

1．自分のからだのことをよく理解している。
2．異性のからだのことをよく理解している。
3．自分の性を誇りに思っている。
4．異性を敬愛することができる。
5．一人で生きていける力がある（生活技術・経済力・精神力において）。
6．人と生きがいに結びつく関係をつくれる。
7．人を傷つける性交をしない。
8．性交の際に避妊ができる。
9．自分の選択した性行動を人のせいにしない。
10．男女共に妊娠・出産・子育てにかかわることができる。

（山本直英による，「健康教室」468号）

> **説明4** 思春期・青年期の長くなった現在では、性的に乱れた文化状況と、それを背景にした中で性感染症や10代の妊娠と人工妊娠中絶が増加してきました。そうした状況の中で、自らの性をコントロールし、安心と幸せな人生を送るには、それだけの知恵と能力が必要です。
>
> 選択肢のアからオのいずれもが性的自立に重要なことがらですが、アとイは自分と異性のからだを知ることで慎重で思いやりのある行動がとれる力となり、ウは不本意な妊娠に陥らず責任ある幸福な人生設計に不可欠な知恵です。エは人権の意識を前提にしたものですが、こうした性のモラルこそ、性行動の選択に重要です。またオの生活的に自立する条件や意識がともなわずに異性に従属したり、性行動にはやると不幸に陥りかねません。本当に自立した性的生きかたを貫き、幸せな関係を築いていくには、これらの多くの条件や力が課題となってきます。

[2] 男女の性生理と生殖の性

> **問題5** みなさんの中で月経や射精経験がある人は、生物的にはすでに大人になっているということを意味しています。
> すでに習った人もいると思いますが、まず女性の月経ということについて考えてみましょう。月経があるということは、「生命を生み出す」ということとの関係でいうとどのような現象なのでしょうか？

> **説明5** 大人に近づいた女性のからだでは、ほぼ月に一度（約28日）ずつ子宮の内膜が栄養に富んだ血液成分で肥厚し、排卵された

II章　人間の性と健康

卵子が受精した場合に育てる環境を準備します。月経というのは、受精がおこらなかった場合に、その肥厚した子宮内膜が必要なくなり脱落し、腟を通って外に出てくる現象です。つまり、女性のからだは、精子がやってきて受精ということがおこらなくても、大人になると毎月毎月そういった現象がおこるのです。そして、月経がおこることと関係して、月経と月経の間に毎月一度ずつ、卵巣内で成熟した卵子が子宮に向かって排出する「排卵」という現象も生じているのです。

月経周期
月経周期とは、「その第1日目から次の始まる前日まで」で28〜30日周期が多いようであるが、人によって若干異なる。また月経が始まって4〜5年は不順なことが多い。20歳を過ぎると安定し、自分の体調や健康のめやすになるので、記録をとり、周期をおさえておく事は大事である。

問題6　月経は経血があるので明確ですが、排卵を自覚的に確認することはむずかしいものです。でも、これを確かめる方法はあります。それは基礎体温表をつけてみることです。それをはかるための「婦人体温計」というものがあるので、女性はそれを使って一度ためしてみましょう。

ところで、では基礎体温表（下図ア〜エ）で、排卵はどの時期に生ずるか予想し、どうしてそうなるのか考えてみましょう。

基礎体温表

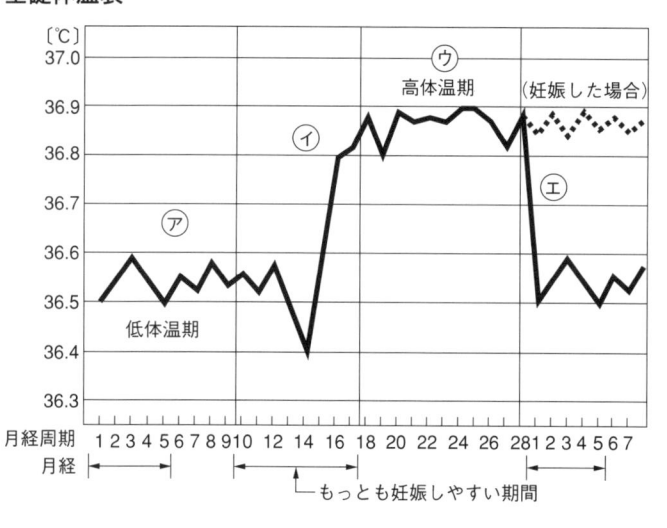

（グラフ：横軸 月経周期 1〜28、1〜7日、縦軸 体温 36.3〜37.0℃。ア：低体温期、イ：体温が下がって急に高くなる部分、ウ：高体温期、エ：高体温期から低体温期になる部分、妊娠した場合は高体温期が続く。もっとも妊娠しやすい期間が示される）

基礎体温の測定のしかた
婦人体温計で朝目覚めた時に横になったまま口腔内で計測する。高温期が4日以上続かないと排卵と判断しない（体調によって体温が上がることがあるため）。

ただし、初経からしばらくは排卵のない状態の場合もあり、[問題6]に示したようなグラフにならない場合もある。

〈予想〉
ア．低体温期
イ．体温が一度下がって急に高くなる時
ウ．高体温期
エ．高体温期から低体温期になる時

説明6　排卵がおこるということは、受精の可能性があり、その受精卵を育てなければならない状況が生じるわけです。受精卵が育つ環境としては、平常体温（低体温期）よりもやや高い温度の方が条件がいいので、排卵があるとホルモンの作用によって、脳にある体温を調節する中枢に影響し、体温を上げるのです。本当に上がるかどうか、そして排卵日が特定できるかどうか女性は一度ぜひためしてみて下さい。

> **問題7** 女性が女性のからだになることが月経や排卵だとすると、男性が男性のからだになるということの象徴的な出来事は、精通がおこるということです。思春期になり、男性ホルモンの働きが活発になると、精巣では1日に数千万個もの精子がつくられるようになり、性的な刺激がともなうと精子が外に出てくるようになります。では何日も射精がないときは、体内でつくられた精子はどうなるのでしょうか。
>
> 〈予想〉
> ア．夢精（夢の中の性的刺激で射精がおこる）で必ず出される。
> イ．尿中に少しずつ混じって出される。
> ウ．腹腔内に一定量たまり続ける。
> エ．古くなった精子から分解され、吸収されてしまう。

説明7 答えは「エ」です。若者向け雑誌や女性週刊誌などで、「男はこんなにがまん！」などとあおっている記事がみられますが、射精は必ずおこらなくてはならないとか、出さないと苦しくてがまんするのが大変、というものではありません。

若い時は夢精で出されることがあったり、尿中にも微量に混ざるということもありますが、基本的には自然に古くなったものから死滅し、精巣（睾丸）や副睾丸内で分解処理され、吸収されてしまうのです。このことは、男性は自分のからだでおこっていることですから感覚的にわかると思いますが、女性は自分の生理が定期的なのでなかなか理解しにくいことだと思います。射精は男性には、十分理性でコントロールできることですし、マスタベーションも害のある行為ではありません。問題なのは、欲求のままに流され、相手（異性）のことや生殖に絡む行動であることを深く考えず、性行為に走ってしまうことです。

> **問題8** 女性の体内で排卵された卵子は、せいぜい約1日（24時間）しか生存できません。また、女性の体内に射出された精子の生存期間は3〜7日です。では、排卵日が特定できたとして、その日の性行為（性交）を避ければ避妊ができるのでしょうか。
> 自分たちの考えを出してみましょう。

説明8 射精された精子は女性の体内に入った場合、かつては3日程度は生存していると考えられていました。しかしそれにしては妊娠率が意外に高いということで、中には1週間ほど生存する強い精子があるということがわかってきました。もともと、排卵日を特定することは難しいのですが、特定できたとしても、排卵された卵子は1日しか生きないから排卵日を避ければ避妊できるかというとそうではありません。なぜだかわかりますか。そうです、1週間前に入った精子が排卵日まで待っている可能性があるからです。もしかすると、中には10日ぐらい生存できる精子があるかもしれませんね。いずれ避妊法について詳しく学びますが、こうした知識も生かして妊娠の可能性を

射精しない精子はどうなるか
　この点に関しては、分解・吸収のメカニズムは十分解明されていないようであるが、村瀬幸浩著の「男性解体新書」（大修館書店、1993年）によると、何冊もの文献を引用し、精子がたまり続けることなどありえないことを解説している。（P 54〜60）

4人ぐらいの小グループにわかれ、話し合わせる。

考え、慎重な性行動を取ることが求められます。

[3] 中絶をめぐる性と生殖の倫理

> **質問1** いまから10年後を想定してみましょう。あなたは結婚して半年ぐらいになります。共働きで、お互いにやりがいのある仕事についています。数年は子どもをつくらず、仕事と二人の生活を充実させたいと考えていましたが、「思わぬ妊娠」をしてしまいました(させてしまいました)。もしそうした場合、あなたはどう判断するでしょうか。
>
> 〈予想〉
> ア．仕事をやめ産む（産んでもらう）
> イ．中絶する（中絶してもらう）
> ウ．産んで仕事も両立させる（してもらう）

説明9 自分の、そして夫婦の生活設計、人生設計を立てていても、避妊に失敗し、思わぬ妊娠をしてしまう場合はあるものです。未婚の段階での妊娠の場合はもっと深刻でしょうが、大人の体になった男女が性関係を結べば、妊娠の可能性は少なからずあるわけです。その意味で、確実な避妊について両者で話し合い、実行する慎重さが必要なのですが、それでも「思わぬ妊娠」に至る場合があるわけで、既婚者の四人に一人は中絶を経験しているという報告もあります。

子どもを産み育てるということには子ども（胎児）の人権と親の人権がぶつかり合う難しい選択がともなうものです。一個の生命と一人の（夫婦や家族の）人生との相克があるのです。

問題9 ところで、一個の生命と自分の人生設計とで悩むという場合、「小さな命」という生命への倫理観がどうしても関係してきます。人工妊娠中絶という問題を考える場合、では日本の法律ではどのようになっているのでしょうか。現在の母体保護法では胎児の21週までは中絶は許されていますが、それ以降は中絶は認められていません。なぜ21週なのでしょうか。それは、今日の医学レベルからすると、それ以降であれば保育器等で十分生きていける存在であるからなのです。では、それ以前は人間の生命として認識されないのでしょうか。あなたはどこから人間の生命と考えますか。

〈予想〉
ア．母体内で卵子と精子が受精し、受精卵が形成された段階から生命である。
イ．子宮に着床し、受精卵が成長し始めれば生命である。
ウ．12週ぐらいになって、心臓が動き始め人間の原型ができれば生命とみなすべきである。
エ．法律にそった21週ぐらいになって、外に出てきても生きて

避妊の方法

避妊の方法にはさまざまある。わが国でもっとも用いられているのは男性用コンドームで、これは精子と卵子が出合わないようにブロックするものである。この原理を利用したものに女性用コンドーム、ペッサリーなどがあるが、あまり活用されていない。その他の方法には、殺精子剤の利用、排卵日を避ける基礎体温法、排卵を抑制する経口避妊薬（ピル）の利用、受精卵の着床を妨げる避妊具（IUD）の活用などがあるが、中には避妊効果の低いものもある。

母体保護法

1948（昭和23）年に作られた優生保護法という法律が、1996年に母体保護法に改正された。なぜ改正されたかという背景には、優生保護法では「優生上の見地から不良な子孫の出生を防止するとともに……」（優生とは、優れた遺伝形質を子孫に伝えること）となっていた条項が、国内だけでなく世界的な批判の的となったということがあり、母体の保護を中心とする条文に改善されたのである。

いける段階から生命と認めるべきである。
オ．母胎から出てきて自分で呼吸を始めてからが人間の生命だと思う。

説明10 人間の命をどこからと考えるかは、各国の法律によって異なりますが、どの国の中にも多様な考えかたがあるものです。

受精卵から生命と考え中絶絶対反対、避妊も許されないと考える人たちもいます。もし受精卵の段階から生命と考えるなら、受精後の着床を妨げる避妊法（IUD）も許されないことになります。また妊娠11週までは胎芽といいますが、12週からは胎児と呼んでおり、すでにこの時期からは人間的生命とみなすことから日本の法律でも、中絶は認めていながらも埋葬をしなければならないのです。このことは、単に法律の問題ではなく、こうした生命倫理に関する意識の違いが産むか産まないかに大きく関与してくるということを示していると思います。

先に、産むと答えた人も、早期（11週まで）なら中絶するかもしれないと思った人もいたでしょうし、逆に中絶すると答えた人も12週を過ぎて埋葬したり死亡診断書を書かなければならないのだったら、あるいは保育器の中でもう育つ人間になっているんだということがわかって、考え直した人がいたかもしれませんね。

問題2 先に、既婚者の四人に一人は公表したりはしないけれど、中絶を経験していると言いましたね。ごく普通に人生を送っている人の中にも、やむなくの「中絶」を選択している場合があります。下の手記は、35歳の歯科医師をしている女性の書いたものです。この手記を読んであなたはどう考えるでしょうか。グループでも話し合ってみましょう。

手記を読ませ、感想を書かせるのもよい。

私にとっての中絶とは〜自らの「血」と「生」を問いながら〜（ある歯科医師の手記より）
中絶という言葉を気安く口に出せる女性など誰もいないだろう。語られることのない、ひっそりとした体験。診察台の上で、麻酔の眠りの中に落ちていく時の気持ちの重さは、妊娠とわかった時の面映ゆい感情とは何と開きのあることか。新しい生命をはぐくむ可能性を断ち切る時、幾度も反すうしての決意とはいえ、自ら引きずり続けなければならない大きな宿題を背負ったようなものである。「女」としてよりも社会に生きる現実の自分、何かをなしうる人間としての自分に鋭い問いかけをして、答えを出し続けなければならないという意味で。

私の第一の妊娠は、在学中であった。何よりも卒業を、そしてその先の国家試験を通過せねば職業を手に入れられない。子どもの出現は全く考えられなかった。子持ちで勉強を続けた先輩もいたが、私には保育環境を整えられる目安はなかった。当時はまだ未婚だったものの入籍話が進行中だったので、世間的なプレッシャーは少なかった。でも経済的にも自立した女をめざす以上、その時点で産むことはできなかった。産まないと自分ではっきり決めたら、今度は相手に「もし今後産めない身体

になっても責めないでね」と頼んだ。初産を中絶すると流産癖がつくと聞いていたし、寂しさや不安感を共有したかった。妊娠に至ったのは共同責任だから女の私だけが傷つけられるというより、彼も手術当日の待合室で何かを考えさせられたと思う。

　私は幾分まじめに、セックスは愛情の最高表現と考えている。だからセックスを大事にしたいし、また楽しいコミュニケーションとも思う。避妊を考えないセックスが恐らく自然で一番いいのだが、健康な男女なら子どもを授かってしまうようにできている。不自然でなく、身体に負担のない避妊方法を選ぶのは大問題だ。

　腟内殺精子剤、基礎体温法、どれもなかなかうまくいかず手軽なコンドームとなったが、2年もするうちに、また望まない妊娠。今回は仕事一時中断というハンディはあるが産める状態。何よりも、これを逃せば産めない身体になってしまうという強迫観念が作用し、第一子を産むに至る。その後、ピルを考えたり、IUD を挿入したり避妊の努力をしたが、2年半後、また「妊娠か」と苦渋の選択を迫られる羽目に。中絶の決心をして手術をしたが、「胚がないので妊娠ではなかった」といわれ、複雑な気持ちになった。「こんなことはもういやだ」との思いを引きずりながら、3ヵ月後にまた妊娠。このときは、石にかじりついてでも育てると悲壮な思いのもとに第二子誕生。産む産まないも女にとって一大事で、単純にハッピーとはいかない。私の場合は、保育や私の仕事への夫の理解や援助があったので、何とか乗り切れたと思う。

（家族計画連盟編『悲しみをさばけますか』人間の科学社，1983 年）

　説明3　この著者は、この手記の後、「自分のおかれている"生"の許容できる部分でしか産むことができなかった。しかし、「産まない」、「産めない」と決める時も自らの血（手術のこと）と、きびしい"生"のありかたを問い続けることで償ってきた」と書いています。

　安易な性交渉で妊娠し、安易に新しい生命を抹殺することは許されないことですが、人間として生きる「生」と小さな生命との間で苦渋の選択をしているのも、現実なのです。このような「悲しみの性」の現実を少しでも緩和するために私たちの学びがあるのです。

2 援助交際〜性にかかわる社会問題を討論する〜

Ⅰ 学ぶ意味

　性の問題を単に知識の獲得にとどめず、一人ひとりが事実に即してしっかりと考え、他者の意見や価値観と触れ合い、対話することを通して、自分と向き合い深いところで答えを模索していくことが大切である。

　性教育先進国とも言われるスウェーデンでも、性に関する学びは、「事実」から「アイデンティティ、価値観、態度」へと移行する形で取り上げられている。スウェーデン性教育協会のプログラムオフィサーであるハンス・オルソン氏は、スウェーデンの性教育は1955年に義務化され、初期の段階では情報提供が最優先されていたが、現在では、考えたり、話し合ったりすることが重要になってきていると説明する。

　このような内容の変化にともなって、スウェーデンの教育方法も掛け図などを使用する権威的・規範的授業から、もっと会話や価値観を明らかにしていく相互作用的なものに変わってきているという。

　性の問題は、一人ひとりの価値観や心の問題と無関係ではない。科学的知識の獲得にとどまらず、それを糧にしながら、自分の観や他者との関係性に対する考えを豊かにしていく営みが必要なのである。自分の知識を総動員させて討論に参加し、その中で観を揺さぶられ、性に対するみかた、考え方を鍛え合っていくような学びの場をつくることも必要である。

Ⅱ ねらい

　ここで紹介するプランは、話し合うという相互的手法を導入することを通して、援助交際を多面的に構造的にとらえさせるとともに、性にかかわる自分自身の考えや経験を熟考させていくことをねらいとして作成したものである。

　援助交際というテーマにしたのは、高校生が当事者になっている性の社会問題であり、愛や他者との関係性、さらには少女を買う大人社会の問題など、多くの課題を内包させており、「からだを大切にしなさい」とか「性感染症がうつったらどうするの？」というレベルでは済まされない、複雑な側面をもった問題だからである。したがって授業では、お互いの考えを出し合い、揺さぶりあえるようなディスカッションを組織して、生徒たち自身の問題として「性とはどうあればいいのか」、「自分はどのような性を選択していくのか」というところまで思考を深めさせるようにしたい。

◆授業の展開

[1] 援助交際をする理由

　新聞やテレビ等で、高校生の「援助交際」が取り上げられています。「援助交際」とは、高校生等の未成年者が金品を得るために体を売ることです。大人が金品と引き換えに未成年者と性行為をすることともいえます。「援助交際」という売春行為の特徴は、テレクラ、伝言ダイヤル等の電話システムから派生したメディアを介して、個人が相手を探して提携することにあります。このような18才未満の子どもに対する

「援助交際」と板書し、左のような説明をする。

　援助交際という言葉が新聞紙上に初めて登場したのは、1994年12月である。

　援助交際の定義はさまざまにされている。広義には、必ずしも性交関係を含むとは限らないが、マ

性的搾取を禁止するために1999年11月に「児童買春禁止法」が制定され、金銭を払って児童買春をした者を処罰の対象とすることになりました。さらに2003年には「出会い系サイト規制法案」が施行されました。

子どもを性の商品にしないようにと社会も動いているのですが、高校生はこの問題をどのようにとらえているのでしょうか。「人間と性」教育研究協議会が東京の女子中・高生、787人に行った調査では、「援助交際は絶対にしない」と答えたのが7割、3割は「多分しない、もしかしたらする」と回答しています。また、1996年に東京都が行った調査によると（①）、女子高生の4％が援助交際をしているという結果でした。さらに、ベネッセ教育研究所が1997年に行った調査によると（②）、東京都の5.9％の女子高校生が援助交際を行っているということがわかりました。

そこで、今日は、援助交際をテーマに高校生を取り巻く性の社会問題について考えてみようと思います。

> **指示1** 高校生はどのような時に援助交際をしようと思うのでしょうか。思いつくことをすべてノートに書いてみましょう。

〈予想される反応〉

お金がほしい、ブランド品がほしい、淋しい、失恋等で自暴自棄になっている。

> **説明1** 図は、中学生、高校生に「援助交際をする理由はなんだと思うか？」ということを尋ねた結果です。多くの中・高校生が「お

青少年が援助交際をする理由〈中学生・高校生〉（複数回答）

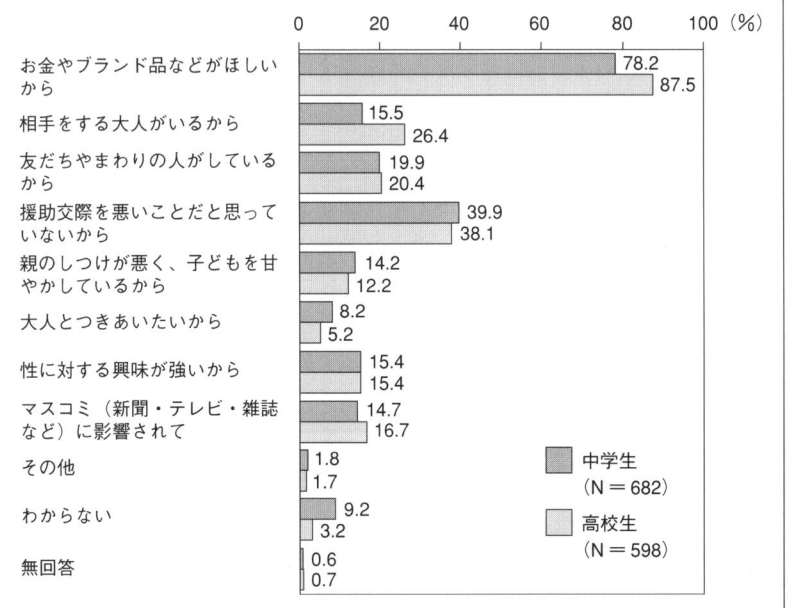

理由	中学生(N=682)	高校生(N=598)
お金やブランド品などがほしいから	78.2	87.5
相手をする大人がいるから	15.5	26.4
友だちやまわりの人がしているから	19.9	20.4
援助交際を悪いことだと思っていないから	39.9	38.1
親のしつけが悪く、子どもを甘やかしているから	14.2	12.2
大人とつきあいたいから	8.2	5.2
性に対する興味が強いから	15.4	15.4
マスコミ（新聞・テレビ・雑誌など）に影響されて	14.7	16.7
その他	1.8	1.7
わからない	9.2	3.2
無回答	0.6	0.7

（新潟県青少年問題協議会「青少年の生活実態と意識の状況」『教育アンケート調査年鑑1999年上』，創育社）

スメディアで用いられているのは、狭義の援助交際で売春行為を意味しているといってよい（巻末参考文献3）。従来の管理売春とは異なるのは、電話システムから派生した各種のメディア（テレクラ、伝言ダイヤルなど）を通じて個別に行われていることである（巻末参考文献4）。

①…巻末参考文献1
②…巻末参考文献2

この問いは、次の主発問を考える時の布石になるものである。また、生徒が討論の場面で発言しやすい空気をつくるためにも、列指名などで多くの生徒に発言をうながすことも大切である。

金やブランド品がほしいから」と回答しています。ここでの回答にはないのですが、「援助交際」について追究している人の中には、「この問題の背景には、自分の存在を確認したいという欲求や、孤独感から解放されたいという欲求がある（⑤）」ということや「社会を構成している人々にみられる淋しさ（⑥）」を指摘する人もいます。

⑤…巻末参考文献5
⑥…巻末参考文献6

[2] 援助交際は是か非か？

> **指示2** それでは、「援助交際」をした具体的事例を紹介します。高校2年生のA子さんは、進路のこと、家族のことなどで、何となく晴れない気持ちを抱えていました。そんなときに、友だちからブランド品やお金が簡単に手に入るという話を聞いて、伝言ダイヤルにメッセージを入れて見知らぬ男性とホテルに行きました。性交渉をした後、その男性からもらったお金で、以前からほしかったブランドもののポシェットを買うことができて、少し気分がすっきりしました。A子さんには同級生のボーイフレンドがいますが、もちろんこのことは彼には内緒です。
>
> さて、あなたはA子さんのした援助交際を肯定しますか？ それとも否定しますか？
>
> 自分の考えを決める前に、まず、グループで話し合って、Aさんの行為を肯定するとしたらどういう理由が考えられるか、否定するとしたらどういう理由が考えられるかを出し合いましょう。

いくつかのグループに分かれて両方の理由を出させる。

〈予想される理由〉
肯定の理由：お金のためと割り切っている。誰にも迷惑をかけていない。体は売っても減らない。心を売っているわけではない。大人は若い子の体がほしいし、高校生はブランド品を買うお金がほしいという交換条件が成立している。
否定の理由：心配している人がいることを忘れてはいけない。後で後悔する。性感染症になったり、妊娠したりする。いろいろな事件に巻き込まれる危険性が高い。心に傷ができる。自分が安っぽくなる。

各グループで考えた理由を全体で交流する。

全体に出された理由を板書しながら整理する。

> **指示3** それでは、あなた自身はA子さんの援助交際を肯定するか、否定するかを判断し、その理由も説明してください。

まず、肯定するか、否定するかを手をあげさせて分布を調べる。
何人かを指名しながら、肯定派の理由、否定派の理由を述べさせ、討論の状態に持っていく。

〈討論を組織するために〉
この場面では、教師は自分の意見を出さずにどの生徒も発言していくようにすることが大切である。そして、論点を整理したり、互いの発言を確認し、対立点を明確にしていくコーディネーターとしての役割に徹することである。なかなか意見が出ないときには、「『誰にも迷惑をかけてないからいいじゃない』って言っている肯定派の人に対して、否定側の反論はないの？」というように触発していくことも大切である。そのような働きかけをするため

にも「板書」は重要である。発言は、どの発言も板書し、位置づけていくこと。そして、板書を見ながらどこが対立しているのか、矛盾しているのはどこか、さらに説明をしてもらった方がよい発言等を確認していくようにしたい。

　また、ベネッセ教育研究所の調査では、女子高校生の57.3％が「誰にも迷惑をかけないし、援助交際をする人を非難すべきではない」と回答し「将来、結婚したいと思った相手が援助交際の体験者と分かったら」という質問に対して、男子の79％が「別にかまわない」と回答している。このような調査結果を紹介して、発言をうながすのもよい。

[3] A子さんにメッセージを送ろう！

　課題　A子さんがあなたの大切な友だちだったとしたら、あなたはA子さんにどのようなメッセージを書きますか？　A子さんの置かれている状況や援助交際をする大人・社会の問題などを考えた上で、どのような言葉ならA子さんの心に訴えかけられるのかを考えながら書いてみましょう。

［引用・参考文献］
1）東京都生活文化局『中学・高校生の生活と意識に関する調査について』1996年
2）ベネッセ教育研究所『援助交際』モノグラム・高校生　Vol. 52, 1997年
3）園田浩二『誰が誰に何を売るのか？』関西学院大学出版会，2001年
4）松浦賢長他「女子高校生における援助交際に対する肯定観・抵抗感に関する研究」『母性衛生』, Vol. 43(1), 2002年
5）久野孝子他「高校生の性に関する意志決定とアイデンティティーの関係」『学校保健研究』, 1999年, 41, 309-319
6）村上龍『寂しい国の殺人』文藝春秋，1997年

　この課題のねらいは、書くということを通して、再度、自分の考えを深め、この問題に対する自分なりの考えをまとめるところにある。

　「大人・社会の問題」とは、金銭でもって高校生や中学生を性交渉の相手にしてしまうような大人の存在や、そのような大人をつくってしまった環境などを指していることを補足説明する。

　メッセージを書くことを宿題にしてもよい。それをプリントして通信にしたり、掲示したりしてお互いに読み合えるようにするとよい。

3 トランスジェンダー

I 学ぶ意味

　これまで人間の性は、「男性」か「女性」かの二分法で考えられており、それは自明の事とされてきた。しかしながら近年、医科学の進歩にともなって、「男性」と「女性」の両方の特徴を一部分ずつ持った（両性具有）者や、生物学的な性と自己の性認識（性自認）とが一致しないトランスジェンダー（性同一性障害）の者の存在が明確化されるようになってきた。

　さらに、「男の子は男らしく、女の子は女らしく」といった、固定化された性的な役割に対しても疑念が呈されるようにもなってきた。

　これまで「当たり前」と考えられてきた、男女の性別、あるいは「男性性」や「女性性」に対しての学習を深め、理解を高めることは、これからの「多様な性」のありかたを考える上で、必要不可欠のことと思われる。

II ねらい

　まずはじめに、実在するトランスジェンダー（性同一性障害）同士のカップルを提示し、トランスジェンダーという存在に気づかせる。次に、性決定のプロセスを経時的にやや詳しく追って、性決定のメカニズムを分かりやすく学習させる。さらには、「法律的な性」「社会的な性」にも言及し、トランスジェンダーや性役割といった事柄に対する誤解や先入観を除去し、今後の「多様な性」のありかたを考えていく上での基礎をつちかわせたい。

◆授業の展開

質問1 この写真の男女のカップルを見て、どのような感想を持ちますか。何か、違和感はありますか。

『Serch〜きみがいた GID（性同一性障害）ふたりの結婚』（平安名祐生・恵著／有田知行撮影、徳間書店刊）の表紙の写真である。

写真を提示して、何人かの生徒に聞いてみる。

意見が出ないようならば、「どちらが夫で、どちらが妻か」などと聞くのもよい。

説明1 このカップルは向かって左側がA太郎さん、右側がB子

さんです。二人は法律上夫婦なのですが、実は、A太郎さんは元女性、B子さんは元男性なのです。

ほとんどの人は、自分の「性」に違和感を抱いたことはないと思います。それは、生物学的な「性」と、自分自身が思っている「性」とが一致しているからです。この「自分が思っている性別」に関する認識のことを性自認（ジェンダー）といいます。

ところが、生物学的な性と、性自認とが一致しない場合もあるのです。これを「トランスジェンダー（性同一性障害）」といいます。

上のカップルにおいては、A太郎さんは生物学的には女性だったのですが、性自認は男性、B子さんはその逆だったのです。生物学的な性と性自認とが不一致のトランスジェンダーだった二人が、自己の性自認に基づいて結婚して、夫婦となった訳です。

> 二人は、すでに性別適合手術（性転換手術）を受けている。但し、法的な戸籍の上では、B子さんは男性なので夫、A太郎さんは女性なので妻となっている。

問題1 生物学的な性の決定は、第1段階として受精の時にまず決まります。では、精子と卵子のどちらが性の決定権を持っているのでしょうか。
〈予想〉
　ア．精子
　イ．卵子
　ウ．両方

> 減数分裂など、若干複雑な問題もあるが、ここでは分かりやすさを優先させたい。

説明2 正解は「ア」の精子です。ヒトには性染色体が1対あって、XXならば女性、XYならば男性となります。

卵子はすべてXの染色体を持っています。精子には、Xの染色体を持ったものと、Yの染色体を持ったものとがあります。

もしもXの染色体を持った精子が入り込んで卵子と合体した場合にはXXとなり、生物学的な性は、まずは女性と決まります。反対に、Yの染色体の精子の場合には、XYとなって男性となるわけです。

つまり、精子がXかYかによって性が決定されるということなのです。このことを便宜上、「性染色体レベルでの性決定」と呼ぶことにしましょう。

> 人間を生物学的に扱う場合には、「ヒト」とカタカナで表すことが一般的である。

> 何らかの理由で、XXYとなってしまうクラインフェルター症候群（体型は男性）や、XOとなるターナー症候群（体型は女性）なども存在する。

> 半陰陽と呼ばれるものの多くは、性染色体異常によっておこる。

問題2 性染色体のレベルで性が決まっても、まだ完全に性決定がなされた訳ではありません。ある種の遺伝子が働くことによって、次のステップの性決定へ進むことができるのです。さてこの遺伝子の働きは、男性を作るものなのでしょうか、それとも女性を作るものなのでしょうか。
〈予想〉
　ア．男性
　イ．女性
　ウ．両方

> ここでも、分かりやすさをまず第一に考えたい。

> この遺伝子は、SRY遺伝子と呼ばれている。

説明3 この遺伝子は男性を作る作用を持っています。正解は「ア」

ということになります。
　ヒトは、受精後7週目までは、男性器の元になるウォルフ管と、女性器の元になるミューラー管の両方を持っているのです。8週目ごろから、Y染色体の上にある精巣決定遺伝子と呼ばれる遺伝子が働いて、精巣を形成していきます。その精巣から男性ホルモン（アンドロゲン）が盛んに分泌されるようになり、それがウォルフ管を発達させ、ミューラー管を退化させるのです。
　一方、X染色体にはこの遺伝子がないので、精巣は形成されません。すると不思議なことに、自然にウォルフ管が退化し、ミューラー管が発達していくのです。
　つまり、基本的にはヒトは「女性」仕様にできていて、「男性」はオプションであると考えると、分かりやすいかもしれません。
　この段階における性決定のことを、「性腺（内性器＝精巣・卵巣）レベルでの性決定」と呼ぶことにします。

> **指示1**　さらに次のステップは、どのレベルにおける性決定だと思いますか、意見を出し合ってみましょう。

〈生徒から出てきそうな発言例〉
- 性器のレベル　　・容姿のレベル
- 頭脳のレベル　　・性格のレベル　　　など

> **説明4**　性腺が決定しても、それでもまだ性の確定には不十分なのです。次のステップは、「性器（外性器）レベルでの性決定」になります。

　すなわち、精巣からは、その後も男性ホルモン（特にテストステロン）が分泌され続け、およそ10週目以降、陰嚢やペニスが形成されます。女性の場合には、男性ホルモンの影響を受けずに、そのまま大陰唇、小陰唇、クリトリスなどが作られていくのです。
　ここでも基本形は女性であり、男性を形作る時のみ、オプションとして男性ホルモンが分泌されるわけです。

> **問題3**　外性器が形成されてからも、男性の場合にはアンドロゲンが盛んに分泌されます。これによって、胎児のどの部分におもだった男女差が現れるのでしょうか。
> 〈予想〉
> 　ア．筋肉
> 　イ．骨格
> 　ウ．脳
> 　エ．心臓
> 　オ．その他

> **説明5**　みなさんぐらいの年齢ですと、男女で筋肉や骨格に違い

男性化・女性化のメカニズムに関する研究は、1950年代より盛んになり、SRY遺伝子の存在は1990年に明らかにされたばかりである。

アンドロゲンとは、何種類かある男性ホルモンの総称である。

テストステロンは、男性ホルモン（アンドロゲン）の中でも、代表的なものであり、作用がもっとも強い。

テストステロンは妊娠16週目ぐらいをピークとして、12〜22週目あたりにかけて、盛んに分泌される。
しかし、実はもうひとつピークが存在する。それは生後2日目ぐらいから6か月目ぐらいまでの間であって、この時期も脳の性分化にとって重要といえる。

性器の分化

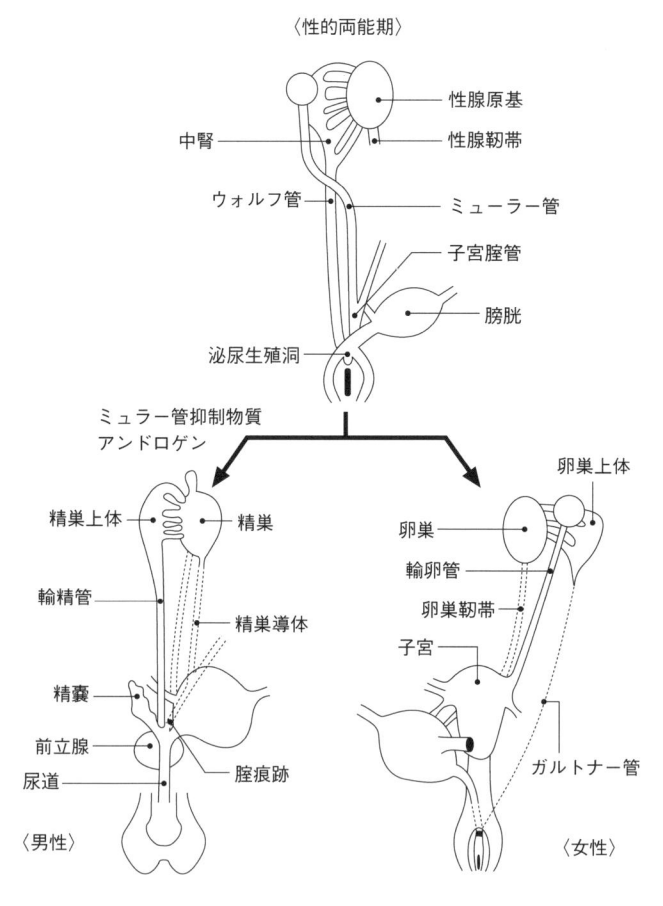

〈性的両能期〉

- 性腺原基
- 性腺靭帯
- 中腎
- ウォルフ管
- ミューラー管
- 子宮腟管
- 膀胱
- 泌尿生殖洞

ミューラー管抑制物質
アンドロゲン

〈男性〉
- 精巣上体
- 精巣
- 輸精管
- 精巣導体
- 精嚢
- 前立腺
- 尿道
- 腟痕跡

〈女性〉
- 卵巣上体
- 卵巣
- 輸卵管
- 卵巣靭帯
- 子宮
- ガルトナー管

…は痕跡が残るだけか、いずれ消えてしまう

（山内俊雄『性の境界』岩波書店，2000 年）

がみられます。しかし胎児のころにはあまり目立った外見上の差はありません。胎児期に身体の中で、男性ホルモンの影響をもっとも受けるのは、「ウ」の脳なのです。

およそ妊娠 5 か月目頃になると、精巣から分泌される男性ホルモンや、卵巣から出される女性ホルモンが、体中に行き渡るようになります。特に、男性ホルモンの中のテストステロンは非常に重要で、脳に対してシャワーのようにホルモンを浴びせ続けるのです。これによって、脳が男性化していきます。

脳における男女差としては、右脳と左脳とを結ぶ「脳りょう」という部分が、男性よりも女性で太く大きくなっていることが知られています。また、性欲を生じさせかつそれを調節する性欲の中枢部分が、男性は女性の 2 倍の大きさであるともいわれています。

このように、誕生前の胎児の段階で、すでに脳の部分に男女の差が生じています。ここでもそうした働きの主役は、男性ホルモンなのです。

胎生期と新生期におけるアンドロゲンの消長

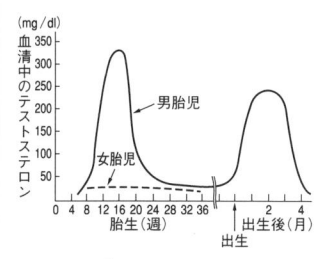

（新井康允『脳から見た男と女』講談社，1983 年）

胎生期における性別の分化

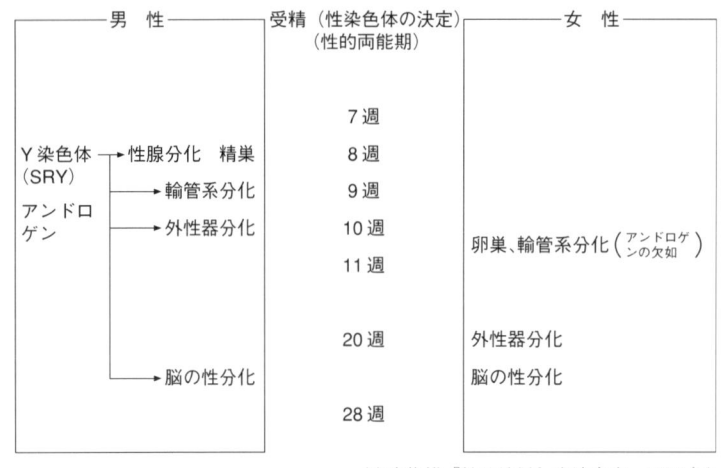

```
┌─── 男 性 ───┐ 受精（性染色体の決定）┌─── 女 性 ───┐
                  （性的両能期）

                      7 週
Y染色体 → 性腺分化 精巣  8 週
（SRY）   → 輸管系分化  9 週
アンドロ  → 外性器分化 10 週
ゲン                  11 週     卵巣、輸管系分化（アンドロゲンの欠如）

                      20 週    外性器分化
        → 脳の性分化            脳の性分化
                      28 週
```

（山内俊雄『性の境界』岩波書店，2000 年）

もともとヒトの基本形は女性であって、男性ホルモンという特別なものが、適切な時期（臨界期）に作用した時だけ男性になれるのである。

逆にいえば、適切な時期に男性ホルモンの分泌がうまくいかなかった場合には、生物学的な意味において、完全な男性になれないということもある。

また女児においては、妊産婦の副腎皮質ホルモンの分泌過剰などの病気や、副腎皮質ホルモン剤などの多用によって、男性ホルモンが多量に分泌され、生殖器あるいは脳が男性化してしまうこともある。

妊産婦の過度のストレスも、性ホルモンの分泌等に悪影響を及ぼすといわれている。

これまでのことをまとめてみましょう。まず第一に、生物学的な性の決定は、狭義には、
① 性染色体のレベル
② 性腺（内性器）のレベル
③ 性器（外性器）のレベル
の3つがあって、それぞれのレベルにおいてトラブル（性染色体異常やホルモン異常など）があった場合には、各レベルごとの性が不一致となることがあります。また広義には、
④ 脳のレベル
までを含めて考えることができます。

はじめにも述べた通り、この中で特に、③までの狭義の生物学的レベルにおける性と、④の脳のレベルでの性とが不一致の場合を、トランスジェンダー（性同一性障害）と呼ぶのです。

こうしたトラブルは、避けがたく存在し、決して本人の性格等の問題ではないことを、十分に理解すべきでしょう。

問題 4 トランスジェンダーといわれる人は、いつごろから自分の生物学的な性に違和感を持つようになることが多いのでしょうか。
〈予想〉
　ア．幼児期
　イ．思春期
　ウ．成人後
　エ．その他

説明 6 一般的な成長においては、思春期の頃から性差が目立ってきます。ですから普通に考えると、自分の性に対する違和感も思春

期の頃に出てきそうです。しかし多くの場合、「幼児期」の頃からすでに変に感じ始めるのだそうです。

　A太郎さんによれば、「幼稚園に行く前から、女の子と遊ぶよりも男の子と遊んでいた方が楽しく感じていた。そのうち大きくなれば、オチンチンがはえてきて男の子になれる」と信じていたそうです。しかし、思春期をむかえ初潮が始まり、乳房もふくらみ出した時には、絶望したといいます。

　一方B子さんは、「男の子の遊びではなく、女の子の遊びを好み、ズボンよりスカートを履いてみたいという気持ちを強く持っていた」そうです。

　このことは、脳のレベルの性と狭義の生物学的な性との不一致は、すでに幼児期から異和感を感じさせることがあることを示しています。

> **指示2**　ところで、みなさんの「法律的な性」は、いったいいつどのようにして決まるのでしょうか。意見を出し合いましょう。

〈生徒から出てきそうな発言例〉
- 出産時に、医者が診察して決まる。
- 赤ちゃんを抱いたとき、親が判断して決まる。
- 役所に出生届を出した時点で決まる。　　　など

> **説明7**　法律的に性が決定されるのは、出生時の役所への届け出によるのです。そこで、男もしくは女と届けた時に、みなさんの性も法的に決定されました。

　ほとんどの場合、外性器を見て男女を判断しますね。オチンチンがあれば男性、なければ女性という具合に。

　ところが、これまで学習してきて分かる通り、性染色体・内性器・外性器、さらには脳の性分化までも含めて、それらのある部分とある部分とが性の不一致をおこしてしまうことがある訳です。

　A太郎さんやB子さんにおいては、おそらく外性器の性と、脳の性（性自認）とが一致していない、典型的なトランスジェンダー（性同一性障害）だったのだろうと思われます。

　このような時には、「男の子は男の子らしく、女の子は女の子らしく」という普通の育てられかたが、非常に苦痛で違和感を伴ったものになってしまうことも十分に想像できることでしょう。

> **指示3**　これまでに、「生物学的な性決定（4つのレベル）」「法律的な性決定」について学んできました。
> 　これ以外に、男女の性を考える時に重要な視点にはどのようなものがあるでしょうか。意見を出し合ってみましょう。

〈生徒から出てきそうな発言例〉
- 文化的な視点
- 政治的な視点
- 社会的な視点
- 経済的な視点　　　など

トランスジェンダーと同性愛者とは、しっかりと区別すべきである。

　ホモやレズビアンといわれる同性愛者は、自分と同じ性を持つ者に性愛を感じる人をいい、狭義の生物学的性と自己の性自認とが一致しないトランスジェンダーとは、明確に異なる。

　出生後3～4年ぐらいまでは、いわゆる「育てかた」が、脳の働きや性分化に影響を与えるといわれている。

　生物学的な性が、4つのレベルで完全に一致している場合には、「男の子らしく」あるいは「女の子らしく」育てることは、性自認を一層強化するものとなるのである。

(説明8) A太郎さんとB子さんは、子どものころ、周囲から言われた言葉でもっとも傷ついたのは、「女（男）の子なんだから女（男）の子らしくしなさい」という一言だったといいます。

　私たちの社会は、男女の性的な役割（ジェンダーロール）を何となく決定してきました。これを「社会的な性決定」と表現してもよいでしょう。

　たとえば、男性は外で働き女性は内（家庭）で家事をするといった社会通念もその一つでしょう。しかし、第二次世界大戦の前ごろまでの日本においては、男女ともに農作業に従事することなど、当たり前だったのです。

　考えてみれば、男の子は黒のランドセル、女の子は赤いランドセルというのも、一体誰がいつ決めたのでしょうか。

　「男らしさ」「女らしさ」というのは、その時その場所で、社会がおのずから作っていくものなのではないでしょうか。

(指示4) 社会で何となく決まっていそうな、「男性は○○」「女性は○○」という例を、みんなで出し合ってみましょう。

　髪型や服装、トイレにおける男性用は青（黒）のマーク、女性用は赤のマークなど、身近なところにそうした例が、いくつも見つけられるだろう。

(説明9) 男女で、生物学的な性差が存在するのは事実です。このことをまったく無視すべきではないでしょう。

　しかしだからといって、「男性は○○」「女性は○○」というのを安易に決めつけるべきでもありません。それは、単なる思い込みによるものも多いと考えられます。

　性同一性障害に悩む人たちに対する偏見や差別をなくすためにも、彼らについての理解を深めることが重要です。

　さらには、自分自身の「性」をもう一度見つめ直し、社会全体での「男性性」や「女性性」について、考えをめぐらせることも大切なことだといえるでしょう。

　すべてに男女平等を唱えてみたり、いたずらに男女差を強調し過ぎたり、といったすれ違いの議論が多過ぎるのではないだろうか。ここでも、正しい知識・認識こそが重要である。

4　エイズ

Ⅰ　学ぶ意味

　青少年の性をめぐる問題として、性行動の活発化があげられる。今や、高校3年生までに性交を経験した者の率は、男子で約3人に1人（37.3％）、女子では2人に1人（45.6％）となっており（東京都）、性行動の低年齢化・一般化が進んでいる。

　それにもかかわらず、性感染症に対する適切な教育や予防対策が取られておらず、そのことが若年者における性感染症の蔓延につながっていると思われる。また残念ながら、先進国の中では唯一日本だけが、HIV感染者・エイズ患者が増加しているという現状にありながら、社会的関心は低いままで、エイズに対する警戒感が以前よりは希薄になってきているようである。

　こうした現状を踏まえつつ、各人が性に関する適切な意志決定・行動選択ができるように、有益な情報を提供し彼らの認識をつちかうことは、極めて重要なことといえるだろう。

Ⅱ　ねらい

　まずはじめに、性感染症が自分の身近な問題であることを実感させるために、生徒たち自身に性感染症への感染の危険性を考えさせ、適切な予防対策を講じなければ、誰もがエイズを含めた性感染症にかかり得ることを示す。

　ついで、性行動の活発化がクラミジア等の性感染症の蔓延を招き、それがエイズ拡大の温床となり得ることをわからせたい。さらに、エイズの特徴等にも触れつつ、予防することの重要性やコンドーム使用の有効性などについての理解を深めさせたい。

◆授業の展開

質問1　性感染症とは、性的な行為を介して感染する病気の総称です。あなたは、現在あるいは将来、自分自身が性感染症にかかると思いますか。また、どうしてそのように思ったのかも答えて下さい。

〈予想〉
　ア．かかる可能性は高い。
　イ．可能性はある。
　ウ．たぶんかからない。
　エ．絶対にかからない。

〈理由〉
（　　　　　　　　　　　　　　　　　　　　　　　　　　　）

説明1　性感染症にかかる人は、「不特定多数の人と性交渉を持つ人だ」と、よくいわれています。しかし、それは必ずしも正しいとはいえません。たとえあなたが「特定少数」や「特定の一人」としか、性交渉を持たなかったとしても、その相手が他の異性とたとえ1回だ

　おもな性感染症には、梅毒、淋菌感染症、性器クラミジア感染症、性器ヘルペスウイルス感染症、尖圭コンジローマ、エイズ、トリコモナス感染症などがある。

　性的な行為とは、性交だけでなく、口腔や肛門性交なども含まれ、そうした行為によっても感染する可能性があることをおさえておきたい。

　「私に限って絶対大丈夫」というのは、生涯、絶対に性的行為を一切しない限り、まったく根拠がないものであることを分からせたい。

けであったとしても性交渉を持ったならば、うつる可能性はあるわけです。現に、こんにちでは、特定の一人のパートナーから感染するケースも増えています。

> **問題1** 現在わが国では、男女合わせて60万人程が性感染症にかかっているといわれています。では、どの年代がもっとも多いのでしょうか。また、男女ではどちらが多いと思いますか。
> 〈年代〉
>   ア．10歳代　　イ．20歳代　　ウ．30歳代
>   エ．40歳代　　オ．それ以上
> 〈性別〉
>   カ．男　　キ．女　　ク．ほぼ同じ

説明2 現在、性感染症にかかっている人は、男25万人、女35万人で、女が多くなっています。年齢別でみると、男女ともに20歳代がもっとも多いのです。

とりわけ、20～24歳の女性では、人口10万人に対して、2642（人、2000年）となっており、100人のうち2.6人が性感染症にかかっているということになります。

若い女性に性感染症が多くなる理由は、ひとつには、この階層の性行動の活発化です。初交経験の累積率でみると、1987年には高校3年生女子で18.5％であったものが、2002年では45.6％に急増しています（東京都）。また女性の場合、腟内が細菌やウイルスにとって繁殖しやすい環境にあること、男性に比べると感染しても自覚症状が少ないこと、なども女性の感染が多い原因といえます。

性感染症の中でも、近年特に急増中なのが、男性では淋菌感染症、女性は性器クラミジアです。

20歳代前半の女性の、50人に1人以上が性感染症罹患者であることは、相当なインパクトがあると思われる。

同じ調査で、高校3年生男子では、27.7％から37.3％に増加している。

たとえばクラミジアでは、感染者の約4分の3が無症状であるといわれている。

全性感染症の性別・年齢別罹患率

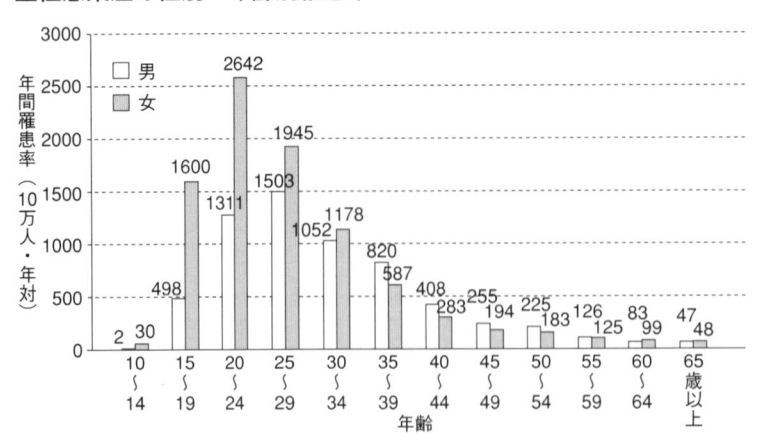

（厚生労働省性感染症センチネル・サーベイランス研究班、『日本性感染症学会誌』2000年）

性感染症の罹患率の年次推移

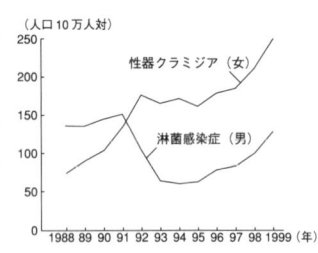

（厚生省性感染症センチネル・サーベイランス研究班、1999年）

質問2 さて、あらためて聞きます。あなたは、現在あるいは

II章 人間の性と健康 67

将来、自分自身がエイズにかかると思いますか。また、どうしてそのように思ったのかも答えて下さい。

〈予想〉
ア．かかる可能性は高い。　イ．可能性はある。
ウ．たぶんかからない。　　エ．絶対にかからない。

〈理由〉
(　　　　　　　　　　　　　　　　　　　　　　　　　)

「エイズは非常にまれな病気であるから」などといった意見が出されるかもしれない。

説明3　エイズは、HIV（ヒト免疫不全ウイルス）というウイルスによっておこる病気です。性的な行為を介してうつる性感染症の1つであり、他の性感染症と同じように、自分だけが「特定一人」を守っていたとしても、パートナーの性行動次第で、感染の可能性は十分にあるのです。

HIVの感染力そのものは、弱いのは事実であるが、エイズだけが特別な性感染症ではないことを理解させたい。

問題2　下の図は、先進7か国（アメリカ、カナダ、イギリス、ドイツ、イタリア、フランス、日本）におけるエイズ患者の報告数の推移をグラフにしたものです。1か国だけ増えている国がありますが、それはどこでしょうか。

出題時には、もちろん国名は伏せておく。

先進7か国（G7）のエイズ患者報告数の増減比率

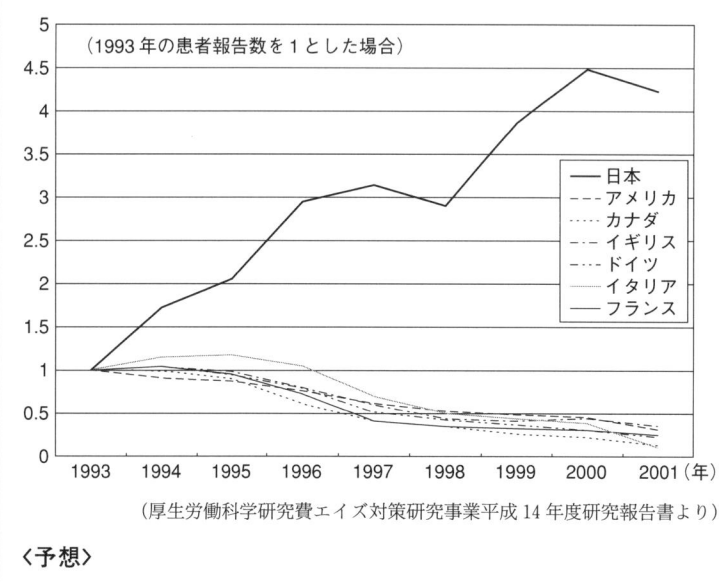

（1993年の患者報告数を1とした場合）

（厚生労働科学研究費エイズ対策研究事業平成14年度研究報告書より）

〈予想〉
ア．アメリカ　　イ．イタリア
ウ．日本　　　　エ．その他

近年日本においては、エイズへの警戒心が以前よりは希薄になってきているように思われる。左に示したデータは、これまで以上にエイズ予防に力を注ぐべきであることを物語っている。

この表は、あくまでも増減の比率を示したものである。
実際の感染率でいえば、日本の15～49歳成人では、約0.02％とされ、アメリカはこの約30倍である。西欧は、およそ日本とアメリカの中間程度とされている。

説明4　正解は「ウ」の日本です。他の先進諸国が積極的に予防対策を徹底し、鎮静化の方向に向かっているのに対し、日本だけが先進国の中で唯一、エイズ患者増大の傾向にあるのです。
つまり先ほども学習したように、現在の日本においては、特に若い人を中心に性感染症が増加しており、さらにHIV感染者やエイズ患者

も増大しているというわけです。
　ここで重要なのは、他の性感染症に感染していると、HIVへの感染率が高まるという事実です。その理由は白血球にあり（下図参照）、危険性は3～4倍にもなるといわれています。
　こうしてみると、エイズと他の性感染症ともに感染率が増加していることにも納得がいき、さらに、これからも増える傾向にあるのではないかと危惧されるのです。

> HIVは、白血球の中でも特にヘルパーTリンパ球という細胞に取り付いて、そこから侵入することが知られている。
> 他の性感染症にかかると、このヘルパーTリンパ球が性器の周辺に集中することになり、それだけHIV感染の危険性が高まることになるのである。

HIVに感染しやすくなるしくみ

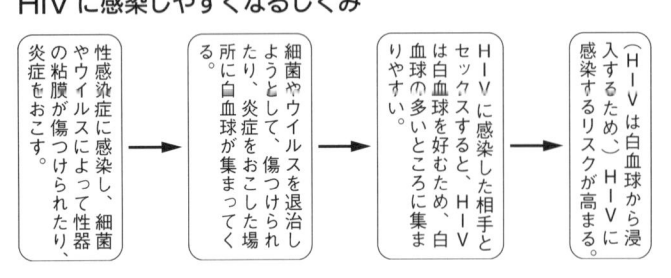

性感染症に感染し、細菌やウイルスによって性器の粘膜が傷つけられたり、炎症をおこす。 → 細菌やウイルスを退治しようとして、傷つけられたり、炎症をおこした場所に白血球が集まってくる。 → HIVに感染した相手とセックスすると、HIVは白血球を好むため、白血球の多いところに集まりやすい。 → （HIVは白血球から浸入するため）HIVに感染するリスクが高まる。

【質問3】　では、エイズを予防するためにはどうしたらよいのでしょうか。あなたにできることを答えてみて下さい。

【説明5】　エイズを引きおこす元であるHIVが存在する場所は、精液、腟分泌液、血液、母乳などの体液内に限定されており、粘膜や傷口から体内・血液中に侵入（感染）するのです。
　したがって、感染経路もおのずから限られています。性行為等により精液や腟分泌液が混ざり合う場合（性行為感染）、薬物などを注射器で回し打ちして血液が混ざり合う場合（血液感染）、受胎時・出産時・授乳時に母親から子どもへうつる場合（母子感染）、この3つだけです。
　ですから、私たちが薬物乱用などで注射器を用いたりしない限り、今、感染するとすれば、性行為だけなのです。
　つまり、エイズから自分の身を守るためには、性行為をまったくしないか、性行為において、自分や相手の精液・腟分泌液がそれぞれの粘膜に触れないように遮断すればよいということになります。そのもっとも簡便で有効な方法がコンドームです。

> HIVの存在箇所や感染経路を、論理的に整理していけば、適切な予防方法は、比較的容易に見えてくるはずである。

> 射精の前にすでに少量の精液は出ており、また腟分泌液も出ている。だからこそ、射精の直前にコンドームを装着しても無意味なのである。

【指示1】　エイズという病気をもう一度整理するために、次の表を完成させてみましょう。

	淋菌感染症	エイズ
病原体	淋菌	
潜伏期間	2～9日	
症状　男性	尿道から膿が出て排尿時に痛み。	
症状　女性	自覚症状はない場合が多い。おりもの。	
生命予後	生命に別状なし。	

エイズ
HIV
平均約10年
初期症状はほとんどなく無症状が続く。発熱，下痢，体重減少等のあと，日和見感染症など。
生命にかかわる。

II章 人間の性と健康 69

説明6 この表から分かるように、エイズの特徴はまず第一に、潜伏期間が極めて長いということです。その潜伏期間中、ほとんど症状が出ない、という点も非常に重要です。なぜなら、自分自身でさえも、エイズにかかっているという自覚がないまま、性行為を繰り返す状態が続くということだからです。

まったく知らないうちに人にエイズをうつしたり、うつされたりしないためには、子どもが欲しい時以外は必ずコンドームを使用する、というのが正解のようです。

また、感染の可能性のある機会があった場合には、HIV抗体検査を受ける、というのも大切です。

相談や検査などは、最寄りの保健所を利用するとよい。

問題3 では、日本におけるコンドームの売り上げは、最近どうなっているのでしょうか。
〈予想〉
ア．増えている。
イ．変わらない。
ウ．減っている。

[問題3]および次の[質問4]に関連させて、生徒にとって身近な年代である高校3年生の避妊実行率の推移（下図）を示すのもよい。

それらの数値からは、必ずしも実行状況が良好とはいえないことがわかる。

説明7 正解は「ウ」の「減っている」です。薬事工業生産動態統計によれば、1980年に約7億4000万個だったコンドームの国内出荷量は、1999年には約5億個にまで減少しています（32.6％減）。

いうまでもなく、コンドームは、避妊はもちろんのこと、エイズや他の性感染症の予防にも有効です。この間の15～49歳の人口は、全体でわずか約2％の減少にしか過ぎず、コンドームの使用頻度が低下していると考えられます。これは、非常に大きな問題といえます。

避妊の実行状況（高3）

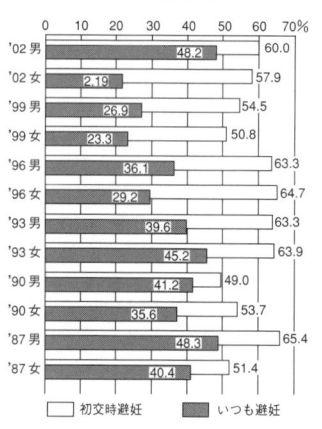

年	初交時避妊	いつも避妊
'02男	48.2	60.0
'02女	2.19	57.9
'99男	26.9	54.5
'99女	23.3	50.8
'96男	36.1	63.3
'96女	29.2	64.7
'93男	39.6	63.3
'93女	45.2	63.9
'90男	41.2	49.0
'90女	35.6	53.7
'87男	48.3	65.4
'87女	40.4	51.4

（東京都幼稚園・小・中・高・心障性教育研究会『児童・生徒の性』学校図書，2002年）

コンドーム国内出荷量の年次推移

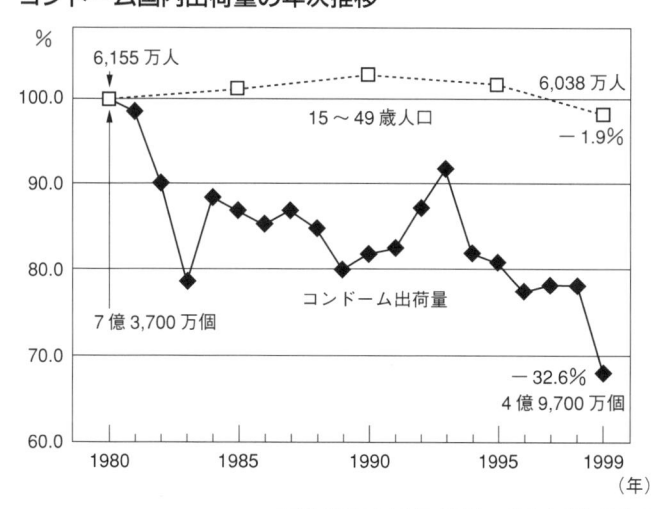

1980年：7億3,700万個、6,155万人
1999年：4億9,700万個（−32.6％）、6,038万人（−1.9％）
15～49歳人口

（厚生労働省医政局「薬事工業生産動態統計」）

> **質問4** 以前にくらべてコンドームが使われなくなったのは、どうしてでしょうか。意見を出し合ってみましょう。

> **説明8** 「面倒くさいから」「装着して、と言えないから」「快感が損なわれるから」「膣外射精で十分だと思っているから」「他の避妊法（たとえばピル）を実行する人が増えたから」「エイズは怖くない、と思う人が増えたから」など、さまざまな意見が出されるでしょう。

避妊の失敗率の高さと性感染症の予防効果といった観点から、膣外射精は絶対にお奨めできません。ピルは確かに避妊には極めて有効な手段ですが、性感染症の予防にはまったく無力です。

また、エイズは医科学の進歩により、発症を遅らせることが可能になり、延命効果も向上してきています。しかし、生涯にわたって欠かさず大量の薬と水を毎日飲まなくてはならず、とても通常の暮らしが可能、などとはいえないようです。したがって、エイズへの警戒心をゆるめるのは、まだまだ早計と言わなければなりません。

> **指示2** 性行為の際、コンドームを使おうとしない相手に対して、あなただったら、何と言いますか。

> **説明9** コンドームの使用には、経費の負担や快感を減ずるなどのデメリットがあるのは事実です。しかし、望まない妊娠や性感染症にかかってしまうデメリットの大きさと、しっかり比べてみましょう。そうしたことを相手に伝えたり、話し合ってみるのもよい方法です。

また特に、女性から「コンドームを着けて」となかなか言い出せない、という声もしばしば耳にします。しかし、これも冷静に考えてみて欲しいのです。

そうした言葉を発した途端、関係が崩れてしまうような相手だったのでしょうか。あなたの望まぬ妊娠や性感染症の感染の危険性に、まったく配慮のない相手は、本当にあなたを愛している、といえるのでしょうか。

一時的な快楽に身を任せたり、一瞬の避妊へのためらいによって、人工妊娠中絶に至ったり性感染症にかかるなどして、一生を悔いることがないように、私たちは常に、賢明な性行動を選択するべきなのです。

ここでは、ロールプレイングなどを使ってみるのもよい。

性にまつわる諸行動を、賢明に自己決定していくためにこそ、性に関する正確な事実を知ることが重要なのである。

III章　環境と健康

1　ごみの不法投棄

2　リサイクルを含めた循環型社会への転換
　　〜プラスチック製容器包装のマークから考える〜

3　環境ホルモン

1　ごみの不法投棄

Ⅰ　学ぶ意味

　環境問題を解決するためには、「地球規模で考え、地域や身近なところから活動する」という考えかたは非常に大切である。しかし、個人の活動をリサイクルやリユースなど、環境を考えた生活スタイルの追求だけに留めていても不十分である。

　個人の努力とともに環境破壊を未然に防いでいく社会づくりや活動も必要になっている。たとえば、かつての公害問題は被害住民の訴え、社会の世論形成、公害裁判、法整備などを通じ解決されていった。この歴史の中でいかに情報開示が大切で、そのための企業や行政の監視が必要なことかが明らかにされてきた。しかしこの歴史の教訓が必ずしも現代に生かされているとは限らない。たとえば不法投棄をめぐる問題である。この問題では、処理業者・ごみ排出者責任とともに行政、特に地方自治体の対応に問題があり、被害を拡大・深化させる原因にもなっている。問題を解決していくためには、企業や行政に対しての徹底した情報開示の要求と企業・行政監視が必要となっている。

　環境破壊を未然に防いでいく社会づくりは、住民や市民が加害企業や行政に対して積極的に働きかけていくことにより達成されるのであり、そのような主体となるための意識の変革が求められている。ここでは、不法投棄問題を扱うことによりその問題を理解させたい。

Ⅱ　ねらい

1) 豊島問題を題材に取り上げ、行政の対応の問題点と住民の反対運動の成果について理解させる。
2) 豊島問題解決の中で、廃棄物を排出する「排出事業者」への責任が強化されたことを理解させる。
3) 所沢のダイオキシン問題を取り上げ、行政の対応の問題点について理解させる。

◆授業の展開

質問1　豊島は瀬戸内海の東部、小豆島の近くにある小島で香川県に属しています。国立公園内にあるこの島では、いたる所にみかん畑があり、のどかな島でした。排出業者がこの島での産業廃棄物処理場建設の許可申請を香川県に出したのが1975年。当初より住民の反対運動がおこりましたが、県は1978年に事実上の許可を業者に出しました。その後、住民の不安が的中し、日本最大の不法投棄による環境破壊へと深刻化していきました。住民と県が和解（汚染物質の島外撤去、原状の回復、県行政の誤りについての謝罪など）するまでに、どれだけの時間が費やされたでしょうか。

　処理業者は、当初廃棄物処理の申請を出していたが、住民の反対にあい、「ミミズの養殖のための土壌改良」という名目に変更し、申請が許可された。

豊島

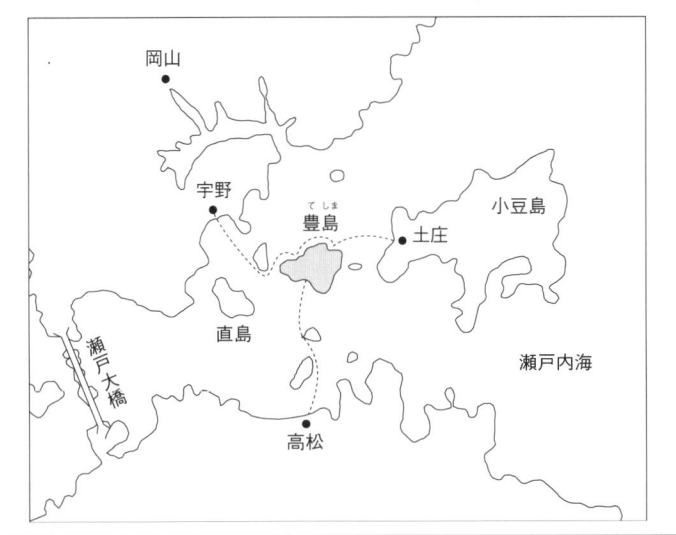

（地図：岡山、宇野、豊島（てしま）、小豆島、土庄、直島、瀬戸大橋、瀬戸内海、高松）

説明 1　香川県が廃棄物処理にかかわる行政の誤りを認め、住民への謝罪と調停案への合意を行ったのが 2000 年 5 月でした。住民運動の戦いは実に 25 年にも及んだことになります。

　不法投棄の始まった当初より住民による反対運動が展開されていましたが、香川県はこの問題解決に積極的に動いてきませんでした。しかし、兵庫県警が廃棄物運搬中の処理業者の船を廃棄物処理法違反で摘発し、1991 年には神戸地方裁判所で判決が下り、業者と県の指導監督について責任が問われました。

　裁判所の判決、住民運動の高まり、マスコミ報道などにうながされて県は実態調査に動かざるを得なくなりました。1992 年に県は実態調査を行い、「廃棄物の総量は 15、6 万 t であり、有害物質を含んだ廃棄物はほぼ撤去された」、「周辺海域の環境は特に問題がないから撤去の必要がない」との見解を示しました。

　しかし、国が 1994 年から行った調査で、県の調査結果が覆る、驚くべき汚染の実態が明らかにされました。

①約 50 万 t の廃棄物が投棄されている。
②当該廃棄物はその 70 ％あまりが有害廃棄物の判定基準を超え（鉛）、トリクロロエチレンなど有機塩素系の有害物質も多数検出され、ダイオキシンも高濃度で存在する。
　　浸出水からの鉛が国の環境基準の 260 倍、砒素が 1.9 倍、トリクロロエチレンが 130 倍、土壌からの 1.3 ジクロロプロペンが 4300 倍、ベンゼンが 1900 倍存在する。
③有害物質による汚染は、土壌および地下水にも及んでいる。
④有害物質が海域に漏出している可能性は否定できない。

　長年の環境汚染により、島内では 1987 年頃より咳が止まらなくなるなどの身体の不調を訴える者が続出しました。島内の小・中学校では、

喘息様の症状を持つ児童・生徒の発症率が年々増加し、0.6％から9.6％にまで達し、全国平均の10倍近くにもなっていました。

> **問題1** 処理業者は県から許可の出ていないシュレッダーダスト（自動車を破砕して金属類を取り除いた残りのかすのプラスチック類）、廃油、汚泥、廃酸、鉱さい、ドラム缶などを不法投棄していましたが、県は長年対応してきませんでした。どのような理由からでしょうか。
>
> 〈予想〉
> ア．業者の違法な処理に気付かなかった。
> イ．個人の所有地なので調査できなかった。
> ウ．不法投棄とは考えなかった。
> エ．その他

説明2 廃棄物を満載したダンプカーは悪臭とごみをまき散らしながら走り、さらに山火事と見間違えるほどの野焼きによる煤煙と悪臭が島全体を覆っていたといいます。違法なものが持ち込まれたり、違法な処理方法がなされていたことは明らかで、県が業者の違法な処理に気付かなかったということは考えられません。県知事は産業廃棄物処理業者に対して指導・監視する権限を持っているので立ち入り調査もできます。実際に1978年から1990年まで実に118回も立ち入り調査が行われていました。

廃棄物処理業者が違法な処理方法をとっていたにもかかわらず、県がその事業に対して何ら対策を行わなかったのは、「不法投棄と考えなかった（認めなかった）」ことによります。

県の見解は、実際に投棄されていた物は「産業廃棄物」ではなく、金属回収のための「原材料」であるという業者の主張をそのまま受けたものでした。

これは、産業廃棄物であっても処理業者がそれを購入したのであれば、廃棄物に当たらないという解釈でした。しかし実際には、処理業者は排出事業者よりシュレッダーダストを1ｔ300円で購入しますが、運搬費として1ｔあたり2000円徴収するという方法をとっており、差額の1700円を実質的な処理費用としていたのでした。

また、この業者は当初「有害産業廃棄物の運搬・処理」で県に申請を出していましたが、住民の反対により「ミミズの養殖のため、土壌を改良するために汚泥を受け入れる」という名目に変更し、県の許可を受けていました。

> **問題2** 廃棄物処理業者にごみの廃棄を依頼する事業者（排出事業者）の責任はどういうものだと思いますか？
>
> 〈予想〉
> ア．責任がない。排出事業者は廃棄物処理業者にお金を払って

廃棄物の範囲については、「廃棄物とは、占有者が自ら利用し、又は他人に有償で売却することができないために不要になった物をいい、これに該当するか否かは、占有者の意思、その性状等を総合的に検索すべきものであって、排出された時点で客観的に廃棄物として観念できるものでないこと（昭和46年10月25日環整第45号）」とされている。

ごみの処理を依頼しているのであるから、責任は処理業者のみが負う。
イ．責任がある。排出事業者は廃棄物処理業者がどのような処理を行っているのか確認する必要がある。
ウ．排出事業者も道義的・倫理的な責任はあるが、実質的な責任（法的に摘発されたり、費用負担を求められることなど）を負うことはない。

説明3 調停の成立により、排出事業者は責任を認め、廃棄物処理費用の一部を負担することになりました。

排出事業者は、「廃油を『助燃剤』として使用するということであったので取り引きした」「県から『合法』であることの確認を得て取り引きした」「正規の許可の範囲内の取引であり、違法な処理とは知らなかった」「売り渡したものの中に有害物質は含まれていなかった」などを主張し、当初は支払いに応じませんでした。

しかし、排出事業者への事情聴取や各種調査によって排出事業者の責任が明らかとなり、第15回調停委員会で次のような判断が下されました。

① 廃棄物処理法上、排出事業者は廃棄物を自ら排出するのが原則であるが、適切に処理する能力があるものに委託することができる。しかし今回の場合、処理業者が適切な処理を行っていないので排出事業者に責任が残っている。
② 排出事業者は、処理業者の能力を確かめなければならないのにそれを行っていなかった。また、処理業者が無許可であることも知っていたので責任がある。
③ 排出事業者は、処理業者と廃棄物を有価物として売買契約を結んだというが、運搬費用との差額が実際上は廃棄物の処理費用であることは明らかである。

これまでの不法投棄事件において、排出事業者が原状回復費用を負担した事例はありませんでした。しかし、この豊島の事件をきっかけにして2001年に「廃棄物の処理及び清掃に関する法律」が改正され、産業廃棄物管理票の規定など、排出事業者の責任が強化されるようになりました。

問題3 首都圏（東京都、神奈川県、千葉県、埼玉県、茨城県、群馬県、栃木県）の産業廃棄物がもっとも多く持ち込まれている県は、首都圏内ではどこでしょうか。

説明4 環境省（当時は環境庁）が1999年に調べたところでは、首都圏でもっとも多くの産業廃棄物を受け入れている県は埼玉県でした（次表）。

それでは、首都圏の産業廃棄物の多くは、埼玉県で受け入れられて

1977年〜2000年にかけて排出事業者19社との和解が成立し、総額3億7000万円が支払われた。

従来、排出事業者は、廃棄物を外部に委託する際、委託基準を遵守した適切な委託契約を結び、マニフェスト（産業廃棄物管理表）を正しく交付していれば、その後に発生した不法投棄に対する責任を負担する必要はなかった。

最終的にそこで処理されているのかというと、そうではなく、埼玉県からさらに他府県に搬出されています。

首都圏から首都圏以外への産業廃棄物の持ち出しは合計893万5000tにのぼります。もっとも多いのは東京都ですが、次に多いのが埼玉県です。埼玉県は産業廃棄物の受け入れ先にもなり、搬出元にもなっています。

ここに産業廃棄物処理のルートが表れています。要するに、埼玉県では東京都などから排出される大量の産業廃棄物を受け入れ、中間処理を行い、さらに地方の最終処分地へ産業廃棄物を回すという構造になっているのです。

中間処理は、産業廃棄物を保管し、燃やしたり、破砕したりすることによりごみの体積を減らすこと、また輸送にかかるコストを下げるために行われます。この過程での処理方法が不十分な場合にはダイオキシン等による健康被害が発生することになります。

このように大都市圏、大産業圏のごみを過疎地で処理する広域処理政策は、政府のごみ対策の基本方針であるともいわれています。そのため、不法投棄による事件は青森県・岩手県、佐賀県などでも発生しています。

首都圏（1都5県）の産業廃棄物の搬出先

	①	②	③	④	⑤
茨城県	埼玉県	栃木県	千葉県	福島県	群馬県
栃木県	埼玉県	福島県	群馬県	茨城県	神奈川県
群馬県	埼玉県	栃木県	茨城県	福島県	新潟県
千葉県	埼玉県	栃木県	茨城県	東京都	神奈川県
東京都	埼玉県	神奈川県	千葉県	栃木県	茨城県
神奈川県	埼玉県	東京都	千葉県	栃木県	茨城県

（環境庁1999年調べ）

> **問題4** 埼玉県では、1990年代後半まで廃棄物の流入規制を行っていなかったことも関係して、他府県の廃棄物が集中していきました。所沢市のくぬぎ山周辺では、1991年ごろより廃棄物処理業者が増え、廃棄物を保管し、さらに中間処理のために野焼きを開始しました。野焼きによるひどい煤塵（ばいじん）と悪臭のため、県や業者に対して住民の反対運動が始まりました。
>
> 住民の反対運動を受けて、県はどのような対応をしたのか予想して下さい。
>
> 〈予想〉
> 　ア．業者の営業を差し止めた。
> 　イ．業者に対して指導を行なった。
> 　ウ．何も対応しなかった。
> 　エ．その他

県外からの廃棄物流入規制は、住民が1997年に要望し、98年に制定された。

説明5 県は反対住民の訴えをうけ、業者に簡易小型焼却炉の設

置を指導しました。業者も県も「これで臭いも煙もなくなる」と言いましたが、事態は全く逆で、汚染はさらに拡大していきました。

この事態に、「所沢にきれいな空気を取り戻す会」などの住民グループが結成され、県に対して焼却炉の廃止などの行政指導を訴えていきました。

それに対して県は「業者に対しては野焼きを止めるように指導している」との回答でしたが、まったく実効性のないものでした。しかも県はかえって焼却炉の増設を指導していたのです。

当時の廃棄物処理法では、1日当たり5t未満の処理能力の焼却炉には排出基準が定められていませんでした。そのため業者は、規制対象外の5t未満の焼却炉を同じ敷地内に複数設置するようになりました。

問題なのは、埼玉県行政はこれらを規制するどころか、小型焼却炉の設置を応援する融資（「彩の国環境創造資金」）を行っていたという点です。たとえば、ある業者がすでに4.2tの焼却炉を持っているところに、さらに同じ敷地に4.2tの焼却炉を増設、合計8.4tとし申請を行い、埼玉県はこれを許可するということが実際におきていました。

このような事態に対して住民が県に質問したところ、「一基の焼却炉が5t／日であればよい。5t未満の焼却炉が複数で5t／日以上になっても差し支えない」と回答しています。その結果、所沢周辺には簡易小型焼却炉の密集地帯が広がり、廃棄物の焼却がさらに広がっていきました。

結局、所沢市周辺の処理業者が減っていき、事態が改善に向かいだしたのは1997年頃のことです。住民運動に引っ張られるようにして県の行政も動きだし、「ダイオキシン類削減対策委員会」「ダイオキシン汚染から環境と健康を守る所沢市民会議」などが発足していきました。また、同じく1997年には厚生省（当時）も廃棄物処理施設の設置許可を強化し、5t未満の処理施設に対しても規制強化を行いました。

埼玉県は1991〜99年までに「彩の国環境創造資金」より9炉に対して5億4000万円の融資を行っている。

調停対象施設の一日あたりの産廃焼却量の推移

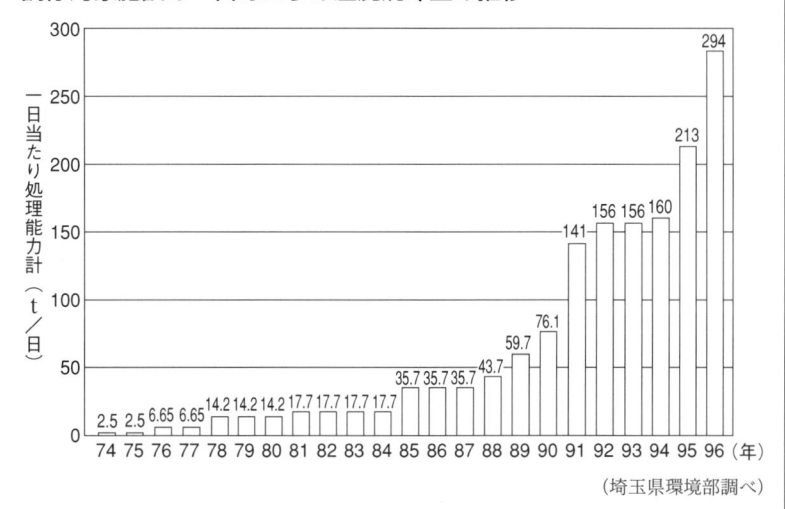

年	一日当たり処理能力計（t／日）
74	2.5
75	2.5
76	6.65
77	6.65
78	14.2
79	14.2
80	14.2
81	17.7
82	17.7
83	17.7
84	17.7
85	35.7
86	35.7
87	35.7
88	43.7
89	59.7
90	76.1
91	141
92	156
93	156
94	160
95	213
96	294

（埼玉県環境部調べ）

> **課題** こういった問題を解決するために、住民が地方行政に働きかけ、環境基本条例を制定させる動きが広がっています。みなさんの地域で環境基本条例が制定されているか、制定されていればどのような内容か調べてみましょう。

［参考文献］
1）大川真郎『豊島　産業廃棄物不法投棄事件』日本評論社，2001年
2）高杉晋吾『崩壊する産廃政策』日本評論社，2003年
3）埼玉西部・土と水と空気を守る会「所沢ダイオキシン報告」（ホームページ）

Ⅲ章　環境と健康

2　リサイクルを含めた循環型社会への転換
〜プラスチック製容器包装のマークから考える〜

Ⅰ　学ぶ意味
　私たちは地球上の資源を使って生活している。しかし、地球上の資源は有限であり、次世代が少しでも長く使えるように有効に使わなくてはならない。一方で、私たちの生活の中から排出される大量の廃棄物は、現存する最終処分場（埋立地）の寿命を短くしている。「資源・エネルギー」の節約と「最終処分場（埋立地）」の延命のためにも、「大量生産、大量消費、大量廃棄」の消費型社会を改め、「リサイクル」を含めた循環型社会への転換が必要となってきている。

Ⅱ　ねらい
　この授業書は、①役割別討論「最終処分場（埋立地）があなたの町にやってきたら」を通して、リサイクルの必要性に気づかせる、②しかし、そのリサイクルも、分別回収しないと資源として利用することが難しい、③分別回収するためにはどうすればよいかを、高校生にも身近なプラスチック製容器包装のマークから考えさせる、という構成で作成した。

Ⅲ　備考
　この授業書の1回目は、2004年2月、岡本利明（大阪府立北野高等学校）が高校1年生40名を対象に実践した。授業はおおむね好評だった。ただし、「ワークシートに登場する町がどんな地形の場所にあるのか、絵でもあればもっと討論が進む」という意見が生徒から出たので、今回は「町の図」をつけくわえた。なお、2回目の授業展開は、近藤真庸他「JASマークを考える」（1991年）を参考にした。

◆授業の展開
[1]「埋立処分場があなたの町にやってくる」

　説明1　ごみは昔から、土に埋めて処理してきました。土に埋めると微生物が分解し、土に戻っていったからです。しかし、最近はプラスチックやアルミニウムなど、土の中では分解しないごみが大量に出てきました。また、ごみ全体の排出量も増え続けており、どこの自治体でもごみの最終処分場の確保に頭を痛めています。

　2001年度末時点、一般廃棄物（一般ごみ）の埋立処分場の残余年数は、全国平均で12.3年分しかありません。しかもこれは全国平均です。自治体によっては、あと数年で満杯になるところもあるといわれています。

　指示1　次の「地球にやさしく・ワークシート〜ごみの埋立処分場があなたの町にやってくる〜」にチャレンジしてみましょう。

ワークシートの使いかた
　配布物は全部で3枚。
①『環境にやさしく・ワークシート』を配布。
②教師が、「前文」と3人の「登場人物の背景」を読みあげる。
③はじめに、各登場人物の「主張」と「理由」を各登場人物の立場になって、簡単に書かせる。
④次に、4人1組のグループ分け（3人の登場人物と1人の司会。5人の場合はどこかの役を2人にする）を行う。
⑤グループ内で役割を決めさせる。この間に『集計表』を配布。役割欄に役の人の名前を書かせる。
⑥教師が、「ワークシート【2】登場人物になりきって、その役割

配布物1

環境にやさしく♥ワークシート
～ごみの埋立処分場があなたの町にやってくる～

　ある日、あなたの町に住む人たちが集会場に集められ、町にごみの埋立処分場をつくる方向で検討に入ったと、行政の人から聞かされました。今ある処分場が、あと数年で満杯になりそうだというのです。さて、みなさんはどう考えますか？

登場人物の背景
- 行政（市町村）：この地区から出るごみの埋立地を、この地区のどこかにつくらないといけない。なぜなら、今ある最終処分場はあと3年もすると満杯になるからだ。
- 住民（消費者）：どうしてこの地区にごみの埋立地をつくらなければならないのか。もっと山間部か、海岸部につくればいい。
- ナチュラリスト：この地区の山側には、清流だけに棲む「ヘイケボタル」の生息地がある。海岸部には野鳥の棲む干潟がある。どちらも貴重な動植物の宝庫である。

【1】まず、役割ごとに「どのような解決策を最善と考えているか」を書いてみよう。

登場人物	最善の解決策
行政（市町村）	
住民（消費者）	
ナチュラリスト	

【2】登場人物になりきって、その役割を演じてみよう（役割別討論の進めかた）。
- 3人の登場人物（各1人）と司会（1人）の役は決まりましたか。（5人の場合はどこかの役を2人にします。）
- これから、役割別に討論をおこないます。各登場人物になりきって、その立場にとって都合のいい解決策へと導いてください。ただし、相手の主張に一理あるなと思った時には、それを受け入れても構いません。
- 「集計表」には、相手の主張の要点をメモしてください。
- 司会は、次のように言って話し合いを始めましょう。
「○×町埋立処分場連絡協議会にようこそ。今日は今おこっている埋立地問題を収めるために、みんなが納得できる解決策を見つけようと集まってもらいました。何とかグループで1つの合意（解決策）が得られるよう、建設的に話し合って下さい。」
- 司会は、話し合いをリードし整理してください。司会には、あとで"ふ

を演じてみよう」（役割別討論の進めかた）を読みあげる。それに沿って実施するように指示。
⑦役割別討論をおこなう。時間は10～15分。
⑧各グループの司会に、登場人物の主張理由と、グループ内でまとまった（まとまりつつある）解決策、（まとまらない場合はどうしてまとまらないか）について発表してもらう。
⑨発表ごとに教師が要点を板書する。
⑩『役割別討論をふり返って』を配布。記入させる。
※討論終了後、「説明」を読む。この討論でのねらいは、リサイクルを含めた循環型社会の必要性に気づくことにある。

III章 環境と健康

り返り"の時、各登場人物の主張とともに、グループ内でまとまった（まとまりつつある）解決策、（まとまらない場合はどうしてまとまらないか）について報告してもらいます。
・では、はじめてください。

町の図

（田・畑、野鳥の棲む干潟、ヘイケボタルの生息地、町）

配布物2

環境にやさしく♥ワークシート
「集計表」

　　　年　　組　　番　氏名

※ 生徒の名前②は、役割が2人いた場合に使う。

司会	名前	
登場人物	グループ生徒の名前	理由は…（主張の要点）
行政（市町村）	①	
	②	
住民	①	
	②	
ナチュラリスト	①	
	②	

廃棄物の区分

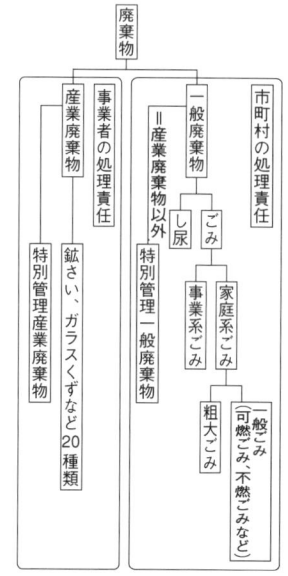

廃棄物
├ 事業者の処理責任 ─ 産業廃棄物 ─ 特別管理産業廃棄物／鉱さい、ガラスくずなど20種類
└ 市町村の処理責任 ─ 一般廃棄物（＝産業廃棄物以外）─ 特別管理一般廃棄物／し尿／ごみ ─ 事業系ごみ／家庭系ごみ ─ 一般ごみ（可燃ごみ、不燃ごみなど）／粗大ごみ

※特別管理一般廃棄物・特別管理産業廃棄物とは、爆発性、毒性、感染性があるなど、特別な処理を必要とする廃棄物のことである。

（環境省調べ）

一般廃棄物の排出量の推移

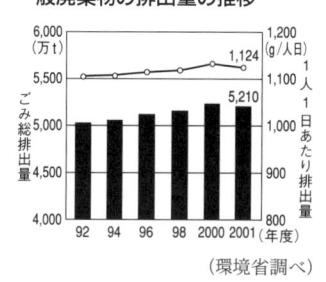

（棒グラフ：ごみ総排出量（万t）、折れ線：1人1日あたり排出量（g／人日）、1992〜2001年度、2001年は5,210万t、1,124g／人日）

（環境省調べ）

排出された一般廃棄物は、全体の約3／4（77.4％）が焼却され、焼却灰として埋め立てられる。埋立場所は、陸上（埋立）と水面（埋立）の2種類がある。

「ごみは出すけど、近くに処分場ができるのはイヤ」を解決する一つの方法は、現在ある埋立地をできるだけ長持ちさせること。埋立地を長持ちさせるためには、ごみの発生量を減らし、分別とリサイクルを進めていくことが大切であ

配布物3

環境にやさしく♥ワークシート
〈役割別討論をふり返って〉
　　　年　　組　　番　氏名　　　　　　

①あなたはどの役を演じましたか。

②その役になりきることはできましたか。やってみての感想を書いてください（本当はその役を無理していたなど）。

③他の役の人の主張で、あなた自身納得できるものはありましたか。それは、誰（どの役）で、どんな主張でしたか。

誰（どの役）	主張の内容

【3】ごみの埋立処分場問題の解決には何をしなければいけないのでしょうか。あなた自身の意見をもう一度書いてみましょう。

（説明2）　2001年度の一般廃棄物（一般ごみ）の総排出量は5,210万tでした。国民一人あたりの排出量を換算すると、1日1kgを超えています（1,124g）。

　一般廃棄物増加の原因は、使い捨て型の商品や容器の普及、オフィスのOA化にともなう紙ごみの増加などです。特に、家庭から出るごみの60％以上が容器包装（容積比）となっています。容器包装は重量比は小さいのですが、容積比は大きいので、軽くてもかさばってしまうのです（右図）。

　ジャムの入っているびん、ジュースが入っているPETボトル、チョコレートをつつんでいる紙、お店のレジでもらうポリ袋………これらはみんな「容器包装」です。中でも、プラスチックが容器包装（容積比）の40％を以上を占めています。

　プラスチック製容器包装の発生量を減らし、分別回収することによって、リサイクルを進めていくことが、一般廃棄物減量化のカギなのです。

　ただ現在、プラスチック製容器包装の再資源化も含めて、分別回収

る。

　熊本県水俣市では、埋立処分場の残余年数が分別回収を始めた93年時点で数年しかないと予測されていたが、分別し資源化を進めたことで一般廃棄物の排出量が減り、02年末で20年近くまで伸びた。また、宮城県仙台市では、今まで焼却して捨てていた12,437tのプラスチック製容器包装を、02年度は資源化した。この結果、一般廃棄物の量が前年度比で3.4％減った。

一般廃棄物に占める容器包装物（2001年）

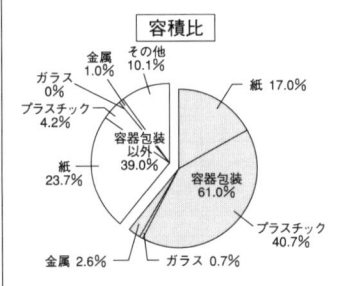

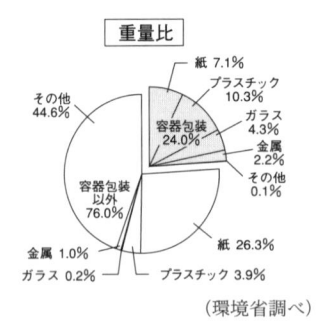

容積比
その他 10.1%
金属 1.0%
ガラス 0%
プラスチック 4.2%
容器包装以外 39.0%
紙 23.7%
金属 2.6%
ガラス 0.7%
プラスチック 40.7%
容器包装 61.0%
紙 17.0%

重量比
紙 7.1%
プラスチック 10.3%
ガラス 4.3%
容器包装 24.0%
金属 2.2%
その他 0.1%
紙 26.3%
プラスチック 3.9%
ガラス 0.2%
金属 1.0%
その他 44.6%
容器包装以外 76.0%

（環境省調べ）

　高度経済成長期に「ゴミ戦争」といわれた74年度でさえ国民一人あたりの排出量は765gだった。現在はその時の約1.5倍にもなっている。

　2000年4月「容器包装リサイクル法」が完全施行され、プラスチック製容器包装の分別回収が各地で実施されている。

の実施は、各自治体（市町村）に任せられています。そのため、自治体によって取り組みが異なっています。

> **課題1** 「プラスチック製容器包装」の回収の方法について、みなさんの住む地域と他の市町村と比較して調べてみましょう。異なっている場合は、その市町村はどこに課題を抱えているのでしょうか。調べてみましょう。

[2]「さがそう分別（識別）マーク」

〈板書〉

> **問題1** こんなマークを見たことがありますか。スーパーへ行くと、このマークのラベルのついた品物を目にすることが出来ます。では、どんなものについていると思いますか？

> **指示1** ノートに3つ書き出してみてください。商品名をあげてもかまいません。時間は2分。

この間、机間巡視。「止め」の合図。

> **指示2** 3つ書き出せた人は手をあげてください。では、「止め」という合図をするまで、隣の人と相談してもかまいません。

任意の列を前から指名して、その答えを教師が板書する。

> **指示3** 他の人は、板書したものを全部書き写し、「このマーク」がついていると思うものに○印をつけてください。

〈生徒の予想〉

飲み物（コーラ、ウーロン茶、サイダーなど）が多い。その他にアルミ缶、牛乳パック、惣菜トレイ。

> **説明3** これは「PETボトル識別マーク」です。PETボトルの原料は、ポリエチレンテレフタレートと呼ばれる樹脂です。英語でPoly-Ethylene Terephthalateと書くため、その頭文字をとってPETと呼んでいます。このマークがついている容器はリサイクルできることを示しています。

食用油のPETボトルの実物をだす。

課題は発展的内容として取り組ませる。1時間目で終わる場合は取り組ませるが、2時間目を実施する場合は、2時間目のあとに取り組ませた方が展開の上でよい。たとえば、仙台市はプラごみ分別回収、京都市は家庭ごみ回収となっている。

可能であれば、その市町村の担当部局に尋ねさせてみてもよい。

このマークの付いている品目については、導入課題としてあらかじめ調べさせてもよい。

SPIコード
PETボトルの分別マークは、元々「SPIコード」と呼ばれるものの中の一つである。

これは矢印で三角に囲まれた1〜7の数字で材質を示すもので、PETは1、ポリ塩化ビニル（PVC）は3、ポリプロピレン（PP）は5といった区分がなされている。

プラスチック製品の識別マーク

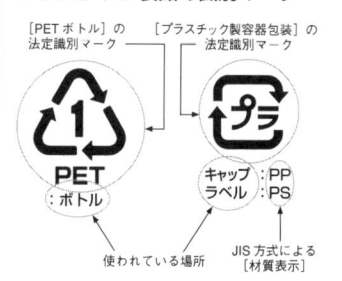

（ペットボトルリサイクル推進協議会ホームページより）

上記のマークは、リサイクルを促進するための法律で定められたプラスチック製品の識別マークである。使われている場所の名称をマークに併記することも義務づけ

> **問題2** では、この食用油の入ったPETボトルのラベルには「PETボトル識別マーク」がついているでしょうか？

挙手で分布を調べて、すぐに正解を告げる。

> **問題3** 答えを言います。ついていません。次に、この本みりんの入ったPETボトルのラベルには「PETボトル識別マーク」がついているでしょうか？

挙手で分布を調べ、正反対の二人に理由を言ってもらう。

> **問題4** 正解は「ついている」です。記憶にとどめてもらって次に行きます。このドレッシングの入ったPETボトルのラベルには「PETボトル識別マーク」がついているでしょうか？

挙手で分布を調べたら、すぐに正解を告げる。「ついていない」。

> **問題5** このとんかつソースの入ったPETボトルのラベルには「PETボトル識別マーク」がついているでしょうか？

挙手で分布を調べたら、すぐに正解を告げる。「ついていない」。

> **問題6** このしょうゆの入ったPETボトルのラベルには「PETボトル識別マーク」がついているでしょうか？

挙手で分布を調べたら、すぐに正解を告げる。「ついている」。

> **問題7** 最後に、このしょうゆの入ったPETボトルは、内容量は100mℓですが、さっきのしょうゆと商品としては同じものです。このラベルには「PETボトル識別マーク」がついているでしょうか？

挙手で分布を調べたら、すぐに正解を告げる。

> **説明4** 正解は「ラベルにはついていません」。

しかし、よく見ると底にはついています。PETボトルには、ラベル部分やボトルの底にこのマークをつけることになっているのです。

ところで、これまであげた中でも、

（ついているものとついていないものを分けて机の上に置きながら）

実は、このとんかつソースには、マークではなくてボトルの底にPETと文字刻印されています。

一方、食用油やドレッシングのボトルには、どこにも「PETボトル

られている。PET以外のSPIコードは「資源有効利用促進法」（略称「リサイクル法」）制定以来、現在ではあまり使用されず、最近では、樹脂略号表記（PP、PSなど）による材質表示が主流になっている（85P脇注参照）。

本稿では、
「日清ヘルシーコレステ」（600g）
「キッコーマン・マンジョウ本みりん」（500mℓ）
「キューピー・テイスティドレッシング・イタリアン」（250mℓ）
「カゴメソース『とんかつ』」（160mℓ）
「キッコーマン・本醸造特選丸大豆しょうゆ」（1ℓ、100mℓ）
をそれぞれ想定している。

PETボトルの識別マークがつけられるもの
〈飲料類〉 炭酸飲料、果汁飲料、ウーロン茶、日本茶、麦茶、紅茶、コーヒー、スポーツドリンク、ミネラルウォーター、その他
〈酒類〉 焼酎、本みりん、洋酒、清酒、その他
〈しょうゆ〉 しょうゆ
〈乳飲料〉 ヨーグルト
※しょうゆ以外の調味料（たれ・ソースなど）、食用油、非食品（洗剤、シャンプー、化粧品、トイレタリー、医薬品）などは対象外。

「PETボトル識別マーク」は、再生資源として利用することを目的として、分別回収するための表示。リサイクル法に基づく政令指定により、指定表示品目（清涼飲料水・しょうゆ・酒類）のPETボトルに表示が義務づけられた。また、現在では「ドリンクタイプのはっ酵乳、乳酸菌飲料及び乳飲料」のPETボトルにも表示が義務づけられている。

「プラ」マークはそれ以外のプラスチック製品につけられる（2001年から義務化）。

識別マーク」やPETの刻印がありません。

> 問題8　清涼飲料水、しょうゆ、酒類、乳飲料、油、ドレッシングなどさまざまなものの入ったボトルをみてきました。素材が同じPETでも、「PETボトル識別マーク」がついているものと、どこにもついていないものがあるのです。どうしてでしょうか？
> 　予想を書いてください。時間は3分。

（指名して発表させる。）

〈生徒の予想〉
　形態、PETとの混合素材、会社が違う

説明5　「PETボトル識別マーク」がつけられるのは、清涼飲料・しょうゆ・酒類・乳飲料に限られています。これは、リサイクルし、品質の良い新たな再生品に生まれ変わらせるために、水洗浄だけですむ中身のものに限っているといった理由があるようです。リサイクルするためには、ボトルに付着した内容物を除去する必要がありますが、油やドレッシングなどは油を含むので、水洗浄だけでは除去できません。

　「ソース」などの場合は、油類が使われていなくても、法律で指定されていないために「PETボトル識別マーク」の表示はできません。そのため、メーカーが自主的にPETと底に文字刻印しているのです。なお、「本みりん」は酒類なのでついています。

> 問題9　「PETボトル識別マーク」のついていなかった油やドレッシングなどのPETボトル、マークがなくてPETと底に文字刻印されたボトルはリサイクルされないのでしょうか？
> 〈ヒント〉
> 　他にマークがついていませんか？

〈生徒の予想〉
　「プラ」マーク

〈板書〉

説明6　しょうゆ以外の調味料（たれ・ソースなど）、食用油、非食品（洗剤、シャンプー、化粧品、トイレタリー、医薬品）などは「PETボトル識別マーク」の対象外となり、「プラマークPET」表示がついています。「PETボトル識別マーク」のついていな

「プラ」マークの材質表示
表示する場合はJIS方式に従う。
〈材質の記号例〉
PP：ポリプロピレン
PET：ポリエチレンテレフタレート
PS：ポリスチレン
PVC：ポリ塩化ビニル
PE：ポリエチレン
ABS：アクリロニトリルブタジエンスチレン
PU：ポリウレタン　　　　ほか

「プラ」マーク表示方法の例
1）単一材質

　　PP

2）複合材質
（主要な構成材料を含め2つ以上を表記し、主要な材料に下線を付す）

外装フィルム：PP,PE
ボトル：PET

3）一括表示
（役割名と材質記号の間にコロン（：）を付す）

本体：PET　　外箱
フタ：PE　　　包み紙

いPETボトルは、ラベルに「プラマークPET」がついてますので、「プラスチック製容器包装」として別途リサイクルされます。

現在では、消費者が分別できるように、全てのプラスチック製容器包装に「プラマーク」の表示が義務付けられています。「プラマーク」の下にPETやPPなどといった記号があるのを見たことがあると思います。

プラスチック製容器包装を分別するときは、「PETボトル識別マーク」のあるものは、「PETボトル」の分別方式にしたがって排出します。しかし、「PETボトル」でも、「PETボトル識別マーク」がなく、「プラマーク」が表示されているものは、（各自治体によって回収方法が異なっているので）市町村の分別方法に従って排出します。

> **問題10** 1997年に容器リサイクル法が施行され始めてから、PETボトルの回収量は順調に伸びてきています。
>
> では、リサイクルされずに、ごみとして残ってしまうPETボトルの量は、どのように変化しているのでしょうか。
>
> 〈予想〉
> ア．大幅に減った　　　　イ．少しだけ減った
> ウ．ほとんど変わらない　　エ．その他（　　　　　　　　）

説明7 回収量が増えたなら、当然ごみは減るはずです。しかし現実には、ほとんど変化がなかったのです。

なぜだか、分かりますか。

実は、リサイクル法の施行と合わせるかのように、PETボトル生産量も増大していたのです（下図）。

PETボトルの生産量と回収量

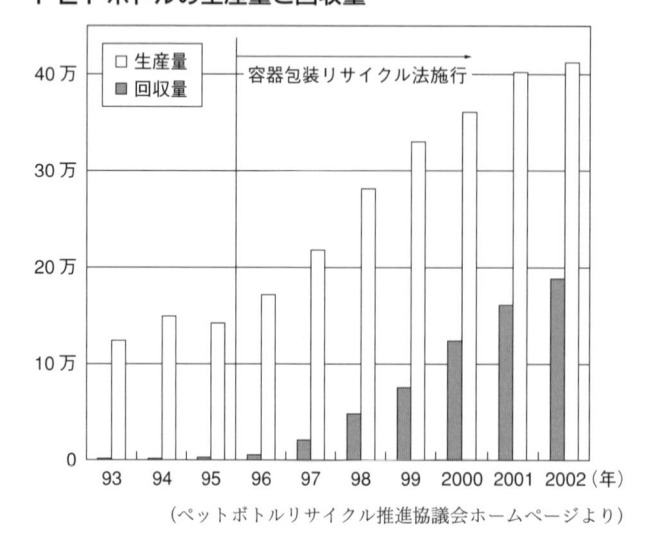

（ペットボトルリサイクル推進協議会ホームページより）

ですから、生産量から回収量を引いた量、すなわちごみとして残ってしまう量は、ほとんど変化がなかったというわけです。

全PETボトルの年間生産量の9割を占める清涼飲料・しょうゆ・酒類・（乳飲料）のうち、約95％が清涼飲料である。

PETボトルは、自治体によって、その回収方式が異なる。たとえば、東京都は拠点回収、仙台市はステーション回収（02年度末現在）である。

PETボトルは77年にしょうゆ用容器として初めて使われた。現在では年間45万tを生産している。500mlに換算して国民一人年間100本以上使用している計算になる。

アルミ缶、スチール缶の回収率は82.8％、85.2％（01年度）である。

「リサイクルしているからどんどん使ってもよい」では、「大量生産、大量消費、大量廃棄」社会が、「大量生産、大量リサイクル（大量エネルギー消費）、大量廃棄」社会に変わるだけです。私たちが心掛けるべきことの第一は「発生の抑制：Reduce（リデュース）」、第二は「再使用：Reuse（リユース）」です。そして、これらがどうしてもできない一番最後に「再資源化：Recycle（リサイクル）」が位置付いていることを知ることです。最近では、いらないものは「断る：Refuse（リフューズ）」という考えかたをしないと、PETボトルの例が示しているように、回収量を増やしてリサイクルしても、ごみの量はいっこうに減らないといわれています。

> **課題**　私たちはこの問題をどうやって解決していったらよいでしょうか。自分の意見を書いてみましょう。

[資料・参考文献]
1) 近藤真庸他「JASマークを考える」『続「授業書」方式による保健の授業』大修館書店，1991年
2) 寄本勝美・山本耕平『ごみとリサイクル』合同出版，1997年
3) 大竹千代子『身近な危険・化学物質を知ろう』小峰書店，1999年
4) 松藤敏彦・田中信壽『リサイクルと環境』三共出版，2000年
5) 山崎慶太『ためしてわかる環境問題②』大月書店，2001年
6) エコビジネスネットワーク『リサイクルのことがわかる事典』日本実業出版，2003年
7) 安井至『リサイクル』日本評論社，2003年

3　環境ホルモン

Ⅰ　学ぶ意味

　1996年にアメリカでシーア・コルボーンらが『奪われし未来』を発表し、翌年わが国でその全訳が発刊されて以来、「環境ホルモン」が大きく取り上げられ社会問題化した。当初、センセーショナルなとらえかたがなされ大騒ぎとなったが、現時点において「環境ホルモン」の問題の全容が科学的に解明されたとは必ずしもいえない。

　しかし、事態が進行しその因果関係が明確になった時には、すでに大きな健康被害が現出している、といったことは、過去の公害等の事例からも、充分に想定されるところである。たとえ状況証拠からの類推ではあっても、現時点で考えられ得るさまざまな危険性について学習することは、「予防原則」の観点からいっても大いに意味があるだろう。特に、胎児あるいは精子への悪影響が懸念されているが故に、場合によると人類の存亡にもかかわりかねない重大な問題であると思われるからである。

Ⅱ　ねらい

　まずはじめに、環境ホルモン（＝内分泌かく乱物質）という言葉の意味と、作用機序の概略を理解させる。次に、環境ホルモンの問題点を整理し、理解させたい。すなわち、「極微量で作用し得ること」「原因となる物質がすでに相当量、地球環境内に放出されていること」「生殖や発生にかかわる毒性を有する可能性があること」などである。これらを通して、人類の存亡にかかわる重大で緊急な問題となる可能性があることを理解させ、さらには、自分自身あるいは社会全体が取るべき方策についても考えさせたい。

◆授業の展開

質問1　「環境ホルモン」という言葉を聞いたことがあると思いますが、これは俗称です。元の名称は何というのでしょうか。自由に言ってみて下さい。

〈生徒の回答例〉

　環境内分泌物質　　　　内分泌かく乱物質
　内分泌かく乱化学物質　外因性内分泌かく乱物質
　外因性内分泌かく乱化学物質

　ここでは「環境ホルモン」の意味を明確にさせたい。すなわち、ある種の外来物質が生体内に入ることによって、内分泌（ホルモン）系をかく乱してしまう、という概念を正しく理解させることがねらいである。

説明1　「ホルモン」とは、「内分泌腺などから出される物質の総称」ですから、「環境ホルモン」を直訳すれば、「環境内分泌物質」といってもよさそうですが、それは違います。

　そもそも、この環境ホルモンというのが問題となったきっかけは、アメリカのシーア・コルボーンらが1996年に出版し、日本では1997年に翻訳された『奪われし未来』という1冊の本でした。

　この中で、野生生物の異常な生態が次々と紹介されており、そうし

　シーア・コルボーンは生物学研究者であり、本書はジャーナリストのD・ダマノスキと生態学研究者のJ・P・マイヤーズの3人によって執筆された。原題は『Our Stolen Future』である。邦訳本は翔泳社から出版されている。

た怪現象の原因は、人間が環境中に放出した合成化学物質であり、それが生物のホルモン作用や発達過程をかく乱しているのだ、と指摘したのでした。

その当初の意味からすれば、「外因性内分泌かく乱化学物質」が一番正確で科学的です。しかしながら、化学物質に限定すべきではない、という意見が出されたり、定義の中に「外来物質」という文言を入れたことによって「外因性」を削除するなどして、現在では単に、「内分泌かく乱物質」と呼称するのが妥当なようです。

アメリカのホワイトハウス科学委員会が主催した1997年のワークショップでは、「内分泌かく乱物質」を次のように定義しています。

> 生体内ホルモンの合成、分泌、体内輸送、結合、作用、あるいは分解に介入することによって、生体の恒常性（ホメオスタシス）の維持、生殖、発達、あるいは行動に影響を与える外来物質。

この定義に従えば、「環境ホルモン」という言葉は、正確にその内容を表しているとはいえません。しかし現在の日本においては、すでに社会的に定着したものと見なされています。要は、内実を十分に理解した上で、「環境ホルモン」という言葉を用いることが重要です。

問題1 これまでに「環境ホルモン」による影響であると疑われた異常は、どのレベルの生物まででしょうか。
〈予想〉
ア．貝類
イ．魚類
ウ．爬虫類
エ．哺乳類
オ．ヒト

説明2 トリブチルスズ（TBT）という有機スズ化合物の影響により、巻き貝のメスがオス化してしまうという現象（＝インポセックス）は、内分泌かく乱作用によるものであると、ほぼ確実視されています。

魚類でも、精巣の矮小化などがおきており、これは、下水処理水に含まれるエストロゲンという物質などが原因とされています。

またワニでは、有機塩素系の農薬の影響により、通常90％あるはずの孵化率が、1980年代には18％にまで低下したといわれています。

これらは、WHOにおいて、環境ホルモンの影響により内分泌がかく乱された可能性が中程度以上あると確認された現象です。

これ以外にも、シロクマで外生殖器の異常が報告され、PCBの関与が疑われています。さらにヒトにおいて、やはりPCBの影響によって、神経行動が異常になるとの指摘がなされ、WHOでは、これが内分泌かく乱現象であるという可能性を中程度と評価しています。

TBTは、船底や魚網に海藻類などが付着しないようにするために塗られた物質で、現在、日本も含めて多くの国でその使用は禁止されているが、一部の国ではいまだに使われている。これまでの使用状況も含めて考えれば、すでに相当量が海水などの環境中に放出されてしまっており、大きな問題といえる。

PCBとはポリ塩化ビフェニルの略。電気絶縁性にすぐれ、コンデンサーなどに多用されたが、その毒性が問題となり、現在では製造・輸入が禁止されている。

こうしてみると、環境ホルモンの影響は、すでにヒトのレベルにまで達しているとみてよさそうです。

> **問題2** このような「環境ホルモン」による影響は、いったいどのようなメカニズムでおこるのでしょうか。
> 〈予想〉
> ア．物質が脳の中に入り、さまざまな神経を害する。
> イ．物質が内分泌器官の中に入り、生殖系を狂わせる。
> ウ．物質が体内に入り、本物のホルモンと同じように働く。
> エ．その他

「環境ホルモン」の公的な名称を思い出させることが、大きなヒントとなる。

説明3 正解は「ウ」です。生体内でホルモンが作用する機序は、しばしば「鍵」と「鍵穴」にたとえられます。すなわち、細胞の表面には細胞膜があり、そこに受容体といわれる部分（鍵穴）が存在しています。分泌されたホルモン（鍵）がここに到達すると、その鍵にぴったり合う受容体と結合して、ある種の信号を細胞の核に伝えることによって、そのホルモン特有の働きをおこさせるのです。

この時に環境ホルモンが入ってくると、それが本物のホルモンと見分けのつかない「合鍵」となって、「鍵穴」である受容体と結合してしまい、あたかも本物のホルモンであるかのような働きを引きおこしてしまうのです。このようなメカニズムによって、生体の内分泌系がさまざまにかく乱されてしまうというわけです。

「環境ホルモン」のことを、「ホルモン類似化学物質」と呼ぶ場合があるのは、こうしたメカニズムによるのである。

ホルモンの働くしくみと環境ホルモン

本来のホルモンが働くしくみ

ホルモンと受容体が結合することによって、そのホルモン特有の働きをおこさせる。

環境ホルモンと受容体

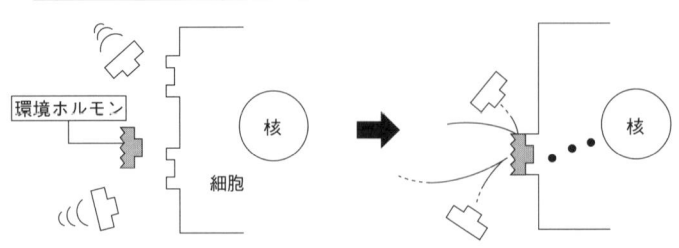

環境ホルモンが受容体と結合することで、本来のホルモンが結合できなくなる。

合鍵によって、本物と同様の作用をもたらす場合以外にも、合鍵が結合してしまい、本物が鍵穴に結合するのを阻止してしまうケースや、合鍵が分解されにくいために、いつまでも結合したままの状態になってしまう場合など、さまざまなかく乱があり得る。

生殖系に異常が生じやすいのは、環境ホルモンの中に、性ホルモンの合鍵として作用する性質のものが多いからである。

問題 3 ノニルフェノールという物質が、11.6 μg/ℓ というごく少ない量で、メダカのオスの精巣内に卵（精巣卵）ができるメス化現象を生起させることが、実験で確認されました。さて、このような濃度は日本の自然界には存在するのでしょうか。

〈予想〉
ア．あり得ない。
イ．稀には存在する。
ウ．特殊な状況ならあり得る。
エ．しばしば存在し得る。

説明 4 「エ」が正解です。ノニルフェノールは、洗剤などに用いられる界面活性剤の原料となるものです。環境庁（現環境省）と建設省（現国土交通省）は、1997年と1998年の2年間、全国一斉調査を実施しました。その結果、ノニルフェノールは1574地点中、617地点で水質中から検出され、最高の濃度は、21 μg/ℓ（実験の約2倍）だったのです。

つまり、実験で得られたデータの濃度よりも高い河川や湖沼が日本には現実に存在し、メダカのオスがメス化してしまう、いわゆる内分泌かく乱現象は、自然にいつおこっても少しも不思議ではない状態にあるというわけです。

ここで、微小な濃度の単位について、簡単に整理をしておきましょう。

微少濃度の表しかた

記号	濃度	例
ppm（part per million）	$1:10^6$	ppm＝mg/kg＝μg/g ＝ng/g＝mℓ/m³
ppb（part per billion）	$1:10^9$	ppb＝μg/kg＝ng/g
ppt（part per trillion）	$1:10^{12}$	ppt＝ng/kg＝pg/g

ppm、ppb、ppt は比であるから、重量／重量、容量／容量でなければならないが、天然水のような場合には、ppm、ppb、ppt をそれぞれ mg/ℓ、μg/ℓ、ng/ℓ のように、重量／容量として用いることも許容されている。

問題 4 環境ホルモンによる作用は、ppt（1兆分の1）という単位の濃度でもおこり得ることが指摘されています。縦、横、高さがそれぞれ1cm（＝1mℓ）の角砂糖が原因物質だとした場合、1pptとは、どのくらいの量の水に溶かしたものなのでしょうか。感覚で答えてみて下さい。

〈予想〉
ア．長さ50cmほどの水槽
イ．家庭の浴槽
ウ．25mプール程度

11.6 μg/ℓ とは、6g入りのスティックシュガー2本を、縦、横、高さ10mの水槽に入れた濃度であると説明するとよい。

環境ホルモン作用を疑われている化学物質の中で、環境ホルモンである、と確定されたのは、このノニルフェノールが世界で初めてのことであった。

体積や重さの単位は、極めて重要である。〔問題4〕に先立って、必ずおさえておきたい。
1970年代までは、ppmのレベルまでしか測定できなかった。しかし、1980年代になるとppbの濃度まで測れるようになり、1990年代になると、pptのレベルまでが測定可能となったのである。

角砂糖を用意しておくとよい。

エ．50 m プール程度
オ．それ以上

【説明5】 正解は「オ」の「それ以上」です。1 ppt というのは、1 ml あるいは 1 g の物質を、100 万 t の水に溶かした濃度です。100 万 t というのは、縦、横、高さがそれぞれ 100 m の巨大な水槽に入る量になります。つまり、その水槽の中の水に、わずか 1 ml（1 g）の物質を入れただけの濃度で、何らかの影響を及ぼすということです。

> 1 ppt の説明に際して、しばしば、25 m のプールに目薬を1滴、という表現が用いられるが、1滴の目薬の体積や重さが明確ではないので、余り好ましいとは思われない。
> 1 ppm とは、縦、横、高さがそれぞれ 1 cm の角砂糖を、縦、横、高さが 1 m（1 t）の水槽の水に溶かした濃度である。
> つまり 1 ppt とは、その 100 万倍の薄さ、ということである。

【問題5】 水質の汚濁を防止するために、国では各工場や事業所に対して、排出水に含まれる有害物質の許容濃度の基準を設けています。その中で、たとえば総水銀や PCB などは、どの程度の基準値になっているのでしょうか。

〈予想〉
　ア．ppm のレベル
　イ．ppb のレベル
　ウ．ppt のレベル
　エ．その他

【説明6】 正解は「ア」の「ppm のレベル」です。水質汚濁防止法によれば、「水銀及びアルキル水銀その他の水銀」として、0.005 mg/ℓ＝5000 ppm、「PCB」は 0.003 mg/ℓ＝3000 ppm まで、という基準になっています。

物質によって異なるとはいえ、このようなレベルの基準値では、それこそ桁違いのごく微量の低濃度でも影響を生じさせるといわれる環境ホルモンの監視には、まったく役に立たないのです。

これまでの考えかたでは、化学物質の影響は、その濃度が高ければ高いほど強く現れるという、いわゆる用量依存的に出現するというのが常識でした。ところが、環境ホルモンのある種のものでは、用量の中間的なところでもっとも強い影響が出る「逆 U 字現象」がみられるらしいのです。つまり、より低濃度の時の方が、より強い影響力を持つことがある、ということになります。

そうなると今までのように、とにかく薄めて環境中に放出すれば大丈夫、という理屈はまったく通用しなくなります。

環境ホルモンという問題の出現は、まさにこの許容量・基準値のありかた、考えかたそのものに大きな変更を迫るものなのです。

> 今までの公害との共通点としては、水や大気や土壌中に存在する化学物質が原因で、生物の健康を阻害する、ということである。

> 環境ホルモンは、ごく微量で生体に作用し得るし、かつ用量依存的ではない点が、極めて大きな問題であることを強調したい。

【指示1】 環境ホルモンがヒトに及ぼす影響で、現在懸念されている問題を出し合ってみましょう。

〈ヒント〉
　ア．精子数の減少
　イ．ある種のがんの増加
　ウ．その他

> **説明7** 1992年にデンマークのニールス・スカッケベックは、過去50年間でヒトの精子数が半減している、との報告をしました。それによれば、15000人分のデータを分析した結果、1940年には精液1mℓ中1億1300万個あった精子の数が、1990年には6600万個に激減していた、ということです。

精子数の減少は、当然男性の側の不妊の原因となり得る。

精子数の推移

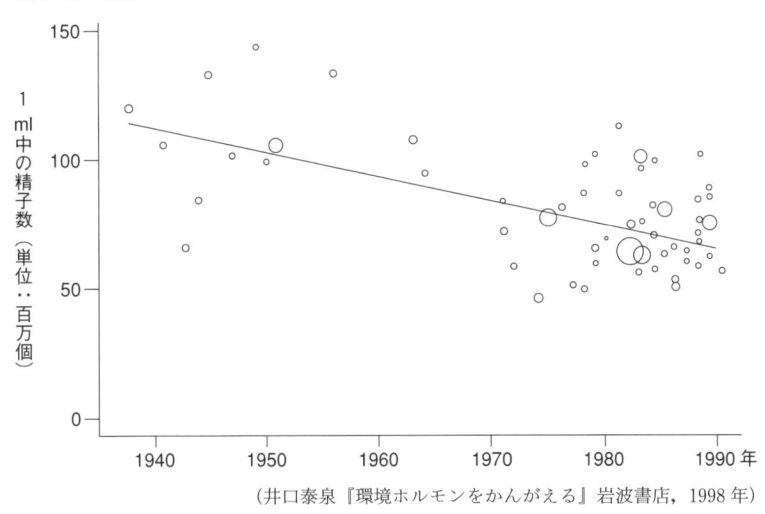

（井口泰泉『環境ホルモンをかんがえる』岩波書店，1998年）

しかしながらその後、これを支持する研究や、正反対の報告もなされ、結局、サンプル数の少なさや偏り、精子数の測定方法の問題などが指摘され、一定の結論には至っていません。今後とも要注意の問題といえるでしょう。

また同様に確定的ではありませんが、前立腺がんや乳がんの増加も大いに気になるところです。

前立腺がんや乳がんは、女性ホルモンとの関連がもともと高いといわれており、この30年間で発生率はほぼ倍増している。

前立腺がん、乳がんの死亡率（人口10万対）

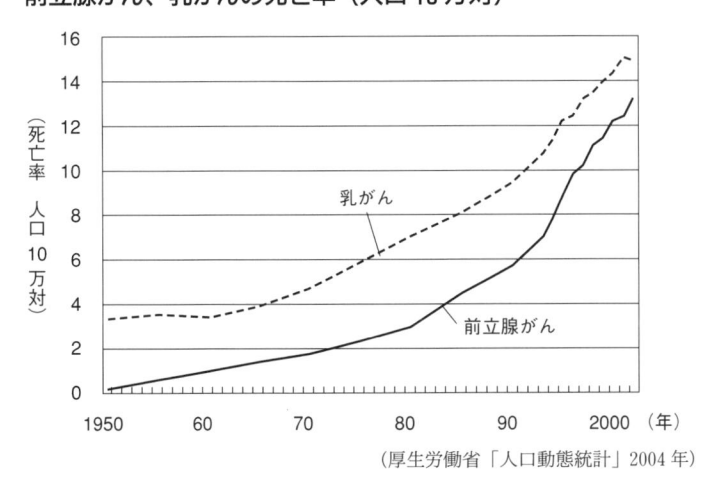

（厚生労働省「人口動態統計」2004年）

質問2 これまでに環境ホルモンと疑われている物質は、どのようなものに含まれているのでしょうか。

〈ヒント〉
ア．殺虫剤（DDT など）
イ．殺菌剤（ヘキサクロロベンゼンなど）
ウ．除草剤（アトラジンなど）
エ．魚網・船底防腐剤（トリブチルスズなど）
オ．可塑剤（フタル酸エステル類など）
カ．樹脂原料（ビスフェノール A など）

説明8 現在日本では、環境ホルモンないしは環境ホルモンと疑われる物質として 65 種類をリストアップしています。DDT やヘキサクロロベンゼン、トリブチルスズなどは、今では使用が禁止されていますが、さまざまな用途を目的として、現在でも多くの物質が使われています。

可塑剤や樹脂原料などは、別の目的の原料として使用され、それが溶出して問題化した物質といえます。ダイオキシンも非意図的な生成物のひとつです。

便利さを追い求めた結果、私たち人類はすでに大量の環境ホルモンを全地球上にばらまいてしまった可能性は否定できず、さらにこれ以上種類が増えることも予測されます。

これまで学習してきて分かる通り、環境ホルモンは生物の生殖系に強く作用します。これはすなわち、種の存亡にかかわるということであり、環境ホルモン問題の深刻さは、まさにこの点にあるのです。

環境ホルモンにならない代替材料の開発や、ダイオキシン等の処理方法の改善などは社会的な急務といえますが、私たちが今すぐできることは、環境ホルモンに関する的確な情報の収集と、冷静な判断でしょう。気がついた時にはもう手遅れ、ということにならないように、慎重過ぎるぐらいの予防策を講じてもよいのではないでしょうか。

可塑剤は、プラスチックを柔らかくするのに用いられる。

殺虫剤、殺菌剤、除草剤など、直接的な目的で使用されているものと、非意図的に環境中に排出されてしまったものとに大別され、種類としては、前者が圧倒的に多い。

この 65 種類以外に、カドミウム、水銀、鉛なども内分泌かく乱作用が疑われている。

突き詰めると、環境ホルモンも「ごみ問題」であり、私たちの生きかたそのものが問われているといえる。

IV章　現代の生活と健康

1 生活習慣病の予防
　　〜血管病をどう防ぐか〜
2 薬物乱用
3 食と安全
4 サプリメント
5 豊かな労働社会を目指して

1 生活習慣病の予防 〜血管病をどう防ぐか〜

Ⅰ 学ぶ意味

わが国の死亡総数のうち、3大死因（生活習慣病であるがん、心臓病、脳卒中）の占める割合は約6割で、血管病である心臓病と脳卒中では約3割である。日本人の3人に1人は血管を詰まらせるか、血管が破れることで亡くなっているのである。また、死亡に至らなくても、動脈硬化や高血圧で治療を受けている国民は極めて多い。

よって、高校段階での生活習慣病予防の内容としては、①がん予防、②血管病（心臓病、脳卒中など）予防、③糖尿病予防、④肝腎臓器の疾病予防の4つを取り上げるべきだと考えるが、ここでは②の「血管病」の予防の授業構想を提起することにする。

ところで、かつて成人病と呼ばれていた疾病が生活習慣病と呼称変更されたのは、生活習慣が病因（背景）であり、それに注意すれば予防が可能なことを意識させるためであるが、「どういう生活がなぜ血管をだめにするのか」「血管が詰まったり、破れたりするのはなぜなのか」ということを理解し、納得しなければ、予防や生活改善の行動変容は生じないだろう。

Ⅱ ねらい

本授業は2時間構成とし、本題材では、血管の病変と生活習慣の関係をつなぎ、「なるほど」と納得する形で学べるようになればいいと考える。よって、ねらいとしては、一つは近年どうして血管病が増えてきたのか、もう一つはどういう生活がなぜ血管病を引きおこすのか、という二つの問題を解明させることにある。

Ⅲ 備考（教材の構成〜2時間扱い〜）

(1)生活習慣病はどうして増えてきたのだろう
　①かつての「成人病」はどうして「生活習慣病」になったか
　②生活習慣病にはどのような病気があるか
　③疾病構造が感染症から生活習慣病に変化してきた背景はなにか
　④「血管病」の増加してきた背景はなにか
(2)血管はどうして詰まるのだろう
　①動脈硬化というのは血管がどうなることか
　②動脈硬化（血管の詰まり）を防ぐにはどうすればいいか
　③自分や親の血管の内壁の状況の予想図を描いてみよう
　④自分や親の血管年齢を推定してみよう

◆授業の展開

[1] 生活習慣病はどうして増えてきたのだろう

問題1 かつて成人病と言われていた病気に対し、国（厚生労働省）によって生活習慣病という概念が導入されています。その理由は何だと思いますか。

一次予防
　病気の予防には一次予防と二次予防、三次予防という考えかたがある。一次予防は生活者自らが行う日常生活レベルでの予防行動で

〈予想〉
ア．成人だけでなく子どももかかるようになったから。
イ．病気の原因がよくない生活習慣であることがわかったから。
ウ．生活習慣を変えることで予防の意識を高めたいから。

説明1　「成人病」はおもに40歳前後から急に死亡率が高くなり、40〜60歳ぐらいの働き盛りに多い病気のことを指していました。これらの病気が近年急増してきたことにともない、その対策として生活習慣を見直し、改善させる意識を国民に広げたいという意図のもとに、「成人病」から「生活習慣病」への呼称の変更がなされました。

今では、かつて成人病といわれはじめた時よりも研究がすすみ、この病気は生活のありかた（おもに食生活の乱れや運動不足、睡眠不足等）に要因があることがわかっていましたし、急に大人になってからおこるというより、子どもや若者時代からの生活の乱れが影響していることもわかっていました。ただ、呼び名が変わった理由とすると、この場合の正解はどちらかというと「ウ」ということになります。

問題2　次の病気をその要因の観点別に三つの群に分類してみましょう。そして、生活習慣病の群と他の二つの群にはどんな違いがあるか考えましょう。

ア．糖尿病　　　　イ．熱中症　　　　ウ．インフルエンザ
エ．がん　　　　　オ．エイズ　　　　カ．脳梗塞　　　　キ．SARS
ク．心筋梗塞　　　ケ．急性アルコール中毒　　　コ．花粉症

説明2　上記の病気を三つに分類すると、一つは感染症で、細菌やウイルスなどの病原微生物が介在し生体の組織に異常をおこさせるもので、インフルエンザ、エイズ、SARSなどがあります。もう一つは、病原性微生物ではないが、人間の周りの温熱条件が異常に上昇しておこる熱中症、アルコールを一気に飲んでおこる急性アルコール中毒、花粉が生体に入ることでおこる花粉症（アレルギー疾患）等です。

生活習慣病の群は、糖尿病、がん、脳梗塞、心筋梗塞ですが、これらは特別な病原性物質や環境が発病に絡んでいるわけではありません。遺伝的な体質が絡んでいる場合はありますが、おもな原因は食生活のあり方やある種の食べ物、運動の不足や過剰、睡眠の不足や乱れ、喫煙や飲酒などが長期に積み重なることで徐々に生体に異常をきたすものです。

問題3　次の図はわが国の戦前戦後の死因の変化を表わしたものです。これをみると感染症が減って、生活習慣病が増加してきていることがわかります。この変化はどうして生じてきたのでしょうか。環境、医療、生活水準、栄養摂取などさまざまな面から、時代的な背景や変化を考えて理由を探ってみましょう。

Ⅳ章　現代の生活と健康　97

あり、二次予防は医療機関の専門的な援助に基づいて行う早期発見、早期治療を目的とする予防である。三次予防はリハビリテーション等による社会復帰を目的とするものである。これまでの成人病対策は二次予防を中心に置いていたが、こんにちでは生活習慣の改善による一次予防が推進されている。

「生活習慣病」への呼称の変更

厚生労働省は、それまで「成人病」と呼称していた病気群に対し、「生活習慣病」といういいかたをするよう改めた。「成人病」の呼称は対象の特性に着目したいいかたであるのに対して、「生活習慣病」はその要因を総称するものであり、呼称を変えることで予防を意識させ、自覚させようとしたものである。

病因別の疾病分類

1. 病原微生物が介在する病気
   インフルエンザ、かぜ、結核、SARS、エイズ、O-157、等
2. 有害環境や有害物質が介在する病気
   熱中症、花粉症、気管支喘息、化学物質過敏症、アルコール中毒、等
3. 生活のありかたが影響する病気
   糖尿病、心筋梗塞（心臓病）、脳梗塞（脳卒中）、がん、等

感染症は、病原菌が伝播することで感染するが、アルコールや花粉、気温等による病気は感染しない。ただ、両方ともそうした原因物質や条件によって生じる病気という点では共通している。

わが国における死因別死亡割合の経年変化（1899-1998）

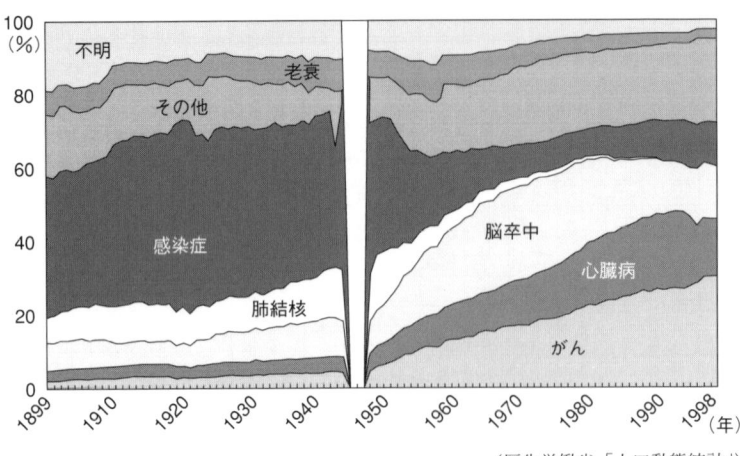

（厚生労働省「人口動態統計」）

> **説明3** 感染症が減ったのは、環境がよくなり、病原微生物が繁殖し伝播する条件が改善されたこと、国民の労働条件が改善され疲労の蓄積や栄養不良の状態でなくなったこと、それに医学や公衆衛生の発達、医療条件の改善、などがあったことによると考えられます。
>
> それに対して、生活習慣病が増加したのは、生活条件が改善された反面栄養を過剰に摂取する状況が増えたこと、多様な食品が人工的に加工されて出回ったこと、体を動かす労働が減り、運動の不足する生活になったこと、夜間労働や夜型生活が増え、睡眠時間の短縮や乱れが生じたこと、ストレスの増大する社会環境になったこと、などが考えられます。

> **問題4** わが国の死因ワースト5は順に、がん、心臓病、脳卒中、肺炎、不慮の事故です。日本の全死因の約3割ががん、2位と3位の心臓病と脳卒中はほぼ同じ割合で、合わせると約3割です。この3つの病気で全死亡の約6割を占めます。2・3位はともに血管の病気ですが、心臓病は徐々に増加をしてきたのに対して、脳卒中は一時減少してきたのに近年また増加傾向にあります。血管の病気がなぜ増加したのか予想してみましょう。

> **説明4** がんがどうして増加してきたのかについては別の機会に勉強するとして、ではなぜ血管の病気で亡くなる人が増えてきたのでしょうか。脳卒中は1970年ごろをピークに90年すぎまで徐々に減少していましたが、近年また徐々に増加の傾向にあります。同じ血管病といってもかつては高血圧が原因で、血管が破れることが多かったのに対し、最近は心臓病も含めて血管が詰まる（梗塞）ものが増加しています。高齢者の高血圧性の脳卒中（脳内出血）の減少は、食生活、とりわけ減塩生活が浸透してきたことが大きいと考えられます。血管の詰まる病気が増えてきた理由は、次の時間に詳しく学びましょう。

わが国の主要死因の年次推移

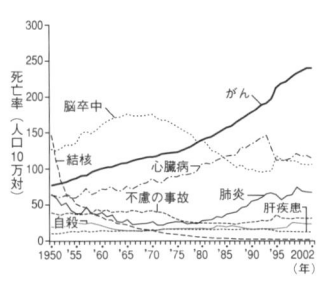

（厚生労働省「人口動態統計」）

日本人の死因（2002年）

順位	死因	割合
1位	がん	31.0%
2位	心臓病	15.5%
3位	脳卒中	13.3%
4位	肺炎	8.9%
5位	不慮の事故	3.9%

脳卒中の死亡率の推移

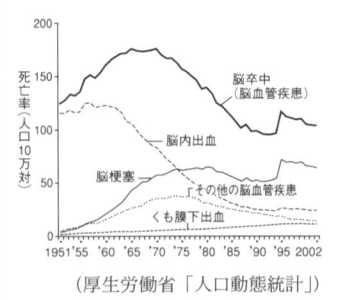

（厚生労働省「人口動態統計」）

脳卒中（脳血管疾患）は70年頃から低下してきたが、再び95年頃から増加してきたのは、脳梗塞（血管の詰まり）の増加であり、高血圧による脳内出血（破れ）は塩分摂取の減少等により減少した。

[2] 血管はどうして詰まるのだろう

問題5 心臓病と脳卒中によって日本人の3人に1人が亡くなっているということを先に学びましたが、それらは動脈硬化という血管の故障が原因になっています。では「動脈硬化」というのは血管がどうなることなのでしょうか。下記の模式図（断面図、横断面図）に予想して「動脈硬化」を描いてみましょう。

〈予想〉

横の図　　　　　正面の図

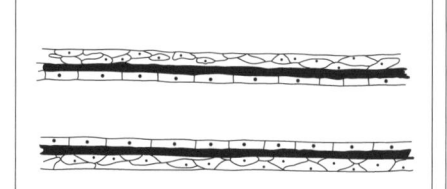

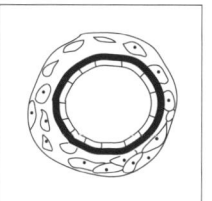

説明5 動脈の血管の構造と組成をみると、内膜・中膜・外膜があり、その間に弾性板と平滑筋細胞があります。ところで、動脈硬化という場合、文字通り理解すると、動脈の血管が硬くなるということですが、その原因は何かということを血管のつくりから考えると、二つの意味合いがあります。一つは年齢的な老化により、平滑筋細胞と弾性板に弾力性がなくなり硬くなってくるということで、もう一つはコレステロールが血管の内膜の壁（タイルを敷き詰めたような構造になっている）から侵入し、蓄積して内膜を肥厚させ、徐々に硬くしていくということです。近年心筋梗塞や脳梗塞の原因として問題視されているのは後者で、最近の知見では、その内壁の肥厚は、単なるコレステロールの沈着ではなく、不要なLDLを老廃物とみなした白血球（マクロファージ）がそれらを大量に侵食した後、死骸となったもの（粥状硬化巣＝アテローム）によるものだとされています。

また、コレステロールでもLDLとHDLでその働きが違います。HDLコレステロールはむしろ動脈硬化を予防する働きがあるといわれています。また、飽和脂肪酸の多い動物性脂肪の過剰摂取はコレステロールを産生しやすいだけでなく、血液の粘性を高め、血栓をつくりやすくします。

[コラム]

もともとコレステロールはホルモンや細胞膜の材料になる重要な物質であり、マクロファージに侵食されたりはしないのですが、必要量を超えた余分なものは、活性酸素によって酸化され、酸化コレステロールになると不要物と認識され侵食されるのです。その活性酸素を体内に発生させるのがたばこであり、ストレスであり、過激な運動（無酸素運動）、過酸化物質（古くなった加工食品、魚油・植物油などの不飽和脂肪酸、等の食品類）などなのです。

予想図の例

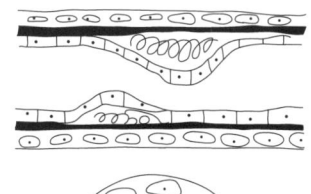

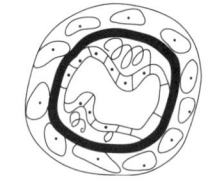

動脈硬化の種類

動脈硬化とは、字の意味からすると動脈の血管が弾力性を失って硬くなることと理解されやすい。もともと動脈硬化というと、高齢化にともない血管の筋の弾性が失われ、高血圧を併発するような文字通りのもの（毛細血管にも生じる）と、近年問題視されるコレステロールの関与したアテローム性のもの（粥状硬化による内膜層の隆起＝プラークともいう）で、脳や心臓の大きい血管で生じやすいものがある。

コレステロール値

コレステロールは水に溶けないためリン脂質に囲まれ、リポ蛋白として血中を流れている。LDLは150mg/dℓ以下、HDLは40mg/dℓ以上の数値がのぞましいとされている。

マクロファージ

マクロファージは白血球の一種で、病原体だけではなく体内の異物や不要物をすべて食べてしまういわば掃除屋である。必要なコレステロールは処理しないが、余分で活性酸素に影響されたものは不要物とみなし処理してしまう。そうした処理をした残骸がアテロームだとされている。

問題6 では、これまでの血管に異常をおこさせる原因に関する知識をもとに、動脈硬化を発生させないための原則について考えてみましょう。
1) 血中のLDLを増やさないためにどうするか？
2) HDLを一定量増やすためにどうするか？
3) LDLを酸化させないためにどうするか？
4) 血液をドロドロ血にしないためにどうするか？

説明6 まず、1)のコレステロールの量ですが、これには食品から直接摂り入れるものと、過剰に摂った脂肪や糖質の食品が肝臓でコレステロールに合成されるものとがあります。食品から直接摂り入れるものの例としては卵や乳製品がありますが、これに由来するコレステロールは総コレステロールのうちそれほど多くありません。むしろ脂肪や糖質の食品を多量に摂りすぎ、エネルギー源としての利用量を超えたものが脂肪として肝臓に貯えられ、それがコレステロールに転化することの方が多いのです。また肥満体質になると、血中にLDLコレステロールと中性脂肪が多くなりやすいのです。

2) 最近の知見では、余分な血中コレステロール（LDL＝悪玉コレステロール）を回収して肝臓に戻してくれるHDLコレステロール（善玉コレステロール）を増やせば血管壁への沈着を防ぐことができ、それには軽運動（有酸素運動）が有効だとされています。また運動は血管筋の弾性を保ち、老化防止にも役立つと考えられています。

3) 血中コレステロール量を減らすための食品摂取への配慮と同時に、コレステロールの酸化をおさえ、マクロファージに侵食されない対策も重要です。コレステロールの酸化をうながす活性酸素を発生させない生活への配慮が必要であり、それには喫煙、過度なアルコール摂取、激しい運動、酸化しやすい食品の摂取、大気汚染、ストレスなどをさけるようにします。またコレステロールの酸化をおさえる抗酸化物質を含んでいるビタミンCやEを豊富に含む野菜や、赤ワインで注目のポリフェノール（大豆食品やお茶等にも含有）の摂取も有効とされています。

4) 血液をサラサラ血に保つには、獣の肉より魚の肉がよく、動物油より植物油がいいとされています。また、ストレスや喫煙などは血管内膜の壁を傷つけやすく、それを修復した血小板の残骸が血中を流れ、血栓になりやすいともいわれています。

活性酸素
私たちにとって酸素は不可欠のものであるが、「両刃のつるぎ」の認識は乏しい。酸素は現代社会の「悪者」とつるんで悪い作用をする。大気汚染やたばこ、アルコール、激しい運動、ストレス、古い食べ物、等の作用で体内の酸化が進む。

ドロドロ血とサラサラ血
血中の粘性を下げ、ドロドロ血をサラサラ血にするには、摂取する脂肪は動物性脂肪よりも魚の脂肪や植物油（不飽和脂肪酸）の方がよく、特に赤身の魚（いわし、あじ、さば、さけ等）にEPA（エイコサペンタン酸）という血中粘性を下げる物質が多く含まれている。

Ⅳ章　現代の生活と健康　101

指示1　これまで学んだ動脈硬化を引きおこすマイナス要因とプラス要因を考え、今自分の血管壁はどのくらい詰まっているか、下記の図に想像して描いてみましょう。また、父親か母親の生活も想像して描いてみましょう。

　　　自分　　　　　　　　父または母

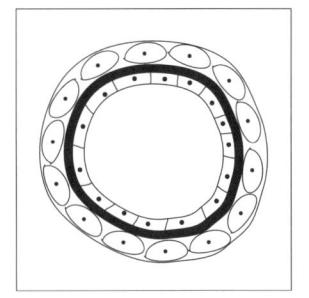

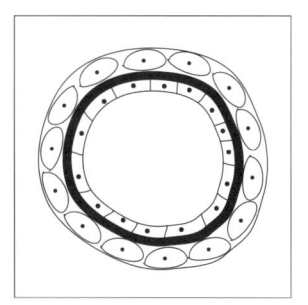

自分の血管と父親の血管の推定図（参考例）

（自分）
生活不規則／チョコ、スナック

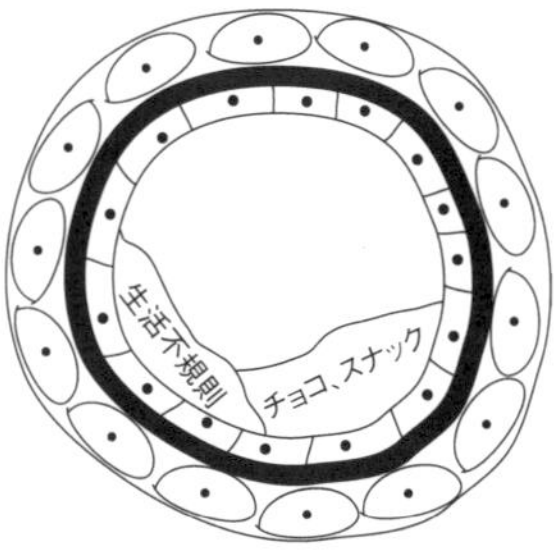

（父親）
運動不足／肉食／アルコール／ストレス／たばこ

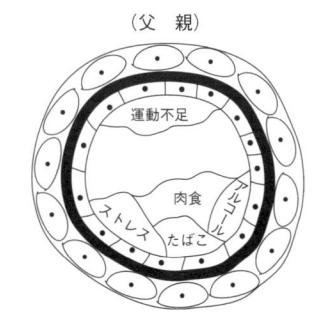

指示2　下記の表を参考に、自分と父親（母親）の推定血管年齢を算出してみましょう。生活をチェックして、実際の年齢よりも年齢をあげるマイナスの生活要因が多ければ加算（＋）、年齢を下げるプラスの生活要因が多ければ減算（－）して算出します。

（＋要因）	（－要因）
＊次の物を好んで食べる	＊次の物を好んでよく食べる
・チョコレート・ケーキ類　＋2	・赤みのある魚類　－2
・ポテトチップス等スナック＋2	・野菜類（ビタミンC・E）－2
・インスタントラーメン類　＋2	＊生活が規則正しい　－2
・豚や牛などの動物の肉類　＋2	＊適度な運動をよくする
＊夜に夜食をよく食べる　　　＋2	・週に2日以上する　－3
＊生活がいつも不規則である　＋2	・週に1日程度する　－2
＊日常はほとんど運動しない　＋3	＊毎日生活を楽しんでいる　－3
＊たばこを毎日10本以上吸う＋2	
（それが10年以上たつ）（＋1）	
＊生活が多忙でイライラする　＋2	

（数見による想定値）

「血管年齢」という発想

若々しい血管をしているか、老化した血管をしているかは、その人の生きてきた生活のしかたと大きく関係している。

そこで、実年齢相当の血管をしているのか、それより若々しい血管を保っているのか、老化した血管になっているのか、をこれまでの生活習慣から割り出してみようとするのが、この「血管年齢」の発想である。

説明7　どうだったでしょうか。みなさんの血管はどんな状態だったですか。また血管年齢は実年齢より若かったですか。それとも年をとっていましたか。自分の日常生活ぶりが自分のからだにどのように反映しているかということを推定することは、健康状態をとらえ、生活改善をしていく上で、とても大切なことだと思います。

血管は単なる栄養や酸素の「通路」ではありません。こんにちでは非常に重要な器官や臓器の一つとして考えられています。それはつまり、その血管の一部でも詰まってしまったり切れたりすると大変ですし、それが心臓や脳で生じると命にかかわることになるからです。

血管が詰まるということと、日常の生活のありかたとの関係をよく理解して、いつまでも血管を若々しく保つ工夫と努力をしてください。

2　薬物乱用

Ⅰ　学ぶ意味

　薬物乱用者数が年々増加傾向にあり、特に20歳代以下の若者による薬物乱用者数が4割近くを占め、急速に広まっている。このような若年層への広まりに対し、警視庁は1998年に日本が「第三次覚せい剤乱用期」に突入したことを宣言し、日本の将来や存立にもかかわる重大な問題であるとした。若者に広まる理由として、覚せい剤に「スピード」や「やせ薬」等、あたかも流行の薬であるかのような名前がつけられ、比較的安価な値段で売られていることや、友だちの一人が薬物を使うようになると、必ずといっていいほど仲間に乱用を勧め、そしてあっと言う間に集団全員が薬物に汚染されてしまうことなどがあげられる。昔に比べはるかに、薬物がファッション感覚で広まっている。

　したがって、「薬物がなぜ恐いのか」という認識を持たせ、たとえ薬物を勧められても「使用しない」という行動選択をとることができるようにするための、有益な情報を与えることが重要だと思われる。

Ⅱ　ねらい

　まずはじめに、一回一回の薬物乱用が確実に脳を壊し、心も体もむしばんでいく過程を示すと同時に、薬物乱用はただ単に自分だけの問題ではなく、社会にも大きな損害を与えることを学ばせ、「なぜ薬物が恐いのか」を分からせたい。さらに、薬物が入手しやすい環境も問題であることを伝え、薬物乱用の拡大を防ぐためには、個人への対策、薬物への対策、環境への対策がそれぞれ重要であることを理解させたい。

◆授業の展開

> **問題1**　これを使ったら、薬物乱用だと思うものを選んでください。
> 〈予想〉
> 　ア．覚せい剤　　イ．シンナー　　ウ．咳止め薬
> 　エ．睡眠薬　　オ．精神安定剤　　カ．痛み止め
> 　キ．筋肉増強剤

説明1　覚せい剤やシンナー、筋肉増強剤はすぐに選べたと思います。しかし、それ以外のものも全て薬物ということができ、使いかたによっては薬物乱用になります。たとえば風邪をひいたときに咳止め薬を飲むことがあるかもしれません。この薬の中には微量ながらコデインやエフェドリンという薬物が含まれています。これらを大量に使用すると薬物依存症を引きおこし、乱用者を廃人にしたり、死に追いやります。またペンキを溶かすことを目的として使用されるシンナー（有機溶剤）を吸引した場合も同様に薬物乱用になります。

　このように私たちが考えているよりはるかに多種多様のものが薬物

　薬は本来からだにとって異物であり、服用のしかたをあやまれば毒にもなりうる。そのため、服用する前には必ず注意書きを読み、用量、用法を守って使用しなければならない。

となりえ、私たちの身の回りにあふれています。一般に、医薬品を医療の目的からはずれて使用したり、医薬品ではない薬物を不適切な目的で使用することを薬物乱用というのです。

> **問題2** 薬物、特に覚せい剤を乱用することで、一般的に一番影響を受けやすい器官はどこでしょう。
> 〈予想〉
> ア．筋肉　　イ．骨　　ウ．内臓
> エ．脳　　オ．その他

説明2 正解は脳です。覚せい剤を乱用したときに、どのような症状がこころやからだに表れるのでしょうか。

下の図は、覚せい剤の乱用から中毒に至るまでの経過を模式図にしたものです。

薬物乱用が慢性中毒に至るまで〔覚せい剤の場合〕

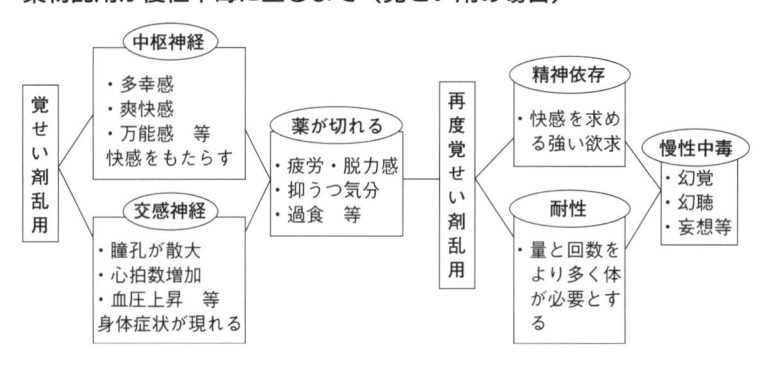

覚せい剤乱用 →
- 中枢神経：・多幸感 ・爽快感 ・万能感 等 快感をもたらす
- 交感神経：・瞳孔が散大 ・心拍数増加 ・血圧上昇 等 身体症状が現れる

→ 薬が切れる：・疲労・脱力感 ・抑うつ気分 ・過食 等

→ 再度覚せい剤乱用 →
- 精神依存：・快感を求める強い欲求
- 耐性：・量と回数をより多く体が必要とする

→ 慢性中毒：・幻覚 ・幻聴 ・妄想 等

薬物の種類によって症状は異なる。

覚せい剤の場合は身体依存はない一方で、強い精神依存をもたらす。

覚せい剤をはじめ薬物を乱用すると中枢神経に刺激を与え快感をもたらします。薬物の種類によって嫌なことを忘れさせてくれたり、幸せな気分になるなど、程度や効果は異なりますが、人間に確実に快感を与えるところに薬物の恐ろしさがあるのです。

一度覚せい剤などの薬物を乱用してしまうと、その時の快感や充足感が乱用者の脳に刷り込まれてしまいます。そのため、この快感や充足感を再度求める強い欲求が生じます。これが精神依存です。同時にアヘンなどの場合は体の中から薬物の成分がなくなると、手足の震えや、イライラなど、さまざまな禁断症状を引きおこします。これが身体依存です。精神依存も身体依存も再度その薬物を使用すれば一時的におさまります。

また覚せい剤をはじめほとんどの薬物は耐性という性質を持っており、乱用を繰り返していくと、それまでと同じレベルの快体験を得るためには、さらに多くの薬物をより頻繁に乱用するしかなくなります。

このような理由で薬物乱用が繰り返され、薬物中毒になり、たとえば実際には目に見えないものが見えたり（幻覚）、聞こえないものが聞こえたり（幻聴）、「誰かが自分を殺そうとしている」などとあり得な

脳の血管には「血液脳関門」という関所があり、酸素や栄養分などの脳に必要なものは通過させるが、有害物質は脳へは通過させないしくみになっている。しかしシンナーや覚せい剤等はこの関所を容易に通過し、直接脳に刺激を与える。

「薬物、ゼッタイ ダメ！」と言われるのは、一度の薬物乱用が脳の変化への第一歩となるからである。

ある薬物にくわしい医師は「薬物を一度でも乱用してしまったら、完全に乱用前の状態に戻すことはできない」といっている。

いことを思い込む症状（妄想）が現れます。深刻な場合は自傷行為や自殺に至ることもあります。

> **問題3** 覚せい剤は「覚せい剤取締法」という法律に規定されて、厳しく取り締まられています。
> 　それはなぜだと思いますか。

説明3　一般に社会が薬物乱用を厳しく取り締まるのは、薬物の乱用は単に乱用者自身の健康をむしばむだけではすまないことが大きな理由といえます。社会的な害悪のおもなものとしては、以下の三つがあげられます。
①薬物乱用が蔓延すると国民の健全な勤労意欲・生活意欲を失わせ、国家社会を荒廃させる危険性をもつこと。
②薬物を手に入れるための犯罪を生みやすいこと。
③薬物を乱用し判断力・抑制力が十分に認められない状態で重大な犯罪がおこなわれやすいこと。
　とりわけ覚せい剤は、この三つの社会的害悪のすべてをもっとも強力に増長しうる薬物なのです。
　先ほども説明したように、薬物は脳に刺激を与えるため、乱用者は薬物が全てとなり、常時いつ、どこで、誰と打つか、どう手に入れるかといったことしか考えられなくなります。薬物を入手するお金欲しさのために窃盗を犯したり、彼女を売春婦として働かせたりと常軌を逸した行動をとってまで入手しようとするのです。このことは、覚せい剤を売る側にとっては大きな利益を得やすいということであり、そのため暴力団の有力な資金源となるわけです。つまり自分の健康のみならず、社会的な害悪をも引きおこしやすいのです。
　以上のような理由から、覚せい剤の取り締まりはまさに国家全体の重大な課題でもあるのです。

> **問題4** 覚せい剤の取り締まりで2002年に検挙された人の数は、全国で16,964人でした。この数値は捕まった人の数です。しかし実際にはこれより多くの人々が覚せい剤を乱用していると思われます。
> 　その数はいったいどのくらいだと思いますか。
> 〈予想〉
> 　ア．約10万人　　イ．約50万人
> 　ウ．約100万人　エ．それ以上

説明4　1998年の覚せい剤による検挙者数は16,984人でした。しかし、この年に警視庁の外郭団体が行った、覚せい剤乱用者の実態把握のための調査では、推計で約220万人もの人が実際に乱用している疑いがあるとされました。この推計をあてはめると、2002年の検挙者数も同数の16,964人だったことから、その年の覚せい剤乱用者数も全

わが国では1951年に「覚せい剤取締法」が設定され、覚せい剤の輸入、輸出、製造、譲渡、譲受、所持、使用などが事実上禁じられた。

営利目的の覚せい剤の輸出、輸入、製造は最高無期懲役が科せられる。

アルコールもまた、未成年者に関しては、「未成年者飲酒禁止法」によって取り締まられている。同じ薬物であり、大量に飲むことでアルコール依存症になることがあるにもかかわらず、取り締まりの内容が覚せい剤と違うことと比較してもよい。

薬物乱用者の闇に隠れた数値（暗数）を検挙者数から推定する。

警視庁の外郭団体は「社会安全研究財団」である。

体で約 220 万人と推定されます。

つまり、検挙される者は氷山の一角にしかすぎず、実際の乱用者は、その 100 倍以上もいると推定されているのです。

覚せい剤による検挙者数の推移

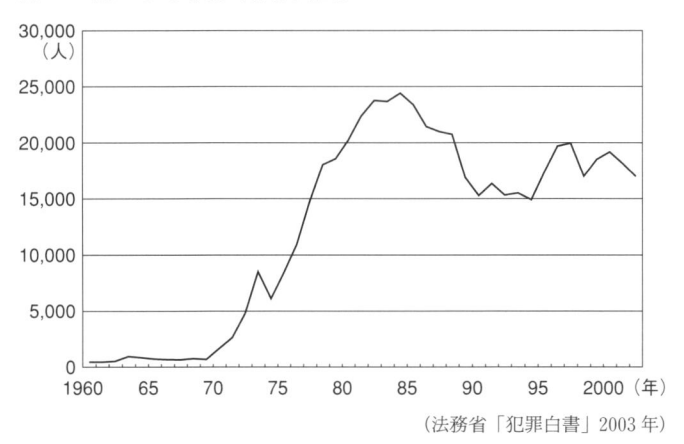

（法務省「犯罪白書」2003 年）

2002 年度における覚せい剤事犯検挙者の年齢別構成

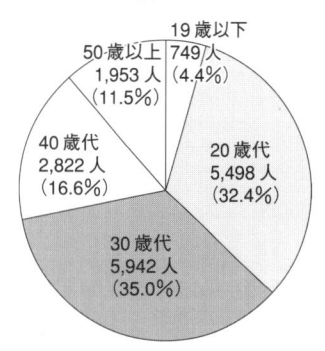

- 19 歳以下　749 人（4.4％）
- 20 歳代　5,498 人（32.4％）
- 30 歳代　5,942 人（35.0％）
- 40 歳代　2,822 人（16.6％）
- 50 歳以上　1,953 人（11.5％）

（法務省「犯罪白書」2003 年）

> **問題 5**　では覚せい剤で検挙される人の中では、何歳代がもっとも多いのでしょうか。
> 〈予想〉
> ア．10 歳代　　イ．20 歳代　　ウ．30 歳代
> エ．40 歳代　　オ．50 歳代

説明 5　2002 年の調査によると、30 歳代がもっとも多く、全体の 35.0 ％を占めています。次に多いのが 20 歳代で 32.4 ％です。このように、乱用者には 20 歳代、30 歳代といった若い年代が多くなっていますが、10 歳代も決して少ない数ではありません。若い年代に乱用者が多いのはなぜでしょう。

ある調査によると、薬物乱用の動機は第 1 位が「好奇心から」、第 2 位が「うさ晴らし」、第 3 位が「誘われてその気になって」とあります。以前は心の傷を埋めるために薬物に救いを求めるのがおもな動機であるといわれていましたが、最近は薬物で遊ぼうとして、逆に薬物の魔の手に捕まってしまうことが多いようです。

薬物乱用のきっかけとなった人では、「同性の友人」が 4 割以上を占めています。

このように若者の覚せい剤の乱用は友人までも巻き込みます。大人は仮に薬物を乱用したとしても、失うことを恐れる地位や家族をもっており、また逮捕される可能性の高い危険な行為であると知っているため、安易に友人や知人に勧めることはしません。しかし若者は集団をつくり、その仲間と行動します。その一人が薬物を使うようになると、必ずといってよいほど仲間に乱用を勧めていきます。そしてあっと言う間に集団全員が薬物に汚染されてしまいます。

薬物使用の動機（少年鑑別所収容者の調査から）

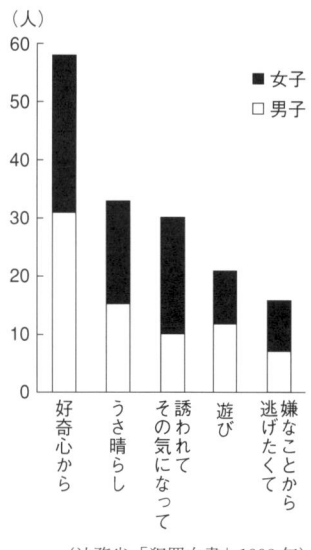

（法務省「犯罪白書」1998 年）

薬物乱用のきっかけとなった人

（％）

	覚せい剤	有機溶剤
同性の友人	42.6	78.0
異性の友人	8.6	6.2
知人	13.1	1.7
密売人	14.5	0.3
同棲中の相手	4.8	0.8

（和田清ら「薬物の発生因をめぐって」『精神医学』1991 年）

このような理由から、覚せい剤を中心とする薬物の乱用が特に若者を中心に急速に広まっているのです。

指示1 若い世代に広まっている理由には、個人的な問題だけでなく、社会的な問題もかかわっていると考えられます。たとえば、どこに行っても覚せい剤が買えない状況にあればそもそも手に入れることができませんね。しかし残念ながら、現在は昔に比べかなり覚せい剤が手に入りやすい環境になってきています。

以下の要因がおもなものと言えるでしょう。現在の状況を想像し、表を完成させてください。

	昔	現在
価格（1gあたり）	7万円～15万円	
名前	覚せい剤	
売人	暴力団	

説明6 若い世代に広がっている理由として、販売戦略が大きく変わったことがあげられます。いまではむしろ若い世代が販売戦略のターゲットにされているともいえます。

第一が「低価格」です。かつては覚せい剤1gあたり7万円～15万円していましたが、今では通常2万円で、安いケースでは6千円というものもあります。1gは約20回分になるので、1回あたり1000円から安いもので300円ということになり、中高生でも手が出せる値段になっています。近年特に若者の間で広がりを見せているのが錠剤型合成麻薬のMDMA（エクスタシー）で、これは1000円程度で売られています。

第二に「イメージの変化」があります。「覚せい剤」を「スピード」や「S」「やせ薬」などの名前をつけ、あたかも「流行の薬」であるかのようなイメージを持たせ、覚せい剤に対する抵抗感や罪悪感が少なくなるようにして売られています。

第三の要因として考えられるのは、「売人の変化」です。かつては覚せい剤の販売に暴力団が関与していたために、普通の市民や学生は恐怖感や憎悪感からそれらの売人には近づきませんでした。そのことが薬物乱用の拡大を食い止めていたともいえます。ところが近年、暴力団は不良外国人を使い薬物販売の拡大を始めました。もちろん街頭で不特定多数の人に声をかけて密売すれば、警察や麻薬取締官によって検挙される確率が高いことは外国人密売者達も知っています。そのため警察官でも麻薬取締官でもないと明らかにわかる、もっとも安全な客に声をかけて販売していきました。それが制服を着ている中・高校生で、売人にとっては安全なお客だったのです。

この場合「昔」とは1990年代前半あたりまでをいう。

現在
通常2万円。安いケースでは6千円
「スピード」「S」「アイス」「やせ薬」など
不良外国人、隣人、知人、友人など

「やせ薬」として売られる理由

覚せい剤を乱用すると胃の収縮が数日間続くため、確かにやせる。しかし頬がこけ、胸が垂れ、下腹部がぽっくり膨れるという異様なやせかたである。

このような若年層への覚せい剤の広まりに、警察庁は1998年1月日本が「第三次覚せい剤乱用期」に突入したことを宣言し、日本の将来や存立にもかかわる重大な問題であるとした。

昔は手に入りにくい環境にあった薬物が、以上のような理由から中・高生を含む若い世代にとっても手に入りやすい環境になってしまったのです。

> **指示2** あなたは今後、薬物乱用者を減らすためにどのような取り組みが大切だと思いますか。意見を出し合ってみましょう。

説明7 薬物乱用を現代社会の問題点から整理すると以下のように分析できます。

> 生徒から出た意見を薬物・個人・環境に分け、板書すると分かりやすい。

薬物乱用への対策

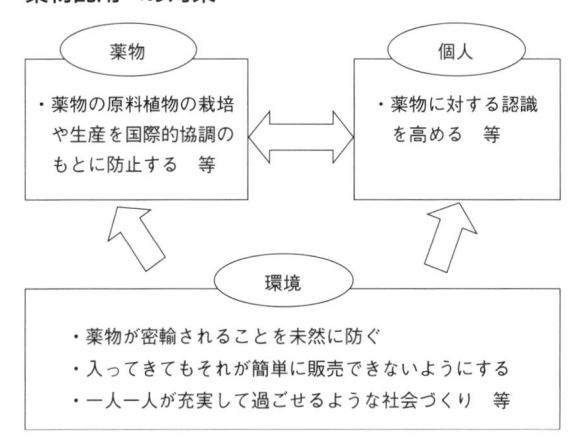

薬物
・薬物の原料植物の栽培や生産を国際的協調のもとに防止する　等

個人
・薬物に対する認識を高める　等

環境
・薬物が密輸されることを未然に防ぐ
・入ってきてもそれが簡単に販売できないようにする
・一人一人が充実して過ごせるような社会づくり　等

薬物乱用・拡大の原因を考えると、単に個人の問題だけではなく、入手しやすい環境にあることも問題といえます。そのため薬物乱用の拡大を防ぐには、薬物・個人・環境の三つの要因に対する対策と、それぞれの関係を断ち切っていくことが必要なのです。

このように薬物は昔と違って、若者をターゲットに急速に広まってきており、乱用する側もファッション感覚で、薬物に対する抵抗感がうすいようです。もちろんこのような社会は当然許されるべきではありません。とはいえそれに手を出してしまう個人にも責任はあるでしょう。一時的な快楽を求め、乱用を重ねていくうちにも気付かない間に確実に脳が壊され、心も体もむしばまれます。そして、日常生活ができる程度にまで回復するには乱用した期間の数倍の時間を必要とします。一生を悔いることのないよう、まずは各個人が「薬物がなぜ恐いのか」ということを理解し、「たとえ薬物を勧められても絶対に使用しない」という行動選択をとることが重要であり、そうした行動をとることが社会にとっても意味のあることとなるのです。

> 薬物乱用者の回復を目指す自助グループにはNAやダルク等がある。
>
> 注：薬物乱用においては、普通の病気のような「完全な治ゆ」はありえず、ここでいう「回復」とはあくまでも限定的なものである。

3　食と安全

Ⅰ　学ぶ意味

　近年、被害者が 14,000 人にも及ぶ乳製品による食中毒事件や、農薬が残留した輸入食品の問題、許可されていない添加物の入った食品の流通など、わが国における食の安全性に関する信頼をゆるがす事件がさまざまおきている。

　これらの問題は、一企業の衛生上の問題というだけではなく、食品流通のグローバル化にともなう問題をもはらんでおり、社会でも食品の安全性が大きく注目されるようになった。

　一方で、食中毒は毎年発生し、現在でも 2,000 件近くの食中毒事件がおきている。そしてそれにともなう被害人数は毎年 3〜4 万人にのぼり、死者も出ている。

　このように、食中毒は私たちにとって身近な健康問題であるが、適切な対応をすることによりある程度我々の努力によってそのリスクを減らすことが可能でもある。

　そこでここでは食中毒を中心に、食の安全を考えさせる授業としたい。

Ⅱ　ねらい

　最近流行しているサルモネラ食中毒をとりあげ、食中毒の発生機序、食中毒の予防方法について理解させる。また、HACCP による新しい食品衛生管理の方法や、食品衛生監視員の業務についても理解させる。

◆授業の展開

（机の下から、卵のパックをとりだす。）

| 質問1 | これは、卵のパックです。最近、〇〇〇をおこす食べ物としても注目されるようになりました。〇〇〇とは何でしょう？

| 説明1 | 〇〇〇とは食中毒です。卵ではサルモネラという菌による食中毒がおこることがあります。

| 問題1 | そのため、国は 1998 年からこの卵のパックにあることを2つ表示するように義務づけました。それはどれとどれでしょうか？　下の4つから2つ選んでみましょう。

　ア．保存方法　　イ．内容量
　ウ．賞味期限　　エ．出荷元

| 説明2 | それは、【賞味期限】と【出荷元】です。今ではスーパーなどに平積みになっている卵パックには、必ずパック日、出荷元や賞味期限が表示されています。これは、卵による【サルモネラ食中毒】が増加していることに対応したものです。

　サルモネラ菌にはネズミチフス菌、ゲルトネル菌などさまざまな種

（欄外）

【食中毒】と書いたフラッシュカードを裏返しにして黒板に貼る。生徒に答えさせたあとフラッシュカードを表に返す。

卵のパックの表示を生徒に提示する。
板書【賞味期限】【出荷元】
板書【サルモネラ食中毒】

類があります。牛、豚、羊、鶏、七面鳥などの腸管内や、またうなぎや魚の体内など広く自然界に存在しています。卵の場合は、産卵後、親鶏の便などから殻に菌が付着することがあります。そのため、卵の殻にひびが入っていたり、殻の洗浄が不充分だったりすると、食中毒にいたることがあるのです。

　サルモネラ菌は1万個以上の菌で感染します。乳児や子どもではO157と同様に100個程度でも感染するといわれており、4時間から4日(平均18時間)の潜伏期を経て発病します。水っぽい下痢、腹痛、発熱、嘔吐、頭痛などがおもな症状です。とくに38℃以上の高熱を発することもしばしばあり、ひどいときには死亡することもあります。

　しかし、サルモネラ菌は熱に弱いので、十分な加熱処理を行えば問題ありません。また、生で食べる場合は早めに食べることが重要です。

> 問題2　では表示を義務づけたことで、サルモネラ菌による食中毒は減ったでしょうか？
> 〈予想〉
> 　ア．増えた　　イ．減った
> 　ウ．変化はなかった

　説明3　表示を義務づけた翌年の1999年度は、発生件数約800件、患者数12,000人でしたが、2001年度には、発生件数は約360件、患者数は5,000人ほどに減少しました。減少の原因はこれだけではないでしょうが、表示も減少に役立ったといえそうです。

　しかし、減少したとはいえ、サルモネラは、依然として食中毒の原因物質第2位です。また、近年では新たにノロウイルス（小型球形ウイルス；SRSV）による食中毒が増加しています。これは、生カキやホタテの刺身などが原因でおこり、人から人への二次感染がおこるので、注意が必要です。

　このように、対策が取られても新たな食中毒の原因が登場するなど、食中毒とその対策はイタチゴッコになっています。ですから私たち一人ひとりの注意が大事になってくるのです。

> 質問2　食中毒を予防するには三つの原則があります。さて、それは何でしょうか？　みんなで考えてみましょう。
> 〈予想〉
> 　1)
> 　2)
> 　3)

　説明4　一つは、【食中毒菌をつけない】。二つには、【食中毒菌を増やさない】。それから、【食中毒菌を殺す】の三つです。なぜなら、食中毒菌が食品についていなければ食中毒はおこりませんし、少しぐらいついていたとしても一定数まで増えなければ食中毒になりません。

もし、意見が出てこないようなら、ヒントとして、「食中毒菌をどうすればよいのか」追発問する。サルモネラ菌を例にして考えさせると良い。

【食中毒菌をつけない】、【食中毒菌を増やさない】、【食中毒菌を殺す】の三つのフラッシュカードを用意し、六つの場面に、どの原則がかかわるかを板書する。

増える前に食べればいいのです。また、多くの食中毒菌は、加熱によって死滅させることができますし、毒素を出すタイプを除けば、食中毒菌が死んでいれば、食中毒はおこらないのです。

この三原則にしたがって、食品購入から残食の処理に到るまでの、六つの場面において注意するべきことは以下のようになります。

1．食品の購入

卵、乳製品、肉、魚はなるべく新鮮なものを購入しましょう。また、卵など生で食べる場合は、2～3日のうちに食べきるようにしましょう。肉や魚は、ビニールの袋に包んで持ち帰れば、野菜など他の食品に食中毒菌がつくのを防ぐことができます。【食中毒菌をつけない】

また、買い物が済んだら早く帰りましょう。これは、細菌の繁殖を防ぐためです。【食中毒菌を増やさない】

2．食品の保存

冷蔵・冷凍保存が必要な食品は、できるだけ早く冷凍庫や冷蔵庫にいれましょう。また、冷蔵効率が落ちるので、冷蔵庫の詰めすぎに注意しましょう。めやすは、7割程度です。冷蔵庫は10℃以下、冷凍庫は－15℃以下を維持しましょう。冷蔵庫では食中毒菌が死滅したわけではなく、増殖がおさえられているに過ぎないので、常温になれば、食中毒菌はまた増殖を始めますから注意が必要です。【食中毒菌を増やさない】

3．下準備

タオルや布巾は、常に清潔なものを使用しましょう。肉、魚、卵を扱うときには、扱う前後に手を石けんで洗いましょう。また、包丁やまな板は肉用、魚用、野菜用に分けることがベストですが、家庭などでは食材が変わるごとに十分な洗浄と熱湯消毒を行って使用しましょう。【食中毒菌をつけない】【食中毒菌を殺す】

4．調理

加熱処理は十分に行いましょう。めやすは、75℃、1分間以上です。生で食べるものは、流水で十分に流し洗いしましょう。【食中毒菌を殺す】【食中毒菌をつけない】

5．食事

手は石けんで洗いましょう。食器や器具類は清潔なものを使用しましょう。調理したものは、早く食べましょう。たとえば刺身などについている腸炎ビブリオという食中毒菌は、10分で2倍に増えます。【食中毒菌を殺す】【食中毒菌を増やさない】

6．残食の処理

食べ残しを保存するときは、石けんで手を洗ってから、きれいな器具や食器で保存しましょう。【食中毒菌を増やさない】

食器類は、よく洗って熱湯処理して乾かしましょう。布巾は5分以上熱湯処理して乾かすとよいでしょう。

以上が家庭で食中毒を予防するためのポイントです。しかし、こんにちのように、外食産業が発達したり加工食品が大量流通するような

状況では、いくら家庭で注意をしても予防には限界があります。

> **質問3** 2000年に、ある食品会社の製品が大規模な食中毒事件をおこしてしまいました。その製品とは何でしょうか？
>
> (　　　　　　　　　　　　　　　　　　　　　　　　　)

質問のあと、牛乳パックを商標が見えないように提示する。

> **説明5** それは乳飲料（牛乳）です。2000年の6月、近畿地方を中心に、ある会社の低脂肪牛乳やヨーグルトなどの乳製品を飲んだ人、約14,000人が被害にあう大規模な食中毒事件が発生しました。

この事件では、原因究明の段階で、工場のずさんな衛生管理体制が判明したり、本来の原因が判明するまでに50日を要するなど、さまざまな問題が明るみに出ました。

原因は、乳製品に使われた脱脂粉乳でした。その会社の別の工場で脱脂粉乳を製造した際に、工場が一時停電して製品中で黄色ブドウ球菌が繁殖したことを見逃したまま脱脂粉乳を出荷し、その脱脂粉乳を用いて製造した乳製品に、黄色ブドウ球菌の毒素が混入した結果、こうした大規模な食中毒事件が引きおこされたのでした。

このように、食中毒の要因が工場で発生してしまっては、いくら消費者が注意をしていても防ぎようがありません。

製造者側のいっそうの衛生管理が求められるところです。

> **指示1** これは何と読むのでしょうか？　また、何のことだか知っていますか？
> 〈板書〉
>
> HACCP

板書【HACCP】

> **説明6** 【HACCP】とは、『Hazard Analysis Critical Control Point』の頭文字をとったもので、日本語では「危害分析重要管理点」と訳されています。『ハサップ』や『ハセップ』と読むことが多いようです。

HACCPは、これまでの最終製品（食品）の検査に重点を置く衛生管理方法と異なり、食品の安全性をより高めるために、食品の製造加工の過程で発生するおそれのあるCCP（重要管理点）を洗いだし、その危険をさける対策を行い、それを常時モニタリングする方法です。正しく対策が行なわれていれば、安全は保障されます。いわば、HACCPは「危害の発生を未然に防止しようとする」システムです。

元々は、決して食中毒がおこってはならない宇宙食を作成するための衛生管理方法だったのですが、それを応用し、食肉や魚介製品などについて、アメリカやカナダ、EUなどで広くとり入れられました。

わが国でも、1995年の食品衛生法改正の際、このHACCPのしくみが取り入れられました。さらに、1996年にO157による集団食中毒が

HACCP実践のキーポイント
①常時モニタリング（監視）
②記録をとる（レポート）
③事前に問題点を発見（予防）
④食事の安全確保を図る
　（システムの完結）

発生したこともあって、さらに規程が充実され、今ではと畜場の衛生管理にも HACCP の手法が取り入れられています。

> **質問4** 下記の図は、カレーの製造過程を簡単に示したものです。カレーを作るにあたって、食中毒の危険を生じさせる可能性のあるポイント、つまり重要管理点（CCP）は、どこでしょうか。
> 　隣同士、相談してみてください。
>
> ```
> 豚肉   ジャガイモ  ニンジン  タマネギ   カレー粉
>  │        └─────┼─────┘
>  │              │
> カット      下処理（洗浄・皮むき）
>  └──────┬───────┘
>         │
>        油炒め
>         │
>        煮込み ──────
>         │
>        冷却
>         │
>        保管
> ```

ヒントとして、2か所あることを伝える。

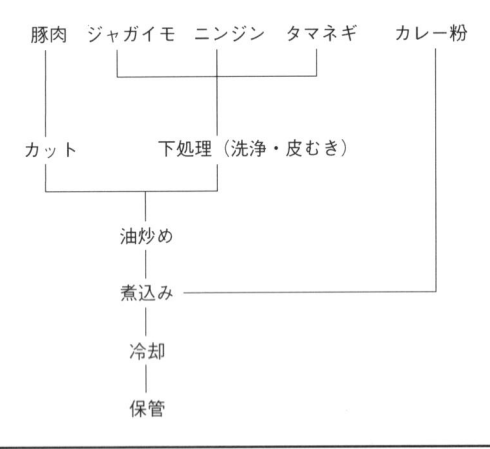

> **説明7** 衛生的な食材を利用しているという前提の上で、カレーの製造過程での重要管理点は、「煮込み」と「冷却」の2か所です。「煮込み」では、加熱が足りないと、食中毒菌を全て殺すことができず、菌が生き残る（生残する）ことがあります。また、「冷却」では、ゆっくりと冷ますことによって、生き残っていた食中毒菌が増殖する機会を与えることになります。これらの危険性を把握することを「危害分析」といいます。下の表は、危害分析の結果から作成された HACCP のプランです。

	CCP 1	CCP 2
工　程	煮込み	冷却
危　害	食中毒菌の生残	生残菌の増殖
発生要因	加熱温度／時間の不足	緩慢な冷却 非衛生な冷却装置
防止措置	十分な加熱温度・時間	急速な冷却
管理基準	品温 100℃：○時間＊	品温が○時間以内に 10℃以下＊
モニタリングの方法	ロットごとに調理担当者が温度計、タイマーを観察	ロットごとに調理担当者が温度計、タイマーを観察
改善措置	再加熱	不良品の廃棄
検査手順	作業記録を確認、温度計・タイマーの較正	作業記録を確認、温度計・タイマーの較正

IV章　現代の生活と健康　113

質問5　こんな言葉を聞いたことがありますか？　また、どこに行くと会えるでしょうか？
〈板書〉

　　　　　　　　　食品衛生監視員

板書【食品衛生監視員】

説明8　食中毒事件の企業責任は厳しく指摘されなければならないでしょうが、大規模な消費者の被害を予防することができなかった国や自治体の行政的、公的責任も問われなければならないでしょう。

　国が食品の安全を確保するための対策としては、輸入品、国産品の場合とも、行政と企業、消費者との接点に位置している検疫所、保健所などが大きな役割を果たしています。中でもとりわけ特別な役割をしているのが【食品衛生監視員】です。

　食品衛生監視員は、保健所に属し、食品衛生法に基づき、食の安全衛生を確保するために、食品の輸入、生産流通、販売現場までの企業や営業者の指導監視を行うことが仕事です。

問題3　日本では、どのぐらいの人数の食品衛生監視員が働いているのでしょうか。ちなみに、営業許可施設は、2,677,561 施設（2002年度末）です。
〈予想〉
　ア．10万人くらい　　イ．5万人
　ウ．3万人　　　　　エ．1万人

【営業許可証】のコピーを提示する。飲食店を営業するには保健所から営業許可を受ける必要がある。食品衛生監視員はこの許可証のあるところには必ず出向いている。

説明9　わが国の食品衛生監視員は、「エ」の1万人より少なく、7,740人（2002年度末）です。単純に計算すると一人あたり、346施設です。しかも、1年間に1か所につき複数回行くことが多いため、一人で監視する施設数は、のべにするとさらに増えます。以前は業種によって1年間の監視回数が定められており、その回数をみたしたかをはかる「法定監視率」がありました。1998年のデータによると14.5％と大変低くなっています。ここからみても現在の食品衛生監視員の人数はとても少ないということがわかります。かといって、食品衛生監視員を増員すれば全て問題は解決するかというと、そういうわけでもありません。

　食の安全を確保するためには、生産者、行政、消費者のそれぞれが意識を高め、一体となって適切な対処行動を日常的に行う必要があるのです。

課題　私たちの町では、食品衛生監視員は何人いて、その監視の対象となる施設はどのくらいあるのでしょうか？　また、食品の衛生監視にあっての問題点は何かなど、私たちの町の食品衛生管理の現状と課題を調べてみましょう。

4 サプリメント

I 学ぶ意味

　生活習慣の中で、「食」は私たちの健康の保持・増進に大きくかかわる習慣である。しかし、近年の子どもたちの食生活においては、ファーストフード店の台頭による栄養の偏り、個食化、偏食をともなう誤ったダイエット方法の実施など、さまざまな問題をあげることができる。また、手軽で簡単に購入することができるサプリメントに対する誤った認識も、問題のひとつとして取りあげることができよう。

　サプリメントは購入だけでなく摂取も手軽であり、特定の栄養素が一般食品よりも豊富に含まれているということから、「サプリメントさえ摂取していれば大丈夫」といったような誤解を招きかねない。誤った理解から極端な摂取をした場合、健康を害することも考えられる。そのようなことから、サプリメントに焦点を当てることは、望ましい食生活について考える上で意味のあることだといえよう。

II ねらい

　まず、サプリメントとは何なのか、どのような位置づけとして扱われているのかということを理解させる。また、実際にどのような商品が市場に出回っているのかについて調べさせることで、普段何気なく摂取していた食品も実はサプリメントの場合もあるのだということに気づかせたい。

　また、サプリメントを摂取する利点や、誤った摂取方法で生じる弊害、食事と関連づけてどのような方法が効果的で望ましい摂取方法なのかについて理解させたい。

◆授業の展開

質問1　「サプリメント」は日本語では何というのだろうか。

説明1　最近、コンビニエンスストアやスーパーマーケットでサプリメントが販売されています。この「サプリメント（Supplement）」とは、補足、追加といった意味です。サプリメントは正確には「ダイエタリーサプリメント（Dietary Supplement）」といいます。ダイエタリー、つまり「飲食物」を「補う」という意味があります。よって、サプリメントとは、日常の食事で不足した栄養素（おもにビタミン・ミネラル類）を補助するための「補助食品」ということになります。

　現在の日本では、サプリメントは、生活に浸透しているアメリカのように明確に定義付けされているわけではありません。これらは「食品」として位置づけられています。そして、サプリメントは広義には「一般食品以外のすべての食品」を指します（次表）。

　アメリカでは、サプリメントは、1994年に制定されたDSHEA法「栄養補助食品健康教育法（Dietary Supplement Health and Education Act)」によって医薬品と食品との間に位置する「栄養補助食品」と定められている。
・ハーブなどの植物成分と、炭水化物、ビタミン、たんぱく質（アミノ酸）、食物繊維、ミネラルなどの栄養成分を1種類以上含む栄養補給のための製品。
・形状は、錠剤、カプセル、粉末、ソフトジェル、液体など、通常の食べ物の形以外のもの。

食品の分類

	保健機能食品		
病者用 乳児用 妊産婦用 高齢者用	特定保健用食品 【特定保健用食品マーク】	栄養機能食品 ※マークはないが、「栄養機能食品」の表示がある	一般食品 ・ いわゆる 健康食品 （栄養補助食品・健康補助商品） JHFA

特別用途食品
【特別用途食品マーク】

[参考] 医薬品（医薬部外品を含む）
　薬事法で「日本薬局方に収められている物・人・動物の疾病の診断・治療・予防に使用されることが目的とされている物、人・動物の身体の構造・機能に影響を及ぼすことが目的とされている物」と定義されている。

問題1　ところで、食品には次の三つの機能があります。

　　一次機能：「栄養供給」
　　二次機能：「嗜好品」
　　三次機能：「体調調節」

　私たちは、さまざまな食品を摂取することで、この三つの機能を満たしています。
　では、あなたが次の食品を摂取する場合、おもにどの機能を満たすことを目的に摂取していますか。実際に摂取する時の気持ちを思いうかべて、一次～三次で答えて下さい。
1．りんご……（　　）機能
2．クッキー……（　　）機能
3．成分が調整されたゼリー飲料……（　　）機能
4．「栄養機能食品」と表示がある
　　いわゆるビタミン剤……（　　）機能

説明2　通常、私たちがりんごを食べるとき、「ビタミンCが豊富だから」とか「おいしくて大好きだから」などの理由で食べることが多いでしょう。つまり、りんごを食べるということは、一次機能と二次機能を満たすことを目的に摂取することが多いと思います。

実際の授業では、可能な限り左のマークのついた商品を持って来て、生徒に見せながら分類したり、説明すると判りやすい。

保健機能食品制度（2001年）
　この制度の目的は、健康保持、増進に良い成分を含む食品を、消費者自らがそれぞれの食生活に応じて適切に選択できるようにすることにある。

〈一次機能〉
　栄養素やエネルギー源を供給するための「栄養供給」としての機能。食品の一番基本的な機能であるといえる。
〈二次機能〉
　おいしさ、味、食感、香りなどを楽しむ「嗜好品」としての機能。
〈三次機能〉
　免疫機能や抗酸化作用を高めるなど、身体の働きを調節する「体調調節」のための機能。
（NPO日本サプリメント協会『2004年度版 サプリメント健康バイブル』小学館、2004年より）

　栄養機能食品と表示があるいわゆるビタミン剤は、通常は「ビタミン含有食品」のような名称で販売されている。

クッキーではどうでしょうか。クッキーのようなお菓子を食べる場合は、栄養を供給するという目的で食べる場合もあるかと思いますが、どちらかというと「甘くておいしいから食べる」というように、摂取の目的は二次機能にかたよることが多いかもしれません。

では、ゼリー飲料ではどうでしょう。クッキーと同じようにおいしいからという理由で飲む人もいるかもしれませんが、パッケージに「ご飯一杯分のエネルギー」とか「レタス１個分の食物繊維入り」などと表示されていて、それを目的に摂取する場合は、一次機能をねらって摂取していることになります。また、「お腹の調子を整える」などと表示されていて、それを目的に摂取する場合は、三次機能をねらって摂取していることになります。

ビタミン剤の場合は、目的が一次機能と三次機能にほとんど限定されます。ビタミン剤をクッキーのように「おいしいから」と摂取する人はまずいませんね。

このように、私たちが食品を摂取するときは、意識的にも無意識的にも、その機能を満たすためにさまざまな食品を選択して摂取しています。くだものなどの一般の食品を摂取するとき、多くは主として一次機能と二次機能を満たすことを目的に摂取しています。しかし、「医食同源」という言葉もあるように、昔から食品の持つ三次機能、いわゆる「薬理作用」については、健康を保持、増進するために大切な機能であると考えられていました。そして、栄養素や食品の中に含まれる成分の健康効果や効能の研究が進むにつれ、近年、身体の働きを調節する三次機能が注目されるようになってきました。

そこで登場したのがサプリメントです。成分が調整されたゼリー飲料や、いわゆるビタミン剤のようなサプリメントは、他の一般食品の摂取だけではまかないきれなかった栄養素を補う一次機能としての役割を果たすだけでなく、まさにこの三次機能に着目した食品であるといえます。つまり、サプリメントを上手に摂取することで、体調を整えたり抵抗力を高めるなど、私たちのからだが本来持っている力を引き出したり補助するような機能が期待できるのです。

> **問題２** では、「サプリメントの上手な摂取方法」とはどのような方法なのでしょうか。
> 〈予想〉
>   ア．栄養のバランスの良い摂取方法ならば、一般食品よりもサプリメントによる栄養の摂取をメインに考えても良い。
>   イ．食事はきちんととった上で、サプリメントを併用する。
>   ウ．どちらともいえない。
> 〈理由〉
>   (　　　　　　　　　　　　　　　　　　　　　　　　　　)
>
> **説明３**「複数のサプリメントを摂取しているから、食事を減らし

たりいい加減にしても大丈夫だろう」、「サプリメントさえ摂っていれば、一般食品は食べなくても大丈夫」と安易に考えるのは間違いです。なぜなら一般食品はサプリメントとは全く違うからです。

　サプリメントは絶対ではありません。たとえば、ネーブルオレンジを食べることで得られる栄養素について考えてみましょう。ネーブルオレンジは、ビタミンCが豊富に含まれているだけでなく、カリウムやカロテン（ビタミンA）など、他の栄養素も豊富に含まれる食品です。ネーブルオレンジを食べると、それらの栄養素を同時に摂ることができます。しかも、それらの栄養素は、一般食品ならではの絶妙なバランスで食品の中に存在しています。ネーブルオレンジと同じ栄養素をサプリメントで摂取するのはほぼ不可能であり、強引に摂取することを考えると何種類も飲まなければならなくなります。このように、一食品の中にたくさんの栄養素がバランス良く含まれているということが、一般食品の優れている点といえるでしょう。

　さらに、食品の二次機能の面で考えてみましょう。食品の機能には「嗜好品」としての役割があることは［説明2］で述べました。サプリメントを摂取することでは、当然、一般食品を食べたときのようにおいしさを感じたり、味や食感、香りなどを十分に楽しむことはできません。お腹が空いているときに暖かいご飯の香りがしてきたら、「よだれ」が出てきた！　なんてこと、みんなも経験したことがありますよね。私たちのからだは「おいしいものを食べる」ということで唾液や胃酸などの消化酵素が十分に分泌されて、消化、吸収がスムーズに行われるのです。また、よく嚙んで食べることは大脳の発達にも深くかかわっています。このように、食事のもつ二次機能、嗜好品としての機能は、私たちが健康を保持、増進するために大変重要な機能なのです。

　このようなことから、サプリメントの摂取は、あくまで毎日調和のとれたおいしいと感じる食事をした上で、食生活に補助的に取り入れるということが大事なのです。

　さらに、サプリメントを摂取する場合は、「スポーツをしている」とか「受験勉強が忙しい」などの自分の生活スタイルや、「疲れている」とか「風邪を引いている」などのその時の体調も重要になります。その時の身体の状態に合わせて、不足している栄養成分を含むサプリメントを補給することが理想的なのです。そのためには、どのような栄養素がそのときの自分に必要とされるかについて、その効果や効能について知っておくことも非常に大切なことです。

指示1　実際に売られているサプリメントにはどのような商品があるでしょう。また、それを摂取することで、どのような特定の栄養素を摂ることができるでしょうか。［説明1］の表の「食品の分類」を参考に、調べてみましょう。
　商品名：（　　　　　　　　　　　　　　　　　　　　　）
　栄養素：（　　　　　　　　　　　　　　　　　　　　　）

課題として取りあげる。
　［説明1］の表で表示したマークが付けられている商品を探させてもよい。
　調べてきた商品については、何人かに発表してもらう。

説明4　あなたは、どのような商品を探すことができましたか。その中にはどのような栄養素が含まれていたでしょうか。また、普段なにげなく買って食べていた商品も、実はサプリメントだったりする場合もあったと思います。

サプリメントには、錠剤、カプセル、粉末のような形状で、水と一緒に飲むような一見薬のような形状のものもあります。また、ソフトジェル、ゼリー飲料、ウエハース、ガムのような一見普通のお菓子のようなものもあります。また、液体でジュースのようなもの、お茶のようなものなどもあります。このように、形状面でも手軽に摂取できることなども考えて、実にバラエティーに富んだ商品が売り出されています。

さらに、商品の成分表示を見るなどして、さまざまな栄養素を自分の意思で選択しながら摂取することも可能です。

このように、栄養素を手軽に摂取できることや、摂取したい栄養素を目で見て選択することができることは、サプリメントの利点であるといえるでしょう。

問題3　以下の栄養素の中で過剰に摂取しすぎると健康を害するおそれのある栄養素があります。どれだと思いますか。また、選んだ栄養素はなぜ健康を害するのか、理由も考えて下さい。
〈予想〉
　ア．ミネラル　　イ．ビタミンA　　ウ．ビタミンD
　エ．プロテイン　　オ．食物繊維
〈理由〉
　(　　　　　　　　　　　　　　　　　　　　　　　)

説明5　[問題3]であげた栄養素は、すべて過剰に摂取しすぎると健康を害する恐れがあります。[指示1]であなたが調べてきた商品の中に、上述の栄養素はありましたか。

ミネラルやビタミンの場合は、「過剰症」に注意する必要があります。ビタミンは、水溶性のもの（ビタミンB群、C）と脂溶性のもの（ビタミンA、D、E、K）の2種類に分けることができます。このうち、脂溶性のものはミネラル同様、過剰に摂取すると肝臓に蓄積されさまざまな問題をおこすことがあります。たとえば、ビタミンAでは、頭痛、食欲不振、吐き気などがおこります。骨を強くするはずのビタミンDでは、のどの渇き、吐き気などがおこります。それだけでなく、骨からカルシウムを離脱させてしまうので、骨がもろくなってしまいます。ミネラルの一種である鉄は、過剰摂取によって疼痛や下痢、嘔吐、ショック症状などの中毒症状を引きおこしてしまいます。

このようなことをおこさないために、「栄養補助食品」であるビタミン12種類とミネラル2種類については、注意喚起表示がされているの

　水溶性のビタミンは、摂りすぎてしまっても多い分は尿に排泄されてしまうので過剰症の心配はほとんどない。しかし、たとえばビタミンCでは、非常に大量に摂取したり、摂取した人の体質によっては腎臓結石や尿路結石をおこす場合がある。また、いつも摂りすぎていると必要な分まで排泄されやすくなる場合もある。

で、サプリメントを摂取する際のめやすにすると良いでしょう。

　また、プロテインの場合は、摂取した人の消化吸収がおとろえている場合、ガスが出たり下痢や便秘になることがあります。過剰に摂取して運動を行わなかった場合は、太る原因になります。一回に摂る量を考えなければいけません。

　食物繊維は、おもに便秘の解消や腸の働きを助ける効果をねらって摂取することが多いと思うのですが、一緒に水分をたっぷり摂取しないと便秘になることもあります。また、ひどい便秘のときに摂取すると、お腹が張ることもあります。それから、長期の便秘の場合は、食物繊維だけでは解決しないこともあります。

　このように、サプリメントを効果的に利用し摂りすぎによる害を防ぐためにも、摂取する際は摂取方法や量を守ることが大切です。パッケージに記載されていることが多いので、良く読んで正しく摂取しましょう。また、サプリメントを摂取している最中は、体調管理に気を配り、体調に変化が生じた場合はすぐに使用を中断し、必要に応じて医療機関に相談しましょう。

栄養機能食品の表示
　「栄養機能食品」の表示は、以下の14種類の栄養素について、一日の栄養素の摂取量が国が定めた基準値に合致すれば審査を受けずに製品に付けることができる。
　ビタミン12種類（ナイアシン、パントテン酸、ビオチン、ビタミンA、B_1、B_2、B_6、B_{12}、C、D、E、葉酸）、ミネラル2種類（カルシウム、鉄）

質問2　［指示1］であなたが調べてきた商品には、宣伝のためにどのようなキャッチコピーがつけられているでしょうか。また、そのキャッチコピーを見てどのような印象を持ちますか。

〈キャッチコピー〉
（　　　　　　　　　　　　　　　　　　　　）

〈抱いた印象〉
（　　　　　　　　　　　　　　　　　　　　）

　その商品がTVのコマーシャルやポスターで宣伝されている場合は、そのキャッチコピーをあげさせても良い。

説明6　サプリメントの持っている健康への効果や効能を商品に表示することは、厳しく規制されています。しかし、特定保健用食品や栄養機能食品には効果や効能の表示ができるので、「お腹の調子を整える食品」、「コレステロールが高めの方のための食品」、「血圧が高めの方のための食品」などといったように、用途別の有効成分の効果や効能が表示されています。そして、それは当然商品のキャッチコピーとなってパッケージに表示されたり、コマーシャルでも宣伝されています。

　このようなキャッチコピーを見てみると、中には、「簡単に痩せる」「これさえ摂っていれば安心」「一般食品よりも栄養が豊富」などと効果や効能が誇大表示されている商品もあります。また、「がんを治す」「症状を無くす」といったように、病気を治すための薬と勘違いしてしまいそうな商品も少なくありません。

特定保健用食品の用途表示（例）
1. お腹の調子を整える
2. コレステロールを調整する
3. 血圧を調整する
4. ミネラルの吸収を助ける
5. 骨の健康を維持する
6. 歯の健康を維持する
7. 血糖値を調整する
8. 中性脂肪・体脂肪の上昇抑制

　「健康増進法」には、食品の広告その他の表示をする際の「誇大表示の禁止」が定められている。これにより、特定保健用食品と栄養機能食品を除いては、「なぜ効くか、何に効くのか」という機能や効果、効能の説明を一切してはならないと決められている。

このような極端なイメージが前面に押し出されて販売されていると、私たち消費者は「サプリメントは絶対的で完全な食品である」という誤った認識をしてしまう場合があります。サプリメントはあくまでも補助食品ですから、誤った方法で摂取してしまうと、全く効果がないだけではなく、健康を害することもありえます。

サプリメントを摂取する場合は、どのような効果や効能が得られるのかよく理解した上で、利用することが重要なのです。

> **課題** あなたが探してきたサプリメントの商品に付けられているキャッチコピーはどうでしたか。また、キャッチコピーだけを見て商品を購入してしまったことはないでしょうか。話し合ってみましょう。

商品に付けられているキャッチコピーは何が問題なのか、討論させる。

5　豊かな労働社会を目指して

Ⅰ　学ぶ意味

　1982年、過労死という言葉は生まれた。日本特有のものとして「KAROSHI」はその後世界中に知られるようになり、社会問題化した。科学的に労働と過労死との因果関係がなかなか解明されず、過労死の認定を得ることは困難であったが、しかし労働が原因であることは数多くの裁判などを通して厚生労働省も認めた通りである。長時間労働の短縮だけでは問題は解決しないし、個人の問題や労使双方の問題にもとどまらない。労働から報酬を得る消費者を含めた社会全体で過労死をなくす方策を考えなければならないのである。
　フリーターの増加は若者の労働意欲の低下ととれなくもない。就職難、中高年の過労死と過労自殺の増加、リストラ……。このような労働社会の情勢からは、いたしかたのないことかもしれない。
　20代前半の若者の過労死や女性の過労死も増加しつつある。就職前の高校生に過労死問題を考えさせることは、時期としても適切であり、人間らしい豊かで健康な人生を送る上でも必要不可欠だと思われる。

Ⅱ　ねらい

　まず過労死の概念について理解し、労働が原因で過労死にいたるまでの道筋を理解させる。「なぜ過労死がおこるのか」、「対策を講じてもなぜ過労死は増え続けるのか」、「なぜ過労死は日本で生まれたのか」などを考えさせる中で、自分自身あるいは社会全体がとるべき方策について考えさせたい。

◆授業の展開

> **問題1**　「過労死」という言葉を聞いたことがあると思いますが、「過労死」を英語で言うと次のどれになると思いますか。
> 〈予想〉
> 　ア．death from hardlabor　　イ．death from hardwork
> 　ウ．over work death　　　　 エ．karousi

　説明1　「過労死」とは、働き過ぎのために疲労が蓄積し、死亡することです。「過労死」は、近年のわが国の働き過ぎの象徴として、マスコミによる報道等を通じて社会的に定着した用語です。
　戦後の日本は経済大国としての地位を不動のものとするとともに、栄養状態の改善や医学の進歩などを反映し、世界一の長寿国になりました。ところが豊かな社会を目指す過程で「過労死」や「過労自殺」という尋常でない問題が浮き彫りになってきているのです。
　過労死は「karousi」としてイギリスの辞書に出ています。karousi以外にローマ字で国際語になった日本語にはsusi（寿司）、kimono（着物）、sumou（相撲）、karate（空手）、ninjya（忍者）、karaoke（カラオケ）などがあります。どれも諸外国にはない、日本独自の文化から

貿易面で日本の製品に競争力があり過ぎることを皮肉ってかつて外国の新聞に掲載された。

本によっては「karoshi」「karosi」とかかれていることもある。

生まれたものばかりです。最近では、アメリカをはじめ諸外国でも過労死はあるそうですが、過労死という言葉がメイドインジャパンであることは間違いなさそうです。下の図から読みとれるように、諸外国に比較して従来から日本人の労働時間が非常に多かったことからも、日本で特徴的な問題であるということがいえます。

年間総実労働時間の国際比較

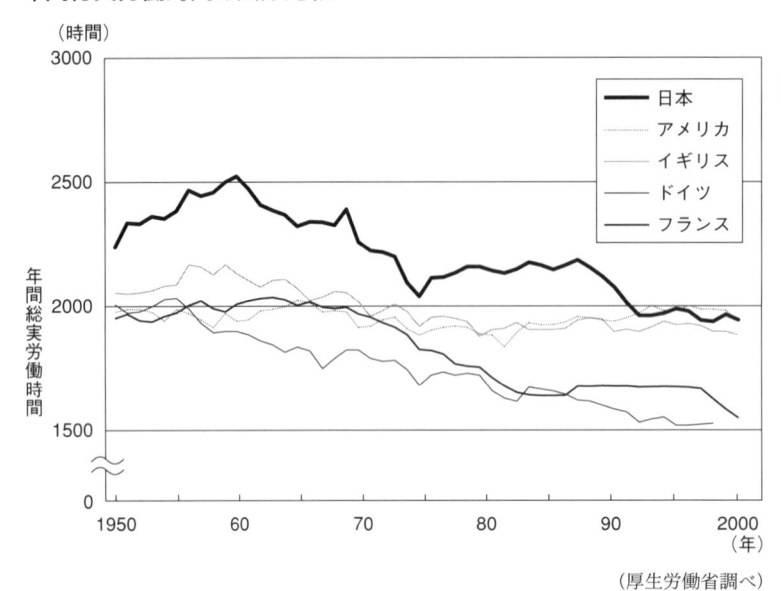

（厚生労働省調べ）

> **問題2** 「過労死」と認定されたもので一番多い病気（疾患）は、次のうちどれでしょう。
> 〈予想〉
> ア．脳の病気　　　　イ．心臓の病気
> ウ．精神性の病気　　エ．その他

> **説明2**　「過労死」は医学上の概念（診断書に書かれる病名）ではありません。一般に、長時間労働や仕事上のストレスなどが蓄積することによって、脳卒中・心臓病（虚血性心疾患）などを引きおこし、死に至るケースを「過労死」と呼んでいます。過労死の原因となる疾病の大部分が、脳出血やくも膜下出血などの脳卒中（脳血管疾患）や、心筋梗塞や狭心症などの心臓病（虚血性心疾患）であると考えられています。2003年の過労死の労災認定を病気別にみると、脳卒中193件、心臓病119件となっています。また、最近では労働者の「心の病」も増加しています。2003年の労災認定では精神障害108件、うち自殺40件となっています。

> **問題3**　持病のある労働者が増えているといわれています。次のうち、どれが多いのでしょうか。
> 〈予想〉

虚血性心疾患
　心筋への血流が減り酸素欠乏をおこす病気。

　年間の自殺者は年々増加し、1998年には、3万人を超え、31,755人となった（2003年は32,109人）。交通事故死者数7,702人（2003年）と比べると、その多さが実感できよう。
　特に近年では、35～64歳の自殺が激増しており、中高年を中心とした働く人たちの自殺が深刻化している。

ア．胃腸病　　イ．高血圧症　　ウ．心臓病
　　エ．糖尿病　　オ．その他

説明3　答えは、「イ」です。もともと日本人は高血圧症を持病としている人が多いといわれています。35歳以上の年齢層に高血圧症で病院にかかっている人が多く、年齢が上がるにつれて増加しています。高血圧症に、疲労の蓄積や精神的ストレス、生活環境によって過重な負担が加わると、症状が悪化し、脳卒中や心臓病をおこしやすくなることが指摘されています。高血圧症の多くなる年齢層と多くの仕事を任せられる年齢が重なっていることも、過労死の増加の原因になっているといえるかもしれません。

持病の有無別病気別労働者の割合

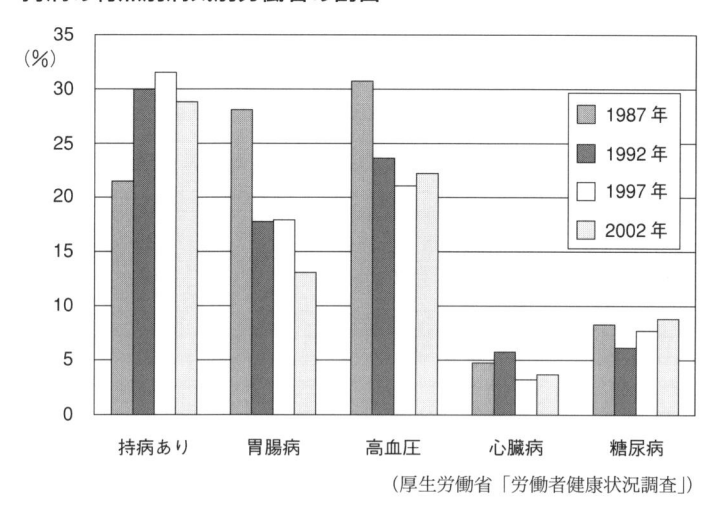

（厚生労働省「労働者健康状況調査」）

問題4　次のうち過労死の一番多い職業は何でしょうか。その理由も考えてみましょう。
〈予想〉
　　ア．運転手　　イ．技術職　　ウ．販売職

説明4　職業別に脳卒中や心臓病の発症をみた場合（次図）、業務時間や密度が高く、立場上ストレスの多い管理職や、不規則で業務時間が長時間になりがちな専門技術職（プログラマー等、医師、教員など）、自動車等の運転手や、事務職でも脳卒中や心臓病による過労死の認定件数が多くなっていることがわかります。特に近年では、運転手等（運輸・通信従事）が急激に増加しているのが目立ちます（2002年度以降は認定基準の緩和により、件数が大幅に増加している）。

　石油輸送労働者のアンケート結果からは運転中の居眠りの経験が70％以上、過労死の危険を感じたことがある人が50％に達しているということがわかっています。業界では「危険物を運ぶ病人」というたとえが生まれたほどだそうです（『交通運輸』より）。

　仕事の内容によっては、過労が自分の健康のみならず、周囲の人々

睡眠時間無呼吸症候群（SAS）と居眠り運転事故の関連が近年話題になっている。
　2003年6月新城市付近の東名高速でおきた大型トラックの追突事故などがその例である。

にまで危険を及ぼすこともあり、実際に過労を原因とし、居眠り運転をしたことで他者を巻き添えにした重大な事故も多くおこっているのです。企業は、労働者の健康に配慮し、労働条件や労働環境を見直し、過労から過労死、事故などをおこさない措置をとる必要があります。

同業社同士の競争激化が、運送費の値下げ、ドライバーの収入の減少を生み、無理な労働を黙ってこなすしかないという状況をつくっています。さらに消費者が商品を24時間必要としていることや、魚など新鮮な商品の需要があって、短時間で輸送しなければならないこと、商品の膨大な需要量が、運輸業者の不規則勤務、過重勤務を生んでいることも忘れてはなりません。このことからわかるように、ドライバーや企業ばかりでなく、消費者側の問題も含めた、日本の社会全体の構造問題としてとらえなければならないでしょう。

NHKスペシャル「トラック・列島3万キロ　時間を追う男たち」が実態をよく表している（2004年7月18日放映）。

過労死として労災認定を受けた者の職種別状況

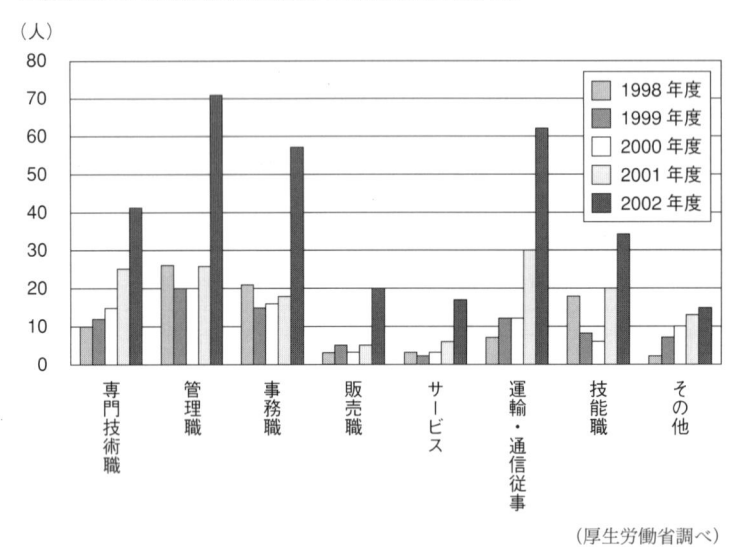

（厚生労働省調べ）

『運転中に居眠り運転をしたことがありますか？』への回答

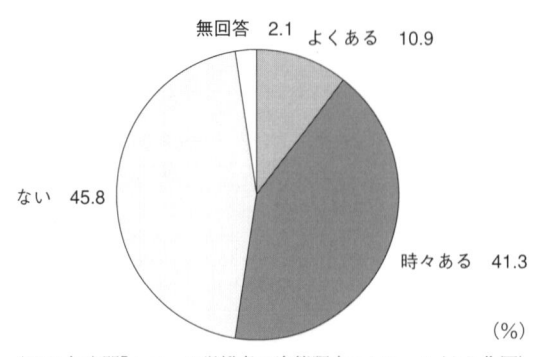

- 無回答 2.1
- よくある 10.9
- 時々ある 41.3
- ない 45.8

（2004年春闘「トラック労働者の実態調査アンケート」より作図）

質問1 労働者を守る法的な規制はないのでしょうか。

> **説明5**　労働者を守る法律として労働基準法があります。それにもとづき、労働基準監督署が法が守られているかの監督をします。そのほかにも「所定外労働削減要綱」、「労働時間の短縮、年次有給休暇の促進にかかる各種助成金制度」、「二次健康診断等給付」など労働者を守るための法、施策が多くあります。

たとえば、労働者には、年次有給休暇（年休）といって、土・日曜日などの週休日等とは別に、賃金を保証された一定の日数の休暇が与えられています。労働者が日常の業務による疲労を回復し、心身ともにリフレッシュすることを目的とするものです。使用者は特別な場合を除いては、労働者から要求された年次休暇を拒否することはできません。しかし、日本の年次有給休暇の日数は欧米にくらべて少なく、その取得率も高くないのが現実です。

労働者の健康を守るための法や施策があるにもかかわらず、なぜ「過労死」が問題になるのでしょうか。

> **指示1**　日本の労働者が年休を取れない理由は何でしょうか。意見を出し合ってみましょう。

> **説明6**　「『5時から男』」といわれるように普通5時に会社は終わります。ところが日本の企業では、何も仕事がなくても、平均的に30分余計にぐずぐず滞留しているそうです。アメリカ人と一緒に働いていて困るのは、5時の15分前に新しいことを頼んだら、あなたは何を考えているのかと言われるほどで、OLたちは15分前あたりから外出用の靴の履き替えや化粧の心配をしている。その幅が相当にあり、この幅が高度経済成長時代には日本が経済競争に勝った原因の一つといわれていました。でもそれがたぶん過労死につながったのではないでしょうか（『筑紫哲也の現代日本学原論』）」。次の円グラフをみてもわかるように、他人を気にした理由が半分以上を占めています。みんなが帰らないから帰れない、休まないから休めないというような、誰が

たとえばフランスでは30日、スウェーデンでは25日が付与されているが日本では平均18日である。またその取得率は50%を切っている（2002年資料）。

年次有給休暇を取得する際にためらいを感じる理由

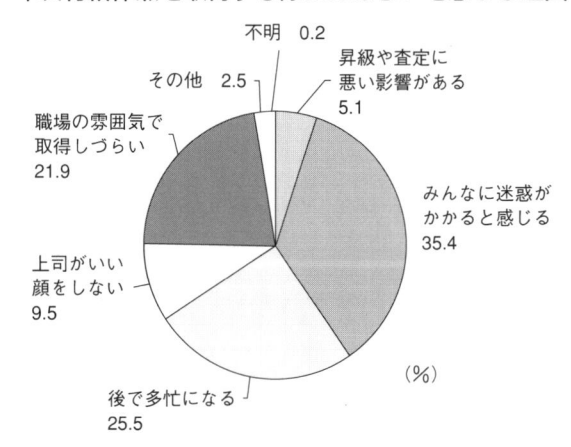

- 不明　0.2
- 昇級や査定に悪い影響がある　5.1
- その他　2.5
- 職場の雰囲気で取得しづらい　21.9
- みんなに迷惑がかかると感じる　35.4
- 上司がいい顔をしない　9.5
- 後で多忙になる　25.5

(%)

（三和総合研究所「長期休暇に関する労使の意識調査」）

決めたのかわからない空気に支配されてしまっている、日本人の意識の中にも問題があるのかもしれません。

問題5 2002年以降「過労死」と認定された件数が激増しました。なぜでしょう。
〈予想〉
ア．不況で残業が増え、労働時間が増したから
イ．深夜労働など不規則な勤務が増えたから
ウ．認定基準が改正されたから
エ．収入が減り、アルバイトをする労働者が増えたから
オ．その他

説明7 答えは「ウ」です。厚生労働省は2001年12月に「脳血管疾患及び虚血性心疾患等の認定基準」の改正をしました。グラフをみてわかるように、1995年度と2001年度・2002年度に過労死認定の件数が大きく増加していますが、これは基準改正が行われた年にあたります。

今までは発症前1週間以内の労働の過重性に判断の重点がありましたが、今回の改正では発症前6か月からの労働による疲労の蓄積も判断の基準とされました。また、疲労の蓄積にかかる労働時間のめやすが明確ではなかったのが、発症前1か月の残業が100時間以上などと明確に提示されました。この基準の改正で、疲労の蓄積に判断の目が向いたことや従来の認定基準よりも過重負荷の評価事情を明確にしたことにより、実際に認定件数は増加しました。

認定条件を緩和することは、それによって「過労死」問題に対する経営者の意識改革がなされ、会社側で防災努力が積極的に行われ、「過労死」が減るという効果が期待されます。このように法律を守らせたり、基準を変えていくように働きかけることが過労死の予防には不可欠です。過労死に至る疲労の蓄積は、日本の労働社会の構造的問題に深く根ざしているので、個人の健康管理だけでは解決できる問題では

> 1995年にも一定条件の下に、発症前1週間以前の疲労蓄積や継続的な心理ストレスを考慮する新基準に改正されている。

過労死の認定件数

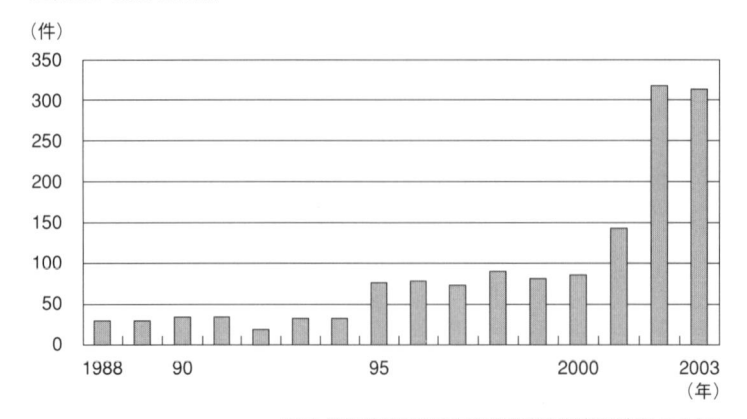

（厚生労働省労働基準局労災補償部補償課資料による）

ありません。会社や社会全体の対策が必要です。

指示2 過労死認定の改正により認定件数は増えましたが、問題点はないでしょうか。もしあればいくつかあげてみましょう。

説明8 基準を改正しても問題は残っています。1か月100時間を超えて残業している労働者は極めて少数です。1か月80時間を超えて残業している者も少なく、1か月に45〜80時間の残業をしている労働者が多いのですが、この程度でも過労死しているのが現実です。残業45時間以下でも過労死している人もいます。これはつまり昼夜交替制などの労働形態や、労働の質といった要素も大きくかかわってくるため、当然労働時間だけでは判断できないのです。基準が設定されたことでかえって認定基準外の過労死者の救済が閉ざされる可能性もあり、そういう意味ではこの基準を設定すること自体に問題があるとも考えられます。

また1995年の改正によって認定件数が増えても、その後の過労死は一向に減少しなかったように、基準改正の抑制効果は少ないといえるかもしれません。職場は、実績至上主義・能力主義が強まっており、過労死や過労自殺者は競争に負けて死んだと切り捨てられてしまうかもしれません。そうならないように社会全体が過労死を出さない労働社会を意識し続けなくてはなりません。過労死がおこる前に、労働者の健康は社会全体で守らなければならない問題なのです。

指示3 過労死をなくすためにはどうしたらよいでしょうか。意見を出し合ってみましょう。

〈予想される意見〉
［労働者として努力すること］
・労働者は自分の判断で過労から身を守る。睡眠時間などの休養を確保し、充実した余暇を過ごし、身体的にも精神的にもリフレッシュするよう努力する。
・積極的に年次有給休暇などを利用し、健康を維持するための休みを取る。
・体調を崩しそうな時は早めに医療機関を受診する。
・過労死の原因となる高血圧症等を防ぐために、ストレスを減らしたり、生活習慣を改善するよう努力する。
・みんなが帰らないから帰らない、休まないから休めないなどの他律的な雰囲気に支配されないように心がける。
・労働、休養、社会貢献、家族サービスなどの生活のバランスを保つ。

〈雇用者側が努力すること〉
・使用者は労働者の所定外労働時間を少なくし、過労を負わせないように配慮する。

厚生労働省は残業時間基準のほかに、
①不規則な勤務
②拘束時間の長い勤務
③出張の多い勤務
④交替制・深夜勤務
⑤作業環境（温度、騒音、時差）
⑥精神緊張を伴う勤務
を判断基準にすると発表した。

自己保健義務のこと。

健康安全配慮義務のこと。過労死認定の裁判では大きな争点となる。

- 自分の仕事が社会のどの部分を担っているかを認識させ、社会に貢献しているという意識、仕事へのやりがいを持たせるような社員教育をする。
- 十分な健康診断を受けられる、健康を損なっても十分な相談、治療を受けられる場、時間を保障する。
- 職場を絶えず点検して、過労死をおこさせるような労働条件、労働環境を改善する。
- 労働基準法と労働基準監督署の監督指導を守る。

〈社会全体あるいは社会の一員として努力すること〉

- 過剰なサービスも所定外労働時間の増加の原因になっているので、消費者側の利便性の追及が長時間労働、過密労働を引きおこしていることを十分認識し、こうしたサービスのありかたについて消費者を含めた社会全体で考え、健全な労働社会づくりに取り組む。
- 一方で長時間労働をはじめとする過重労働、もう一方で仕事がないというような労働社会から、労働をみんなで分かち合うような工夫(ワークシェアリング)をする。
- 実効性のある法的な規制(労働時間短縮、残業規制など)を打ち出す。
- 労働基準監督署が労働基準法を守らせるように、さらに企業をチェックする機能を活発にする。

過労死問題に長く携わっている細川汀氏は、「過労死を一人たりともおこさない職場を」という論文の中で、本当に職場から過労死をなくすためには、労働組合、安全衛生委員会、労働者が一致して労働条件・環境の改善、適切な医療・休養がとれる雰囲気づくり、過労による健康障害がおきた時はきちんと原因追及をし、対策をたてることが必要であると述べています。

> **[まとめ]**
> 労働の目的とは何でしょうか。
> 現在の日本では、私たちが働くことは、おもに職業という形をとっています。しかも私たちが必要とする全部を賄うのではなくて、ごく小さな部分を受け持ち報酬を得て、その報酬を他の人の労働成果と交換するという形で、個人の日常生活が成り立っているといえます。また仕事が生きがいと結びついている人もいます。労働は人間的欲求の一つといえます。したがって働く目的としてはおよそ次のことが考えられます。
> ①収入を得て生計を維持していく。
> ②仕事を通して自己実現をはかる。
> ③働くことを通して社会を作る一員となる。
> 公的扶助、社会保険、社会福祉、公衆衛生からなる社会保障制

ワークシェアリング
仕事を分かち合うことによって雇用を維持・拡大すること。その目的は、従業員一人あたりの労働時間を減らすことによって雇用を作り出すことと、一般労働者の残業時間を減らすことにある。

度の成り立ちをみても、私たちが就業・就職することは個人にとっても社会にとっても非常に大きな意味を持っています。

ところが今の社会は労働の目的を果たせる社会でしょうか。

一方で過労死するほど働かなければならない人がいて、一方では働きたくても働けない人がいる。リストラや失業の陰で「働けるだけ幸せ」というような納得や、「自分たちはパートではない。身分の保障された正社員である」という誇りが長時間労働に拍車をかけることになっていないでしょうか。

健康で安心して働ける労働社会、仕事によって自己実現をはかり、豊かに生きていける労働社会の創造を高校生とともに考えることは、将来労働者となる高校生の力にもなり、また、社会の構造的な問題を改善する大きな力となると思います。

[資料・参考文献]
1) 厚生省労基局監督課・労働衛生課監修『過重労働による健康障害を防止するために』労働調査会，2002年
2) 筑紫哲也編『筑紫哲也の現代日本学原論』岩波書店，2001年
3) 桜井徹他『交通運輸』大月書店，2001年
4) 経済企画庁経済研究所編『経済分析第133号働き過ぎと健康障害』1994年
5) 川人博『過労自殺』岩波書店，1998年
6) 暉峻淑子『豊かさの条件』岩波書店，2003年

Ⅴ章　現代の医療・福祉と健康

1　医療機関・医療サービスと健康
2　ドナーカードから移植医療を
　　考える
3　高齢者の健康
4　バリアフリーからユニバーサルへ
　　～みんながともに生活できる
　　　環境づくり～

1　医療機関・医療サービスと健康

Ⅰ　学ぶ意味

　国民皆保険が達成されている現在の日本社会では、比較的容易に医師にかかることができる。それだけに医療機関の選びかたや医師へのかかりかたについての基本的知識をもっていることは、市民的教養として最低限必要なことである。ことに、医師と患者の関係において、医師の説明責任（インフォームド・コンセント）や患者のセカンド・オピニオンを得る権利などが重んじられるようになっていることを認識することは、これからの社会では重要なことである。

Ⅱ　ねらい

　この学習では、自分が何らかの医療を受けようとするとき医療機関をどういう基準で選んでいるかを改めて振り返り、それを選ぶ基準にはどういうものがあるかを考えさせるとともに、かかりつけ医をつくることの必要性とそれを見つける基準について、自分なりの考えを整理させたい。
　さらに、インフォームド・コンセントやセカンド・オピニオンの意味内容を知ることによって、医師へのかかりかたの基礎的な教養がもてるようにさせることがねらいである。

◆授業の展開

[1] 医療機関の選びかた

> **指示1**　あなたが喉が痛くて熱も高く、とてもつらくて医者に診てもらいたい時、あなたはどこの医院（診療所）や病院にかかりますか。そして、そこを選ぶ理由もあげてください。

10人程度の生徒に具体的に答えさせ、その理由も尋ねる。答えを医院と病院に分類し、その理由も整理しながら板書していく。

> **質問1**　日本は世界のなかでも非常に医師にかかりやすい国だといわれています。これは日本のすぐれた特徴といえますが、その分、医療サービスは自分で選ばなければなりません。
> 　あなたが医院や病院（医療機関）を選ぶ場合、どのような基準で選びますか。あなたが重視する項目を以下の中から3つ選んでください。
>
> 　ア．何科があるか（専門性）
> 　イ．医療機器の充実度（医療機器）
> 　ウ．待ち時間の長さ（待ち時間）
> 　エ．医師や看護師は親切か（医療従事者）
> 　オ．医師の数や病院の大きさ（規模）
> 　カ．待合室や診察室の設備の快適さ（設備）
> 　キ．家から近い
> 　ク．その他

診療所と病院
　19人以下の病床数をもつ、あるいは入院施設をもたない医療施設を診療所（医院）といい、20人以上の病床数をもつ医療施設を病院という。

ア～クの人数分布を調べる。

V章　現代の医療・福祉と健康

説明1　患者と医療機関がそれぞれ考える選択基準についての調査結果は下表の通りでした。患者と医療機関がともにもっとも多くあげたのは「専門性」でした。ついで、「設備の快適さ」「待ち時間」「医療機器」などが多くあげられています。

医療機関の経営者層が考える、患者が外来時医療機関を決める要素と消費者（患者）の外来受診の際の選択基準（1人3つまで回答可）

	消費者数（％）	医療機関数（％）
専門科目	574（31）	970（21）
医療機関規模	34（ 2）	374（ 8）
医療機器	220（12）	640（14）
医師数	49（ 3）	146（ 3）
医師の愛想	149（ 8）	525（11）
受付・看護師の愛想	86（ 5）	494（10）
カルテ開示有無	75（ 4）	71（ 2）
レセプト開示有無	26（ 1）	25（ 1）
待ち時間	309（17）	615（13）
設備（快適さ）	335（18）	668（14）
その他	－	187（ 4）
合計	1857　－	4715　－

（名古屋大学医学部医療情報部調査より）

上の質問での人数分布と比較しながら説明する。

カルテ：診察記録簿
　医師が診察したときに患者の病歴を記録したカードのこと。（カルテとはドイツ語でカードのこと）

レセプト：診療報酬明細書
　医療機関が健康保険組合に請求する診療代の明細書。

[2] かかりつけ医

質問2　あなた、あるいはあなたの家庭には、家族がよくかかる「かかりつけ医」がいますか。

　ア．いる
　イ．いない

あらかじめ、かかりつけ医とはどういうものかを整理するのもよい。
　手をあげさせ、いる家庭といない家庭の人数分布を調べてみる。

指示2　「かかりつけ医」がいることの良さはどういうところにあると思いますか。良いと思う点をできるかぎりあげてみましょう。

上で「いる」と答えた生徒たちに、自分の感じている良さをあげさせたり考えさせたりする。
　生徒のあげた良さを整理しながら板書する。
　グループで10分ほど話し合わせ、グループの見解を発表させる。

指示3　上の良さを参考にしながら、「良いかかりつけ医」の条件をあげてみましょう。

説明2　信頼できる「かかりつけ医」を見つけるには、次のような点をクリアしているかどうかをチェックしてみると良いでしょう。
・患者の話を良く聞いてくれる。

- 夜間・休日でもいざというときには、診察してくれたり、相談にのってくれる。
- 病気のこと、治療のことについて、わかりやすく説明してくれる。
- 薬や注射をやたらに多く使用しない。
- 手に負えない病気と判断した場合、専門病院あるいは専門医を紹介し、手続きをとってくれる。
- 医師として十分な知識と技量を兼ね備えている。
- 地域で長い間、評判がよい。

[3] インフォームド・コンセント

> **質問3** あなたはこの3年以内に医者にかかったことがありますか。
> 医者にかかったことのある人は、その医者は診察中あるいは診察後に、あなたに何か説明しましたか。その説明の内容は次のどれにあたりますか。
> 〈予想〉
> 　ア．病気の状態や症状についての説明
> 　イ．病名について
> 　ウ．医者が行う治療の方法について
> 　エ．療養や生活のしかたについて
> 　オ．処方する薬がどんな目的で使う薬かの説明
> 　カ．その他

医者にかかったことのある生徒に手をあげさせ、経験者の数を調べた上で、ア～カの人数分布を調べる。

説明3 近年では、医師が患者に対して何らかの医療的処置を行う場合(あるいは行わない場合も含めて)、医師が患者に対して、その治療法の予想される効果や他に考えられる治療法などについて説明し、患者の同意を得た上で医療的処置をすることが重視されるようになっています。これをインフォームド・コンセント（よく説明を受けた上での同意）といい、現在ではこれが患者の権利として広く認められるようになってきています。したがって、医師からこのような説明がなされない場合は、患者の側から説明を求めることができます。

[4] セカンド・オピニオン

> **質問4** 患者の権利として、インフォームド・コンセントのほかにもう一つ「セカンド・オピニオン」を得ることも認められるようになっています。これは日本ではあまり定着していませんが、この「セカンド・オピニオン」とは何でしょうか。ちなみに、これを直訳すると「第二の意見」という意味になります。

何人かの生徒に予想させる。

説明4 セカンド・オピニオンとは、患者が自分の病気とその治療について、自分の主治医以外の医師からも意見を求めることができることをいいます。日本ではまだあまりなじみがありませんが、アメ

リカではこれが制度として確立しており、セカンド・オピニオンに対して診療報酬が認められています。この考えかたは、主治医に十分に信頼を寄せたうえで治療を受けることができるようにするための制度です。

> **指示 4** 実際にあなたが医師に診てもらったときに、このような説明を求めたり（インフォームド・コンセント）、セカンド・オピニオンを求めたりすると思いますか。

生徒にそれぞれ自分の考えを述べさせる。

> **指示 5** グループで、日本でインフォームド・コンセントやセカンド・オピニオンがあまり広がらない理由について話し合ってみましょう。

グループで話し合った結果を全体で交流する。

2　ドナーカードから移植医療を考える

Ⅰ　学ぶ意味

　医療技術の進歩はさまざまな病気の治療を可能にし、私たちに大きな恩恵をもたらしている。同時に、先端医療技術の適用、出生前診断や人工授精などの生殖技術、そして脳死状態での臓器移植など、高校生であっても、生命倫理や生死に関する「自己選択・決定」を求められる医療問題は数多く存在する。まず事実を知り、さまざまに異なる意見を交流するなかで、自分たちは何を、どう判断し、選択すればよいのか、考える機会をもつこと自体が必要なのである。

Ⅱ　ねらい

　ドナーカードに記入することから授業がスタートする。臓器移植のための臓器提供は15歳以上を対象としており、高校生にも求められている「社会現実」という舞台に誘うためである。もちろんすでに所持している者もいるが、大多数は聞いたことがある程度にすぎない。したがって授業の前半は、なぜ「脳死」という判定が必要なのか、臓器によっては「心停止」でも移植ができるのはどうしてかなど、ドナーカードに記入するために必要最小限の知識理解をはかる。
　後半部分では、もしカードを持たない人は全て提供意思があるとみなされたらどうするか、家族が脳死状態になったときと他人の場合では気持ちや判断にどのような違いが生じるだろうかなど、「自分がよければよい」という考えかたにゆさぶりをかける構成をとっている。自分にとって切実な問題と考えるには「一人称・二人称の問題」設定が必要である。また、「自己」は他者の存在によって成立し、自分だけで何か重大なことを決定するには、援助者の存在や他者とのつながりが必要という考えかた、「自己決定」の関係論的理解をはかりたい。最後に、この学習を基礎にもっと深く考えるための問題を提示し、現代のさまざまな医療問題を自発的な課題学習として取り組めるように構成している。

◆授業の展開

　下図は、臓器の提供意思を表示するカード（臓器提供意思表示カード：ドナーカード）への記入手順を説明したものです。よく読んでください。

意思表示カードへの記入方法

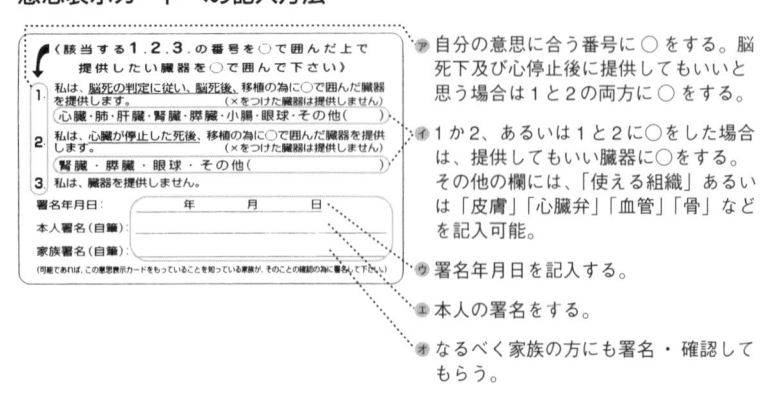

㋐　自分の意思に合う番号に○をする。脳死下及び心停止後に提供してもいいと思う場合は1と2の両方に○をする。

㋑　1か2、あるいは1と2に○をした場合は、提供してもいい臓器に○をする。その他の欄には、「使える組織」あるいは「皮膚」「心臓弁」「血管」「骨」などを記入可能。

㋒　署名年月日を記入する。

㋓　本人の署名をする。

㋔　なるべく家族の方にも署名・確認してもらう。

　この授業プランは2～3時間で行うものとして作成している。
　ドナーカードの実物を配布する方法はとらなかった。授業でのねらいは自ら考え、答えを見つけるための学習であり、カードを持つことを強制しないためである。

V章 現代の医療・福祉と健康

> **質問1** あなたが今、このカードへの記入を求められたら、1～4のどれになりますか？　1つだけ選んでください。
>
> 1　私は、脳死の判定に従い、脳死後、移植のために臓器を提供します。
> 2　私は、心臓が停止した死後、移植のために臓器を提供します。
> 3　私は、臓器を提供しません。
> 4　私は、現時点では「記入できません」。
> ➡　自分が選択した理由を、1行で書いてください。
> (　　　　　　　　　　　　　　　　　　　　　　　　　　　　)

「現時点では記入できません」という選択肢を設けた。記入できるだけの知識を持ち合わせていないこと、現時点で記入を強制するものではないことへの配慮である。

説明1　日本での一般的な死の基準は心臓死です。いわゆる3兆候（心拍動の停止、自発呼吸の消失、対光反射の消失・瞳孔散大）をもって、人の死としていました。

しかしドナーカードには臓器の提供を「1　脳死後」と「2　心臓が停止した死後」の2つに分けてあります。

日本では1997年に「臓器移植法（臓器の移植に関する法律）」が施行され、「脳死での臓器提供を前提とした場合に限り、脳死を人の死とする」ことになりました。移植のために臓器提供を行うときだけは、「脳死は人の死」となったわけです。

このカードに記入するには、「自分の死」として「心臓死」か「脳死」のいずれを選ぶか、そして臓器を提供する意思があるかどうかをはっきりさせることが必要になります。

> **質問2**　「脳死」とはどういう状態になることでしょうか？　植物状態との違いは何でしょうか？　脳死になると、脳はどうなっていくのでしょうか？　などについて、自分の知っていることをまわりの人と話してみましょう。
> (　　　　　　　　　　　　　　　　　　　　　　　　　　　　)

自由にお互いの知見を交流することで、授業の方法をわからせたい。5分程度の時間を与えたあと、[説明2]へ進む。

説明に「脳死判定」も含めるとよい。

法的に定められた脳死判定の検査項目
①深い昏睡：強い刺激を与えても反応しない
②瞳孔が固定し、一定以上開いていること
③刺激に対する脳幹の反射（咳、まばたき、目が動くなど）がないこと
④脳波が平坦であること
⑤自分の力で呼吸できないこと
⑥6時間以上経過した後に、上記5種類の2回目の検査を行う。

説明2　脳死とは脳全体の機能が失われ、二度と回復しない状態をいいます。脳機能を喪失しても人工呼吸器や昇圧剤によって一時的に呼吸を維持することが可能になりましたが、やがて心臓も停止してしまいます。しかし脳死から心停止に至る期間は100日を超える例もあり、脳死は「心停止に至るから人の死」と言うより、「いかなる手段でも脳機能は回復せず、やがて脳は軟らかく融けた状態になる」と考えた方がよいでしょう。

なお、植物状態の人は意識がない状態でも脳幹機能が残っているため自発呼吸や循環機能は残っています。回復する場合もありますから脳死とはまったく違います。

脳各部の働き

- 大脳 — 知覚、記憶、判断、運動の命令、感情などの高度な心の働き
- 脳幹 — 呼吸・循環機能の調節や意識の伝達など、生きていくために必要な働き
- 小脳 — 運動や姿勢の調節

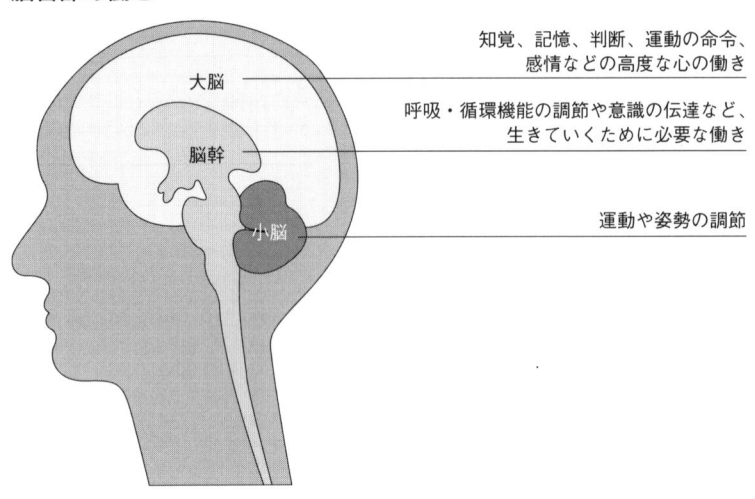

「脳死」と「植物状態」の違い

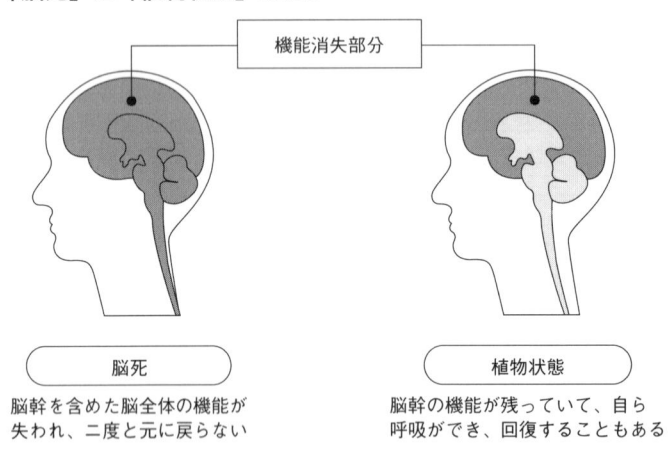

機能消失部分

脳死
脳幹を含めた脳全体の機能が失われ、二度と元に戻らない

植物状態
脳幹の機能が残っていて、自ら呼吸ができ、回復することもある

脳死判定は移植に無関係な2人以上の専門的知識と経験をもった医師により行われる。

> **質問3** 提供する意思表示をする場合は、臓器を選ぶことになります。カードをみると、腎臓・膵臓・眼球は、脳死後・心停止後のどちらでも提供できる臓器になっていますが、どうしてなのでしょうか？
>
> 理由を考え、まわりの人と相談して意見をまとめてください。

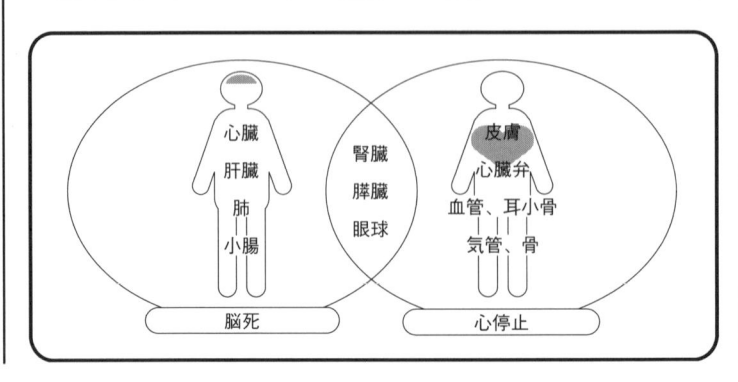

脳死: 心臓、肝臓、肺、小腸
両方: 腎臓、膵臓、眼球
心停止: 皮膚、心臓弁、血管、耳小骨、気管、骨

→ 私たちの考えは、（　　　　　　　　　　　　　　　　　）

説明3　心臓、肝臓、肺、小腸は、心臓が止まるとすぐに酸素不足のため傷害（温阻血傷害）がおき、移植に使えなくなります。一方、腎臓・膵臓・眼球は心停止後に提供されても移植が可能なのです。

移植医療は、できるだけ『新鮮な臓器』であることが手術の成功率に影響するために、心停止後ではなく脳死状態で臓器を取り出し、移植希望者（レシピエント）のもとへ一刻も早く搬送し、移植手術を行います。

これが「脳死を人の死とする」という法律を作った最大の理由です。

臓器ごとの阻血許容時間および最長搬送時間

臓　器	心臓	肝臓	肺	腎臓	膵臓	小腸
阻血許容時間	4時間	12時間	8時間	24時間	24時間	12時間
最長搬送時間	2〜3時間	10時間	6時間	22時間	22時間	10時間

（「臓器の搬送に関する協力依頼について」健医疾発13号，1999年）

血流を止めてから再開するまでの時間を阻血時間といい、阻血許容時間とは、臓器ごとに移植に用いることのできる状態を維持できる最長の阻血時間のことである。

最長搬送時間は、阻血許容時間から摘出・移植手術に必要な時間を除いた搬送に費やせる時間のことである。

質問4　ドナーカードには家族の署名欄があります。自分の署名とはどういう関係があるのでしょうか。正しい手順に○印をつけてください。

（　）カードに本人と家族の署名があれば、そのまま脳死後の臓器摘出作業を行うことができる。
（　）心臓停止後の腎臓と眼球（角膜）は、本人の意思表示がなくても家族の承諾だけで行うことができる。

説明4　脳死後でも心停止後でも、ドナーカードに書かれた本人の意思が基本となりますが、家族の承諾がなければ移植は行われません。移植コーディネーターが最終的に家族の意思を確認する作業を行った上で決定します。実際の場面では『家族の承諾』が大きな意味をもっています。

心臓停止後の腎臓・角膜の提供は、本人の意思表示がなくとも家族の承諾があれば提供できることになっています。

死体からの腎臓と角膜移植のための眼球摘出は、すでに1980年の「角膜及び腎臓の移植に関する法律」から実施されていた。そこでは「遺族の書面による承諾」が必要になっており、臓器移植法にそのまま引きつがれている。

意思と提供までの流れ

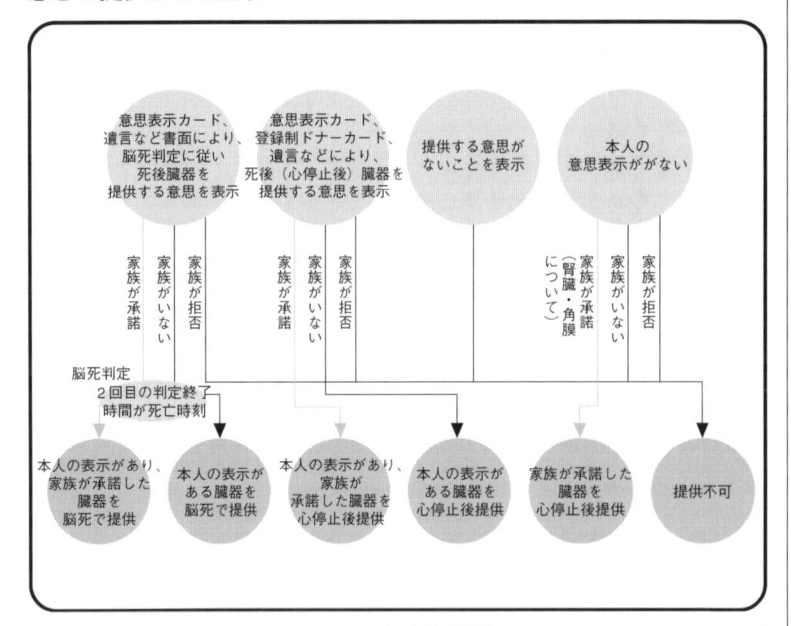

意思表示カード、遺言など書面により、脳死判定に従い死後臓器を提供する意思を表示
- 家族が承諾 → 本人の表示があり、家族が承諾した臓器を脳死で提供
- 家族がいない → 本人の表示がある臓器を脳死で提供
（脳死判定 2回目の判定終了時間が死亡時刻）

意思表示カード、登録制ドナーカード、遺言などにより、死後（心停止後）臓器を提供する意思を表示
- 家族が承諾 → 本人の表示があり、家族が承諾した臓器を心停止後提供
- 家族がいない → 本人の表示がある臓器を心停止後提供

提供する意思がないことを表示
- 家族が拒否

本人の意思表示がない
- 家族が承諾（腎臓・角膜について）→ 家族が承諾した臓器を心停止後提供
- 家族が拒否 → 提供不可
- 家族がいない → 提供不可

（日本臓器移植ネットワークホームページより）

左図に説明を加えながら、意思表示カードと臓器提供とのかかわりを理解させる。

質問５ 臓器提供者が増えてこない状況で、「脳死段階では提供しない」意思のある人だけカードを持つという案があります。持っていない人はすべて「提供の意思あり」とみなすということです。

これについて、あなたはどう思いますか。１つを選び、その理由を書いてください。

1 賛成
2 条件付の賛成
3 反対
4 条件付の反対

〈理由〉
(   )

［質問５］、［質問６］は時間の都合から、２つ同時に考えさせてもよい。

説明５ これは「沈黙の同意」、「推定同意」という方式で、スペイン・ベルギー・オーストリアなどで導入されており、日本でも導入が提案されたことがあります。

この方式は、すべての人間に臓器を提供する意思を持っているかいないかの二者択一を迫ることに問題はないか、拒否の意思を示したカードを忘れたり紛失した場合、あるいは考えが決まっていない人やまったく知らない人も「臓器提供する」枠に組み込まれてしまうなど、解決が必要な問題点がいろいろあります。

実際の授業では、高知新聞社会部「脳死移植」取材班『脳死移植 いまこそ考えるべきこと』（河出書房新社，2000年，206-207頁）をプリント資料として配布した。

質問６ 法律では、臓器提供ができるのは「15歳以上」という年齢制限が設けられています。なぜ、この年齢に決めたのでしょうか？ まわりの人と相談して、意見をまとめてください。

→ 私たちの考えは、(　　　　　　　　　　　　　　　　　)

説明6　臓器提供者の年齢については臓器移植法の運用指針で15歳以上と規定しています。これは民法で定める遺言可能年齢に準じた設定です。しかし、個人の責任ある意思決定ができるのは何歳からと決めるのはむずかしい問題です。一方で、移植希望者（レシピエント）には幼児や小学生も多く、体格に合った臓器の提供が必要なケースもあり、今後も論争になるであろう課題です。

いずれにしろ高校生になると臓器提供の対象者となります。自分の意思を明らかにしておくことが求められているのです。

質問7　自分が死にゆく場合と、親しい人の死を見送る場合とでは気持ちが違ってきます。もしも、あなたの親や兄弟姉妹などの親しい人が脳死状態になったとき、「臓器提供を承諾しますか、拒否しますか」を返答するまでどれくらいかかり、その間に、どのような気持ちや状態になるかの想像文を書いてください。

(　　　　　　　　　　　　　　　　　　　　　　　　　　　)

［質問7］では、想像文を周りに回覧したり発表させるなど、時間をとって扱ってほしい。

説明7　以下は、柳田邦男さんが自分の息子を看取った時の手記です。

　私は洋二郎を看取った11日間の経過を思い返した。洋二郎は家の近くの○○病院で心蘇生に成功し、若干の自発呼吸も回復したが、4日目にはすべてのデータが脳死状態に陥ったことを示し、5日目と6日目の2回にわたる正規の脳死判定で「脳死」とされた。8日目に、洋二郎が願っていた尊厳死の意思を尊重して、昇圧剤の点滴を打ち切り、最低限の輸液と人工呼吸器のみとしたが、その後も心臓はほとんど正常に鼓動を打ち続けた。11日目未明になって、心機能が急速に弱まり始め、その日の夕刻、心停止が訪れ、人工呼吸器がはずされた。

　この11日間の私自身のこころの動きはというと、最初の2日ぐらいは動転していて、助かるのか助からないのか、植物状態になるのか脳死まで進んでしまうのかといった推移にハラハラしどおしで、いま何をなすべきかといったことまでは考えがおよばない。脳の状態がいよいよ悪くなった3日目あたりから、洋二郎と脳死や尊厳死などについて話し合ったことや、洋二郎が骨髄バンクのドナー登録をしていたことなどを思い起こしたり、洋二郎の遺した日記をベットサイドで読んだ賢一郎や病床にあった妻と話し合ったりして、洋二郎の人生を完成させるには、どのようにしてやるのがよいかと、少しずつ前向きに考えられるようになった。

　そして5日目、第1回の脳死判定を終えた夜、洋二郎の死生観にそって、不必要な延命治療はやめるということ、洋二郎が書き遺していた〈自分はこの世に生まれて誰の役にも立たなかった〉という悔いを打ち消してやるために、死後腎提供を申し出ようということの二つを決心したのだった。

（柳田邦男「犠牲　サクリファイス　わが息子・脳死の11日」文藝春秋, 1995年）

「一人称（私）の死」では、自分はどのような死を望むかという、事前の意思決定が重要になる。
「二人称（あなた）の死」は、連れ合い、親子、兄弟姉妹、恋人の死である。人生と生活を分かち合った肉親（あるいは恋人）が死にゆくとき、どのように対応するかという、辛くきびしい試練に直面することになる。
「三人称（彼・彼女、ヒト一般）の死」は、第三者の立場から冷静に見ることのできる死である。

柳田さんはこの手記で、死というものには、「一人称の死」「二人称の死」「三人称の死」といものがあり、それぞれに全く異質であると言っています。実際の臓器移植では家族の承諾が重要視されており、「二人称の死」の立場で考えてみることが重要です。

[まとめ]

> **質問8** 今日の学習をふりかえりながら、もう一度、下のドナーカードに記入してみましょう。
>
> > 1　私は、脳死の判定に従い、脳死後、移植のために臓器を提供します。
> > 2　私は、心臓が停止した死後、移植のために臓器を提供します。
> > 3　私は、臓器を提供しません。
> > 4　私は、現時点では「記入できません」。
> > ➡ 自分が選択した理由を、1行で書いてください。
> > (　　　　　　　　　　　　　　　　　　　　　　　　　)
>
> この授業で考えたことは何ですか？　授業の始めと何か変わりましたか？
> (　　　　　　　　　　　　　　　　　　　　　　　　　　　　)

[研究課題] 移植医療の問題点〜もっと調べて、もっと考えて〜

(1) 移植医療には、脳死後であれ心停止後であれ、臓器提供者（ドナー）が不可欠です。日本では臓器移植法施行後の6年間で脳死での臓器提供は27例（2003年12月31日まで）にすぎません。移植希望者（レシピエント）の数に比べてドナーが不足する事態は、深刻です。こうした状況への理解と関心は深めていかなければなりませんが、なぜ日本では臓器提供者が増えないのか、死生観、宗教、民族などとの関係をもっと考えてみる必要があります。

(2) 移植医療においては、身体は単なる物質あるいは容器であり、そこに宿っていた人格のこん跡を死はいっさいとどめないものとみなします。「臓器移植法」の第11条にも「臓器売買等の禁止」事項が定められていますが、国際的な臓器売買やそのための誘拐殺人、死刑囚の臓器提供などの報道もあります。事実かどうか調べてみるのもよいでしょう。[出口顕「臓器は『商品』か」講談社，2001年]

(3) 臓器移植には高額な医療費がかかります。これから先、移植医療はどのようになっていくのでしょうか。拒絶反応、副作用

授業後の課題学習として発展させたい事項をあげている。授業のなかで扱えない場合はよく読んで考えるよう指示されたい。

医学的な事項については、日本移植学会の「臓器移植ファクトブック」を参考にするとよい。

また、(社)日本臓器移植ネットワークに連絡すれば、関連資料等を送ってもらえる。

など免疫抑制を考えると、臓器を移植するのではなく細胞を利用して皮膚、軟骨、血管、肝臓、心臓など、臓器や組織を育てる再生医療の研究にも注目したいものです。［立花隆『人体再生』中央公論新社，2000年］

また、脳低温療法によって脳死寸前の状態から生還した事実を知ると、医療技術が進歩すると、脳死状態は絶対に元に戻らないのかどうか、もっと詳しく知りたいという思いも強くなります。
［柳田邦男『脳治療革命の朝』文藝春秋，2000年］

(4) 臓器提供の意思を持つかどうかは誰も強制することはできないし、してはなりません。特に移植医療は一人の「死」から別の人の「生」をつむぐものであり、じっくりと考えたい問題です。

医療技術が高度化していく中で、生殖医療やクローン技術の応用など私たちの選択肢は増えています。しかし選ぶための知識や情報に欠けているのが現実ではないでしょうか。今、現代医療にどのような問題があるか。もっと調べてみる必要があります。

3　高齢者の健康

Ⅰ　学ぶ意味

　老化現象はすべての人に訪れる。しかし高校生が高齢期を迎えるのは50年ほど先で時間的距離があり、「高齢者の健康」というテーマを自分自身の問題としてはとらえにくいと思われる。しかし現実には身近にいる保護者（両親）の年齢からしてもかかわりのある問題である。また、高齢期の健康レベルは、若い時の心身の健康状態と密接なかかわりがあり、高校生の現在の健康や生活は遠い将来につながっていて、それが大きな個人差をもたらすことを学ぶ必要がある。

　高齢社会に対する暗いイメージの背景には、高齢社会は社会の活力を低下させ、大量の要介護者を出現させるといった誤解がある。人の能力には加齢によって衰えるものと、それほど衰えないものがある。実際は、高齢者全体に占める要介護者の出現率は5～6％とほぼ一定であり、高い能力をもった多くの高齢者が社会に貢献している。

　人々が健康な高齢期を過ごすためには、社会とつながりをもち、楽しみながら心身活動を行うことで老化を予防する必要があることを学んで欲しい。

Ⅱ　ねらい

1）高齢者体験を一部行うことで、実感をもって老化現象を学ばせる。
2）高齢社会における障害老人の出現率は全体の5～6％であり、約75％の高齢者は自立した生活や活発な社会的生活をしていることを認識させる。
3）骨折と痴呆症の原因、症状、予防法を知り、さらに高齢期の大きな健康課題も周囲の人々の支援があれば悪化を防止できることを認識させる。
4）人の能力には加齢とともに低下する流動性能力と、必ずしも衰えない結晶性能力がある。活発な心身活動を行うことが老化の予防になることを認識させる。

◆授業の展開

問題1　図のような75～80歳くらいの高齢者の身体の特徴を体験できるセットが開発され、教育に利用されています。

　この高齢者体験セットの各用具は、高齢者のどのような身体的な特徴を体験できるように考案されたと思いますか？
　（　　）の中に予想を書いてください。

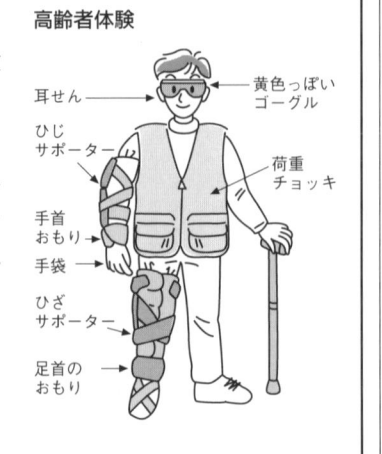

高齢者体験

- 耳せん
- 黄色っぽいゴーグル
- ひじサポーター
- 荷重チョッキ
- 手首おもり
- 手袋
- ひざサポーター
- 足首のおもり

「高齢者」
　65歳以上の人々に対する呼称であるが学問的根拠はない。日本の国勢調査では、1960年までは60歳以上を、また1965年からは65歳以上を「老年人口」とした。このように年齢区分は固定的なものではなく、変化する。

「高齢者」と「老人」
　「老」という字には本来、長老、老師など良い意味があるが、老廃物などといったあまり良くないイメージが定着してしまったため、厚生労働省は「高齢者」に変更した。

V章 現代の医療・福祉と健康　145

〈予想〉

〈用　具〉	〈高齢者の身体的特徴〉
1．耳せん	(　　　　　　　　　　　　)
2．ゴーグル 　（オレンジ色）	(　　　　　　　　　　　　)
3．サポーター・おもり 　（ひじ、膝、足首）	(　　　　　　　　　　　　)
4．荷重チョッキ 　（前ポケットにおもり）	(　　　　　　　　　　　　)
5．手袋	(　　　　　　　　　　　　)

実際に行うと時間がかかるので、予想させる。

説明1　高齢者のからだの特徴〜老化現象

　高齢者は老化現象により、視力、聴力、筋力、関節の柔軟性など全身の機能が低下します。また高齢者は1つだけでなく、さまざまな障害をあわせもつ場合が多いのです。

〈用　具〉	〈高齢者の身体的特徴〉
1．耳せん	(老年性難聴※1で高い音域が聞こえにくい)
2．ゴーグル 　（黄色がかった）	(老年性白内障※2で色の違いがわかりづらい、ぼやけ、視野の狭さ)
3．サポーター・おもり 　（ひじ、膝、足首）	(筋力の低下で肘や膝、足首の関節が動きにくく、ゆっくりした動きになる。つま先が上がらず、つまづきやすくなる)
4．荷重チョッキ 　（前ポケットにおもり）	(筋力が低下し、前かがみの姿勢になる)
5．手袋	(感覚の低下により、物をつかみにくく落としやすい)

※1　老年性難聴：老化現象で高い音域が聞こえにくくなる。中耳内の骨の硬化、内耳の磨耗などで高音が聴き取りにくい。40歳代から始まる。
※2　老年性白内障：加齢とともに、もとは透明な水晶体（目のレンズ）がにごる病気。60歳代では80％。目がかすむ。暗くなると見えにくいなどの症状が表れる。

老視（眼）
　老化のために水晶体が弾力を失ったり、毛様筋（水晶体を厚くしたり薄くしたりする筋肉）が衰えて、近くのものにピントが合いにくくなった状態。10歳では目から10cmでも見えるが、45歳では33cm、60歳では1mでピントが合うくらいに調節力が低下する。老眼鏡を使って調整する。

視力、視野の衰え
　足下や人の顔などが分かりにくく、歩くのが怖くなったり、文字が読みにくくなる。

聴力障害
　車の接近が分からなかったり、コミュニケーションがうまくいかなくなる。

筋力低下や関節部の柔軟性の衰え
　膝が曲げにくく、段差や階段が危険になる。

指示1　実際に高齢者体験をしてみましょう。使い捨て手袋の上にもう一枚厚手の手袋をし、さらに手のサポーターをします。封をしてある封筒を開けて、中の紙を取り出してください。また財布からお金を取り出してみてください。
(1)どんな感じがしますか？
(2)どんな場面で困ることがあると思いますか？

[指示1]の回答例
(1)いらいらしたり、手先の微妙な動きがとても不便なことがわかる。
(2)指先の器用さ（巧緻性）が衰え、物がつかみにくく、落としやすくなる。また、財布の中の小銭が取れなかったり、缶ジュースのふたが開けられなかったりする。

問題2　毎日の生活を送るためには、歩行、食事、トイレ、入浴、着替え、身だしなみ(洗顔など)、コミュニケーションなどの多くの人に共通の基本的動作が一人でできる（自立している）必要があります。これらの基本的動作は「日常生活動作（ADL）」と呼ばれ、日常生活自立度の判定基準とされています。

ADL
　Activities of Daily Living の略。

ところで、「日常生活動作（ADL）」が自立していないために常に介護が必要な状態の人（要介護者）は、65歳以上の高齢者の何％くらいいると思いますか？

〈予想〉
ア．5～6％　イ．15～20％　ウ．30～40％　エ．50～60％

（予想）の分布傾向：(41人中)
イとウを選ぶ者が多かった（それぞれ約30～40％）。

イラスト：木村友紀

説明2　高齢者の生活機能の段階

答えは「ア」です。下の図に示したように、要介護者は65歳以上人口の約5％であり、約95％の高齢者はこのレベルでは自立しています。

「日常生活動作（ADL）」では自立していても、外出、買い物、家計、薬の管理、料理などの何とか社会とのかかわりができる動作（手段的日常生活動作：IADL）の自立に問題のある高齢者（要支援者）まで含めると約25％になります。

しかし、全体の約75％の高齢者は健康で自立しています。また全体の約25％にあたる高齢者は、長い人生経験と英知を備えた高い能力をもっており、社会的な貢献ができる人々です。

「日常生活に介護を必要としない、心身ともに自立した活動的な状態で生存できる期間」を「健康寿命」と呼びます。「健康日本21」（21世紀の国民健康づくり運動）では、健康寿命の延伸を目標にしています。WHOによると日本の健康寿命は男性72.3年、女性77.7年（2002年）となっており、世界でも最高水準にあります。

IADL

Instrumental ADLの略。
総合的ADL尺度として、日本では障害老人の「日常生活自立度（寝たきり度）判定基準」と「老研式活動能力指標」が一般に使用されている。

1980年代になると、IADLを越える社会的活動（ジョギングやゴルフなどの身体活動、コンサートに行くなどの社会活動）も、生活を楽しむための日常生活活動と考えられるようになった。

平均余命

各年齢の人々が、平均してあと何年生きられるかを計算上予想したもの。平均寿命は0歳の平均余命のこと。

高齢者人口にあてはめた日常生活自立の割合

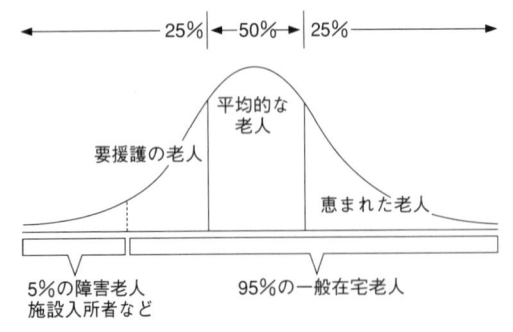

（柴田博『8割以上の老人は自立している！』ビジネス社，2002年）

生活機能の段階

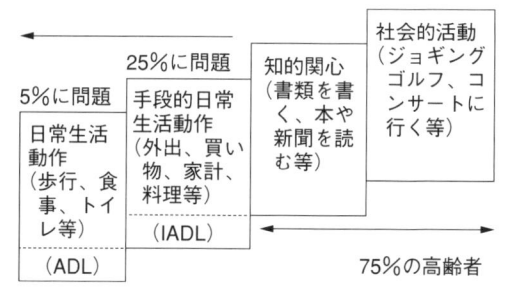

5%に問題　日常生活動作（歩行、食事、トイレ等）（ADL）

25%に問題　手段的日常生活動作（外出、買い物、家計、料理等）（IADL）

知的関心（書類を書く、本や新聞を読む等）

社会的活動（ジョギング、ゴルフ、コンサートに行く等）

75%の高齢者

（柴田博『中高年健康常識を疑う』講談社，2003年）

> **問題 3**　高齢者の介護が必要になったおもな原因は、全体で「脳卒中」がもっとも多く28％ですが、「高齢による衰弱」16％、「骨折・転倒」12％も多くなっています（2001年）。このうち、ある程度予防が可能な「骨折・転倒」について考えます。
>
> 　子どもの骨折は、手首、ひじ関節付近、鎖骨、指など上肢の骨折が多く、下肢では下腿骨(かたい)などに多くみられます。
>
> (1) さて高齢者の骨折は、どの部位に多いと思いますか？　予想して右図の中に、多いと思われる骨折部位を4か所、○で囲んでください（左右は1つとみなす）。
>
> (2) また高齢者はなぜ骨折しやすいのか、その理由を考えてみましょう。
>
> 〈理由〉

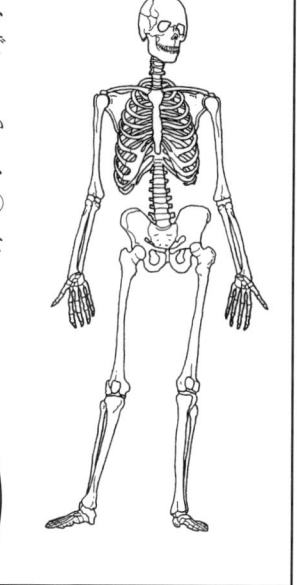

(1)〈予想〉の分布化傾向：手首、背骨・腰に○をつける者が多い。
(2)理由：感覚が低下し、反応が鈍って転びやすい、筋力も弱い、骨がもろい、体のクッションが弱い

> **説明 3**　高齢者の骨折の特徴

　高齢者は次の4か所の骨折が多くなっています。
1．上腕骨の肩の部分、2．手首、3．背骨・腰、4．大腿骨頸部です。

　高齢者の骨折しやすい理由には、
　①骨がもろくなる（骨粗しょう症）、②転倒、転落をしやすい（バランス感覚や白内障など視力の低下、下腿の筋力低下や足関節の柔軟性がなくなるため、すり足になる）などがあります。

　このため、若い頃なら何でもないような動作や軽い外傷（手をついて転んだ、しりもちをついた、重い物を持った等）で骨折したりします。特に女性は、閉経（月経がなくなること）を境に、ホルモンのバランスが変わり、骨の成分が少なくなるために骨折しやすいのです。

骨量の変化

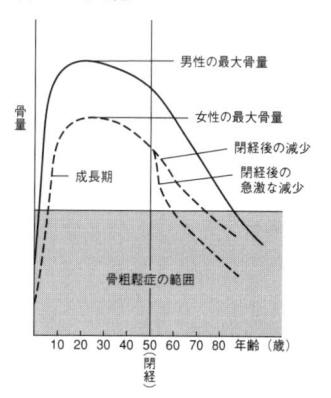

男性の最大骨量
女性の最大骨量
閉経後の減少
閉経後の急激な減少
成長期
骨粗鬆症の範囲
10 20 30 40 50 60 70 80 年齢（歳）
（閉経）

（骨粗鬆財団ホームページより）

骨の老化防止の三原則は、①食事（カルシウムの多い食品をとること）、②運動、③日光浴です。また骨量は20代で最大になります。10～20代のみなさんの年代は骨の形成される時期ですから、今の時期に最大骨量を増やしておくことが重要です。

問題 4 次の文章はある病気になったと診断されたオーストラリアの女性が自分の病気について人々に理解してもらおうと思って書いた本の一部です。この女性は一体どんな病気と診断されたのでしょうか？ ア～ウの病名から1つ選んで○をつけてください。そう思った理由も書いてください。

………………………………………………………………………

「私と三人の娘たちにおこった衝撃的な出来事で、私の人生は激変してしまった。輝かしい経歴をもつ多忙な上級行政官であり、独身の母でもあった私は、1995年のほんの数日の間に、余命わずかな、一人の年金生活者として生きることになったのだ。私は46歳で（　　　）の初期であると診断されました。病気がどのような速さで進行するか確かなことはわからないが、たぶん私は間もなく身の回りの世話に介助が必要となり、数年のうちには全介護が必要になるだろう。予想される生存年数は最初に症状がはっきりと現れてから6～8年であるらしい。しかし私の機能には奇跡的に改善がみられた―だから私は統計や医学的な予想については気にかけず、自分に与えられた人生を楽しむと思う！」

(1) 病名の予想
　ア．エイズ　　イ．がん　　ウ．痴呆症
(2) 理由
（　　　　　　　　　　　　　　　　　　　　）

説明 4 私は誰になっていくの？

答えは「ウ．痴呆症」です。本の著者はクリスティーン・ボーデンさん。クリスティーンさんは科学技術への功績に対して国家公務員勲章を授与されるほどの仕事ぶりでしたが、1995年に46歳でアルツハイマー病と診断され、翌年に退職しました。アルツハイマー病は痴呆症の1種で、多くは65歳以上の高齢者におこります。

痴呆症は、原因不明の脳の萎縮によって病的な記憶障害がおこり、思考や判断力が低下する病気で、自分の過去、家族や知人、数分前の事も忘れます。痴呆は単なる物忘れとは違い、自分が自分でなくなるという重度の脳の病気です。実は、[問題3]でとりあげた「要介護」状態になる理由の4番目はこの痴呆症なのです。痴呆の高齢者は2000年で約156万人いるといわれ、65歳以上人口の7.2％を占めると推計されています。

引用文献：クリスティーン・ボーデン『私は誰になっていくの？　アルツハイマー病者から見た世界』クリエイツかもがわ，2003年（原著：Who will I be die? 1998）
　痴呆症の患者本人が書いた本は世界でも数少なく、病気を理解する上で貴重である。

(1)〈予想〉の分布傾向：「ウ」がもっとも多い。
(2)理由：ア．「病気がどのような速さで進行するかわからない」から。
イ．がんは初期は治療可能であるし、痴呆症では死なないから。
ウ．「混乱したり」などの症状から。

　アルツハイマー病は初老期（50～60歳代）におこる痴呆症とされていたが、今では老年性痴呆と合わせて「アルツハイマー型痴呆」と分類されている。
　痴呆とは、「脳や身体の疾患を原因として、記憶・判断力などの障害がおこり、普通の社会生活が送れなくなった状態」のことであり、脳の変性によっておこる痴呆症（アルツハイマー型痴呆など）や脳血管性痴呆などがおもなものである。

なお、その後、クリスティーンさんは1997年頃から著しい症状の回復がみられ、1998年に前頭側頭型痴呆症と再診断されました。この病気は、研究の進歩により、新しく診断されるようになった痴呆症の1種です。クリスティーンさんは、2003年に痴呆症本人として初めて国際アルツハイマー病協会理事となり、いろいろな国を訪問して病気の理解のために講演をしています。再婚したご主人が常に同行し、支えられながら病気をきちんと管理して（薬の服用など）生活しています。このことは病気になっても、医師や家族、周囲の人々の協力や心づかいによって、痴呆症は必ずしもそれほど進行しない事があるということを示しています。

> **問題5** 人の能力には、大きく分けて①自転車の運転等の動作性の能力や、単純な記憶、新しいことへの適応、柔軟性等の能力である「流動性能力」と、②概念を操作したり、価値判断したりする能力、いったん記憶されたものを活用する能力である「結晶性能力」の2つがあります。
>
> 　2つの能力の変化について、図にもっとも高い時期を示しました。それぞれの能力はその後年齢とともにどのように変化すると思いますか？
>
> 　予想して、書き入れて下さい。（流動性能力は実線―、結晶性能力は破線…です）。
>
> 　また、どうしてそう思いましたか？
>
> 〈理由〉
>
> (　　　　　　　　　　　　)

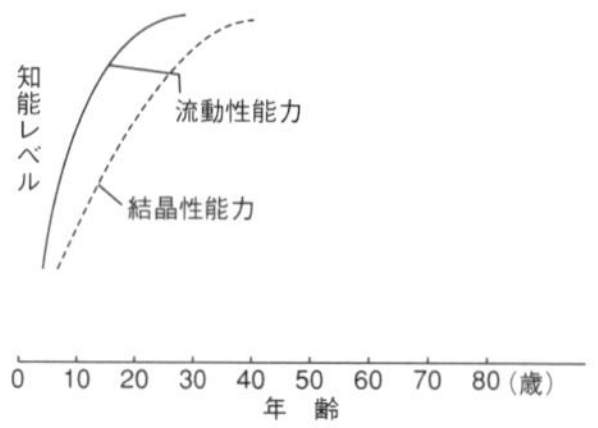

(1)（予想）の傾向：4つの型にわかれ、①がもっとも多かった。

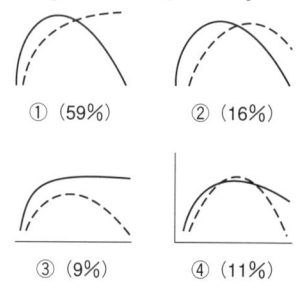

① （59%）　② （16%）

③ （9%）　④ （11%）

(2)理由：①②記憶力は高齢だと落ちるが、判断力は変わらない。
　③④流動性能力（自転車運転など）は忘れないから。

> **説明5** 能力の生涯変化〜流動性能力と結晶性能力〜

2つの能力は次の図のように変化すると考えられています。

人間の能力のうち、①の自転車の運転、単純な記憶などの流動性能力は加齢によって低下しやすいのですが、②のいったん記憶されたものを活用する能力である結晶性能力は、一部の老人痴呆などで低下する人を除いて年をとっても低下せず、死の直前になってはじめて衰えるといわれています。

しかし、奥深くまで極められた流動性能力は加齢によって成長する場合もあることがわかってきました。たとえば、音楽の指揮、陶芸、舞踏、子育て、調理等の社会のあらゆる分野の活動です。また、2つの能力とも、加齢とともに個人差が大きくなっています。

2つの老化モデルを示した図をみて下さい。かつては、人間の能力は加齢にともなって坂を転がるように低下していくと考えられていました。従来のモデルでは、長生きするほど能力の衰えた期間が長くなり、社会全体の活力がなくなっていくことになります。新しい考えか

たでは、長生きによって基本的には能力のある期間が延長することになります。あなたはどう思いますか？

能力の生涯変化

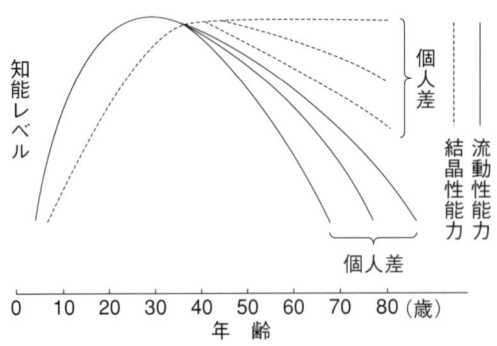

（柄澤昭秀「高齢者の精神機能」朝長正徳・佐藤昭夫編『脳・神経系のエイジング』朝倉書店，1989年）

2つの老化モデル

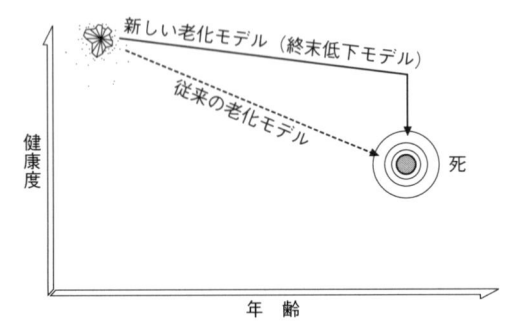

（柴田博『元気に長生き元気に死のう』保健同人社，1994年）

> **指示2** 高齢者が心身の老化を予防するにはどのような方法があると思いますか？ 具体的な活動を思いつくだけ書いてください。

老化の予防法
　グループでも話し合えるし、結構さまざまな意見が出る。

〈解答例〉
　ゲームをする、散歩をする、など。

説明6 老化の予防法
　心身ともに健康を保ち、常にからだと脳を活発に使う生活をすることが老化防止になります。成人の脳は、若い脳に比べてつながりが密に行きわたっています。
　脳を活発に働かせてつなぎ目を密にしておくには、新しいことにチャレンジしたり、道具を使った活動をすることです。たとえば、絵画や料理を考えてつくる、将棋、囲碁、語学、パソコンを始める、など。そして、このようなさまざまな趣味や社会的活動などを通した会話（おしゃべり）は脳に良い「刺激」となります。
　また、身体の諸機能（筋力、持久力など）は、特に運動をしない人

健康な高齢者の例（敬称略）
三浦敬三（プロスキーヤー、冒険家、プロスキーヤー三浦雄一郎の父、1904年生）：2004年現在100歳で現役スキーインストラクター。白寿（99）の記念に6度目の冒険スキー、モンブラン山系最長のフランス・バレーブランシュ氷河24km滑降にチャレンジし、息子・孫の三世代で成功させた。

は20歳頃をピークに、その後年に1％程度の割合で低下していきます。40歳では20歳の80％、70歳では50％の体力です。若い時から習慣的に運動をしている人は高齢になっても高い水準の身体能力を保っています。早ければ早いほどいいのですが、どの年齢から運動を始めても身体能力は高まります。

そして、健康的な生活習慣は老化の予防そのものです。

心身の能力は使わなければ衰えます(廃用性症候群)。自分にあった活動をみつけて、楽しみながら続けましょう。

指示3　「高齢でも元気に活躍している人」の名前をあげてください。あなたの家やご近所、テレビや新聞などで知った高齢者（タレント、スポーツマン、医師等で元気に活躍している人）のどなたでもかまいません。また、どんな点をすばらしいと思ったかも書いてください。

1．お名前または職業、○○をしている人、等。
（　　　　　　　　　　　　　　　　　　　）
（　　　　　　　　　　　　　　　　　　　）

2．すばらしいと思ったところ
（　　　　　　　　　　　　　　　　　　　　　　　　　　　　）

三浦雄一郎（1932年生）：1962年アメリカ世界プロスキー協会(IPSRA)の会員となり、アメリカ・プロスキーレースで活躍。2003年5月、世界最高峰エベレストに世界最年長での登頂に成功。

日野原重明（医師、1911年生）：専門は内科学。聖路加国際病院理事長、名誉院長。2000年9月に結成した「新老人の会」の会長を務める。「新老人」とは75歳以上で心身ともに健康でまだまだ十分に社会貢献できる人たちのこと。

森光子（女優、1920年生）：1961年の初演以来「放浪記」を43年間で1700回公演。

黒柳徹子（女優、放送タレント、ユニセフ親善大使、1933年生）：1981年、著書「窓ぎわのトットちゃん」がミリオンセラーに。長寿TV番組「徹子の部屋」の司会者他。

その他政治家など。

4　バリアフリーからユニバーサルへ
～みんながともに生活できる環境づくり～

I　学ぶ意味

　今日では、バリアフリーの工夫は日常の生活環境の中でかなり広がってきている。しかしながら、私たち大人も含め、生徒たちはその工夫や配慮に気づかないままに過ごしていることが多い。生徒たちにこうした身の回りのバリアフリーのための工夫や配慮に気づかせることによって、障害者や高齢者にとって何がバリアになり、それがどのような工夫でクリアされるかに気づかせ、バリアフリーの考え方と工夫の大事さを認識させることは重要なことである。

　さらに、バリアフリーよりも進んだ考えかたにユニバーサルという考えかたがあり、これによってハンディキャップのある人に特別な配慮をするというよりも、ハンディキャップのある人もない人も同じように使えてバリアにならない工夫のしかたがあることに気づかせたい。また、身の回りにあるバリアフリーやユニバーサルの工夫に気づかせることによって、そういう視点からさらに改善すべき点を身の回りの生活環境から見つけ出すような眼を育てることも重要である。

II　ねらい

　この学習では、まずは身の回りのバリアフリーの工夫に気づかせるところから入り、バリアフリーの視点ができたところで、その眼で日常の生活環境をチェックしてみるという学習活動を通し、多様なバリアフリーの工夫の存在を知ると同時に、まだまだ改善の余地があることに気づかせる。さらに、ユニバーサルの考え方に触れるとともに、ハンディキャップの疑似体験を通してハンディキャップをもつ人の立場からバリアフリーやユニバーサルの工夫の大事さを実感して、さらに研ぎすまされた視点で回りの社会の現実を見極める眼を育てたい。

◆授業の展開

[1] バリアフリー

指示1　「バリアフリー」という言葉を聞いたことがありますね。「バリア」とは「障壁」という意味で、「バリアフリー」とは「障壁から自由である」という意味になります。これは障害をもった人が生活するうえで困らないように工夫されている状態をいいます。私たちの身の回りには、バリアフリーになるような工夫のされているものがいろいろあります。 　たとえば、テレホンカードやバスカード、あるいは地下鉄のカードなどにはどんな工夫がなされているか、調べてみましょう。	いろいろなカードを用意しておく。 カードを拡大した写真で、切り込みの違いが分かるようにする。
指示2　お金もバリアフリーの工夫がされています。違いがわかるようにどんな工夫がされているか調べてみましょう。	コインは、形、大きさ、周辺のギザギザの有無などで区別できる。紙幣は、下隅に触るとわかるように盛り上がって印刷されたマークの形で区別できる。
説明1　カード類は、その種類によって、切り込みの形が異なったり、金額によってその数が違っています。それによって区別できま	

す。また、コインは穴があいているかどうかや、大きさ、周辺のギザギザなどで区別できます。紙幣は表面の左下と右下に、指で触って区別できるマークが印刷されています。

私たちの回りには、このように工夫されたものがまだまだあります。電話機は数字の5のところに小さな突起がついています。ヘッドフォンは左右が区別できるようになっています。FAXは、耳が不自由な人にとっては便利な道具です。

エレベータやエスカレータは、足が不自由な人などにとって便利なだけでなく、高齢者や子ども連れの人、大きな荷物を持った人など、多くの人にとってなくてはならないものです。

指示3 もしもこの学校で、生徒が骨折して車椅子を使うことになったとしたら、どこが問題かをチェックしてみましょう。

説明2 国連は、1975年「障害者の権利宣言」を出し、その後、障害者の「完全参加と平等」の実現をめざし、1981年を「国際障害者年」としてその実現を進めるよう各国政府に働きかけ、1983-1992年の10年間を「国際障害者の10年」としました。アジア地域では、その後さらに1993-2002年を「アジア太平洋障害者の10年」として取り組んできました。そのような流れの中で日本では、「高齢者、障害者等が円滑に利用できる建築の促進に関する法律（通称ハートビル法）」「高齢者、障害者等の公共交通機関を利用した移動の円滑化の促進に関する法律（通称交通バリアフリー法）」が制定されました。

公共施設では、建物の廊下の幅、階段等について誰でも利用しやすくするための基準を設け、エレベータやエスカレータなどの設置、障害者でも利用しやすいトイレ、点字標識の設置が義務づけられました。また交通機関でも、誰でも利用しやすい駅や乗り物へと改善されつつあります。これは障害者にとっても、いろいろな人にとっても使いやすい施設や交通機関が実現されるということです。また盲導犬や聴導犬、介助犬なども一緒に交通機関を利用できたり、いろいろな施設を利用できるようになりました。

指示4 町の中で、いろいろなハンディキャップを持った人のために、さまざまな工夫がされています。道路や駅、商店やスーパーマーケットで探してみましょう。

〈たとえば〉
○交通機関でのバリアフリー
　券売機、通路や階段、車両のてすりの点字、エレベータ・エスカレータ、盲人用信号機など。
○公共施設の設備
　エレベータ・エスカレータ、障害者用車両優先の駐車場、障害者や赤ちゃん連れの人のためのトイレなど。

紙幣の工夫

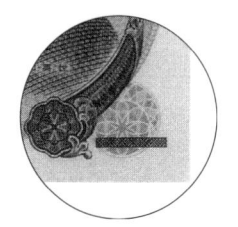

千円

一万円

紙幣は、盛り上がって印刷される特殊インクで券種ごとに異なるマークが印刷されている。

交通バリアフリー法

ハートビル法

○身体障害者の補助犬
　公共機関や公共交通機関、デパート・レストランなどに補助犬を同伴することを認める。

身体障害者補助犬法

[2] ユニバーサル

　問題1　これにはバリアフリーのある工夫がされています。どこがどう工夫されているのでしょうか。

（シャンプーとリンスの容器を示す。）

　説明3　シャンプーの容器の側面には、凸凹がついています。それに対してリンスはありません。シャンプーとリンスはほぼ同じ形の容器です。この凸凹をつけることで、触っただけでシャンプーかリンスかが区別できるという工夫です。

日本製品にはすべてつけられている。最初、花王製品につけられ、その後、バリアフリー商品として統一基準になった。

　質問1　この凸凹があると便利な人は誰でしょうか。

　説明4　これは目が不自由な人にとても便利な工夫です。それだけではありません。目が見える人でもシャンプーを使うときは、どうしても目をつぶってしまいがちです。そんな時、触るだけで区別できるので誰にでも便利なのです。このように、バリアフリーの工夫は単に特定の人だけに便利というだけでなく、多くの人にとっても有益です。だから、ユニバーサルといういい方がされるようになりました。
　では、リンス・イン・シャンプーの容器はどうなっていると思いますか。これは宿題です。

ユニバーサルへと変わっていく背景には、ハンディキャップのある特定の人にとって便利というだけではなく、他の一般の人にとっても便利なもの、誰にとっても使い勝手がよいものを実現するという考えかたがとられるようになってきたことがある。

リンスインシャンプーにもギザギザがついている。

　指示5　この眼鏡をかけて周りを見てみましょう。どこが違っているでしょうか。

（白内障をシミュレーションできる眼鏡を数人の生徒に試させる。）

白内障をシミュレーションできる眼鏡を用意する。これはバリアフリー体験キットとして市販されている。

　指示6　絵の中に書かれた図は何個ありますか。

（指示5で使用した眼鏡をかけ、コントラストが弱い色調の絵を見させる。）

　説明5　加齢現象でよくおこるのが白内障です。白内障になるとものの見え方がぼやけ、また色の違いが区別しにくくなります。私たちがなにげなく行っている色による識別も、色の組み合わせによっては区別できないこともあるのです。
　たとえば階段の段差を明確にするために、公共施設の階段では、階段の縁に取り付けられた滑り止めのゴムの色がはっきり見える組み合わせになっています。段差を明確にするためです。これは高齢者だけでなく、誰にとっても安全に階段を上り下りするために便利なのです。そういう意味では、この工夫もユニバーサルということができます。

同系色などコントラストが弱い色調だと、描かれた図が消えてしまうような図をいくつか用意する（コンピュータのペイントなどで作成できる）。

V章　現代の医療・福祉と健康

問題2　下図は65歳未満と65歳以上の人たちのけがの発生場所を示したグラフです。A、Bにはそれぞれ「交通事故」「家庭内事故」が入ります。A、Bはそれぞれどちらでしょうか。

家庭内事故と交通事故の比較（2002年）

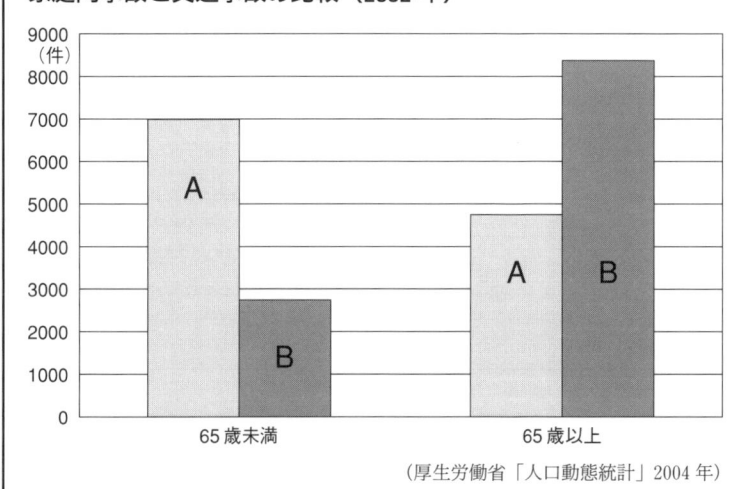

（厚生労働省「人口動態統計」2004年）

説明6　Aが交通事故、Bが家庭内事故です。65歳以上になると外へ出る機会は減るので、交通事故は65歳未満に比べて多くはありません。一方、65歳以上では、その多くが家庭内の事故でけがをしていることがわかります。聴覚の低下、敏捷性の低下、判断力の低下など運動機能全般が低下するために、家の中でも思わぬ事故に遭遇するのです。家庭内のわずかな段差、たとえば畳と布団の厚みの段差につまづき転倒する、廊下にあったものにつまづいて転ぶなどです。

家の中も、身体機能が低下した高齢者にとっては危険がいっぱいです。そして高齢者の場合、転倒すると大きなけがになりやすいのも特

家庭内転倒死亡事故内訳（2002年）

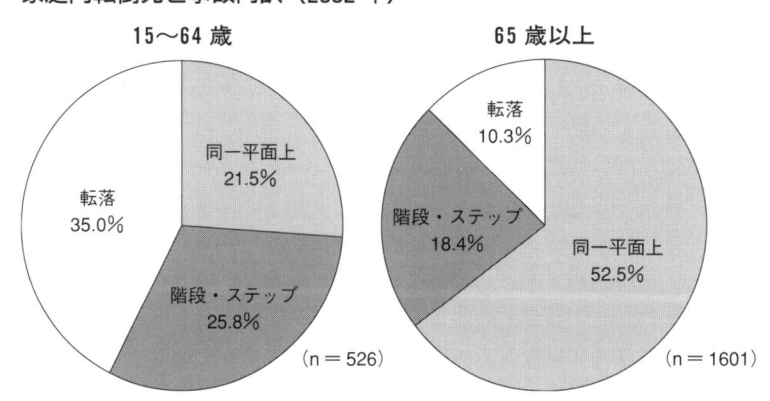

15～64歳
- 転落 35.0%
- 同一平面上 21.5%
- 階段・ステップ 25.8%
- (n＝526)

65歳以上
- 転落 10.3%
- 階段・ステップ 18.4%
- 同一平面上 52.5%
- (n＝1601)

（厚生労働省「人口動態統計」2004年）

同一平面上…スリップ、つまづき及びよろめきによる同一平面上での転倒
階段・ステップ…階段及びステップからの転倒及びその上での転倒
転落…建物又は建造物からの転落

家庭内転倒時のけがの部位

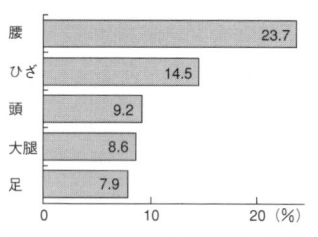

- 腰 23.7
- ひざ 14.5
- 頭 9.2
- 大腿 8.6
- 足 7.9

（健康保険組合連合会「高齢者の転倒事故防止に関する調査」1993年より）

徴です。そのけがの60％以上が下半身です。下半身のけがは、高齢者の寝たきりにつながりやすいという特徴があります。

　人生を充実したものにするためにも、いつまでも自立して生活していけることが大切です。それは家族にとっても大切なことです。そのためには、家庭内のバリアフリーも重要です。廊下に物を置かない、階段や廊下・トイレ・浴室など高齢者の転倒を未然に防止するための工夫や改善が必要です。

> **指示7**　あなたの家を高齢者の立場でバリアチェックをしてみましょう。

> **指示8**　ハンディキャップのある人と一緒に、街に買い物や食事、美術館や映画館に出かける計画を立ててみましょう。それが楽しめるかどうかを実際に調べてみましょう。

　自治体によっては家庭内のバリアフリー化のために、手すりや取っ手、階段の勾配などを改修するための費用の助成をしている。

　［指示7］、［指示8］は宿題にする。

　インターネットで交通機関や公共施設・デパートなどのバリアフリー情報や、盲導犬などの出入りを認める情報などを調べさせるのもよい。

VI章　国際交流の進展と健康

1　食料問題
2　地球温暖化問題
3　感染症問題

1 食料問題

Ⅰ 学ぶ意味
　飽食の日本にあって「食べ物こそが人の生命を支え、健康な生活を送るのに不可欠なもの」という基本的な考えを、高校生はどれほどのリアリティをもって受け止めることができるのだろうか。
　飽食の側に身を置く生徒が、飽食と飢餓が同時に存在する地球に生きているという現実を知らせ、生命と健康に不可欠な食料の需要（消費）と供給（生産）の問題を考えさせ、輸入食品の安全性に関する問題状況から、「地球人として共生する」という観点の重要性に気づくことは大切である。

Ⅱ ねらい
　ここでは日々習慣として繰り返されている「食べる」ことから離れ、マクロな視点から食料問題をとり上げる。
　1つは世界の食料（穀物）生産と配分、そしてわが国の現状である。日本の日常からは見えてこない飢餓問題と、飽食でありながら食料自給率が極端に低く、海外からの輸入に頼らざるを得ない、しかも食料を粗末にしている現状について学ばせたい。2つには輸入食品の安全性について、先進国でおこった農薬問題から導き出された規制策が世界中で共有される必要性を考えさせたい。

◆授業の展開

> **問題1**　1970年の日本の総人口は、約1億300万人でした。当時の穀物消費量は2,799万t、国内生産量は1,270万tであり、あとは輸入していました。約30年後の2001年には、人口約1億2,729万人となり、2,400万人以上も増えました。では、穀物消費量と、国内生産量は、それぞれどうなったでしょうか。
>
> 〈予想〉
> 　ア．消費量も生産量も増えた。
> 　イ．消費量は増え、生産量は減った。
> 　ウ．消費量は減り、生産量は増えた。
> 　エ．消費量も生産量も減った。

	1970年	2001年
人口	1億300万人	1億2,729万人
消費量	2,799万t	3,655万t
生産量	1,270万t	999万t
自給率	45.4％	27.3％

（農林水産省「食料需給表」）

　説明1　答えは「イ」です。人口が増えて、消費量は3,655万tに増加しましたが、逆に国内生産量は減って、999万tになったのでした。ということは、その分、輸入が増えたということですね。
　一般に、消費量に対する国内の生産量の割合を「自給率」といいます。穀物でいえば、1970年の自給率は45.4％、2001年のそれは27.3％であり、激減ということになります。
　穀物に限らず日本の食料全体の自給率の推移を見ると、1965年の73％から1975年には54％と、大きく低下しました。その後はほぼ横ばいで推移していたのですが、1985年以降再び低下し始め、1998年には40％になりました。

普通「食料自給率」といった場合は「供給熱量自給率」のことを指す。私たちが食べているあらゆる食物で、どれだけのエネルギー（熱量）がとれるのかをものさしにして、自給できている割合を計算したものである。

これを諸外国と比べてみると、先進諸国中では最低水準となっており、世界175の国・地域の中では128番目（2000年の試算）だったのです。

日本の食料自給率の推移

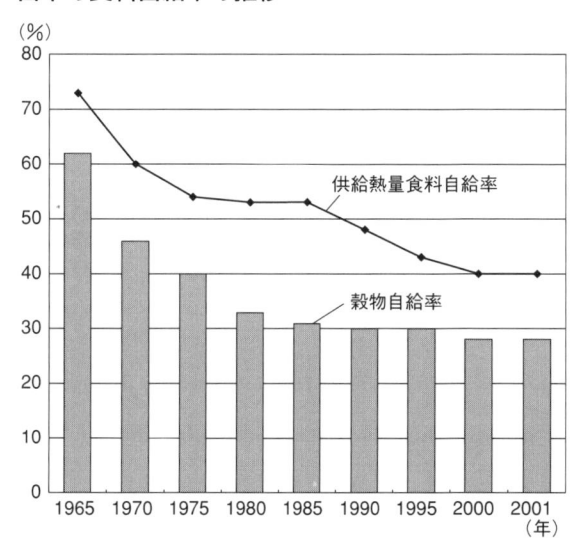

（農林水産省「食料需給表」）

食料自給率の国際比較（2001年）

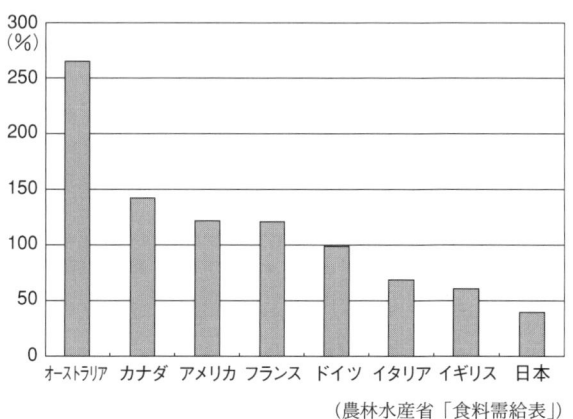

（農林水産省「食料需給表」）

これほどまでに食料自給率が低下しているにもかかわらず、わが国で飢えで苦しんでいるという話は聞きません。実は、世界人口の2.3％でしかない日本が、食料においては、世界全体の貿易量の約10％を占めているのです。いかにわが国が食料輸入大国かがわかりますね。

>[問題2] わが国の台所から出るごみの多くは「調理くず」ですが、ごみの中には、「食べ残し」や「食品外」のものもある程度含まれています。では一体、「食べ残し」は台所のごみの何％ぐらいを占めていると思いますか。

〈予想〉
　ア．10％　　イ．20％　　ウ．30％　　エ．それ以上

説明2　1992年のデータによれば、「調理くず」は52.9％、「食べ残し」は37.5％、「食品外」が9.6％でした。正解は「エ」ということになります。
　つまり日本では、相当たくさんの食料を輸入に頼っていながら、日常食べ残して捨ててしまう食料も非常に多いということです。

台所から出るごみの内訳

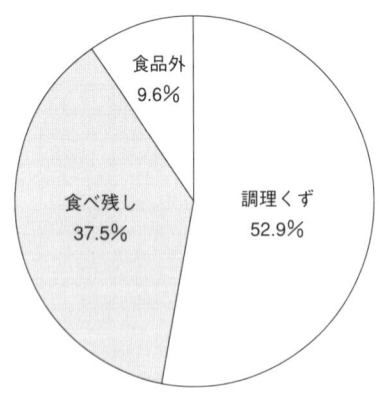

食品外　9.6％
食べ残し　37.5％
調理くず　52.9％

（京都大学環境保全センター調べ，1992年）

　スーパーやコンビニエンスストアから出る分も含めると、日本全体では1年間に約700万tもの残飯が排出されているそうです。これは、世界の食糧援助総量の70％に相当します。これだけの食料があれば、何万人もの人々を飢えから救うことができるのです。

> 国民一人あたりに換算すると、1年間で約60kgの残飯に相当する。

質問1　現在、世界の人口は約60億人といわれています。また穀物（米、小麦、豆類など）の生産量は、1996年以降、年間約18億tで推移しています。
　この量で、世界全体では十分足りているのでしょうか。
〈予想〉
　ア．十分足りている。
　イ．やや不足している。
　ウ．非常に不足している。

説明3　ひとつのめやすですが、年間一人あたり250kg以下だと飢えが発生しやすくなり、それが300kgであれば主食で満腹になる量だといわれています。18億tを60億人で割れば、一人あたり300kgになります。したがって計算上は、世界中すべての人が満腹になれる、十分に足りる量だ、ということになります。

> 400kgを超えると飽食のレベルといわれる。

指示1　それにもかかわらず、世界の各地で飢えに苦しむ人々がたくさんいます。これはおそらく、平等に食料が行きわたって

いない結果といえるでしょう。
　実際に、穀物は世界の人々にどのように行きわたっているのか、次のゲームをしながら予想してみて下さい。

シェアリング（分配）ゲーム

<準備>　穀物袋の絵などを書いたカードを18枚用意する。下表を板書するか、掲示用として用意する。予想の欄は指名する予定の人数分用意する。なお、最後の2欄（網掛け部分）は「説明」の時に書くか、見えないように張り紙をしておく。4つの地域名を書いたカードと電卓も用意する。

地　域	先進工業国	アジア	アフリカ	ラテンアメリカ
人口比率	3（12億人）	7（28億人）	3（12億人）	2（8億人）
予想 A				
予想 B				
予想 C				
実　際	9.6億 t	6億 t	1.2億 t	1.2億 t
1人あたり	800 kg	約 214 kg	100 kg	150 kg

指示2　次のような想定でゲームをします。
　世界の全人口約60億人を15人とし、先進工業国、アジア（除く日本）、アフリカ、ラテンアメリカの人口比3：7：3：2に応じて分かれ、グループになってもらいます。各グループ代表に地域名を書いたカードを持ってもらいます。
　ここに18枚のカードがあります。世界の穀物生産量の18億 t に相当します。1枚を1億 t とし、それぞれの地域（各グループ）のおおよその量を予想してカードを配って下さい。

説明4　世界の飢餓
　それぞれの地区の実際の穀物の量は表のとおりです。満腹になるレベルは1人1年間300 kgでしたから、アジア、アフリカ、ラテンアメリカはかなり不足していることがわかります。
　実際、世界人口60億人のうちおよそ8億3000万人が栄養不足の状況にあります。そのうち7億9100万人はアジア、アフリカ、ラテンアメリカなどの開発途上国に暮らしています。つまり、世界の7人に1人、開発途上国では5人に1人が、飢餓状態にあるということになります。そして、栄養不足の人々がもっとも多く住んでいるのがアジア太平洋地域です。
　また世界には、国内総人口の35％以上を栄養不足の人々が占める国が27か国ありますが、そのうち21か国がアフリカに集中していて、アフリカの国々は総人口に対する栄養不足の人口の割合が高くなって

　15人の生徒に前に出てきてもらい、4地域の人口比に応じたグループになり、地域名を書いた紙をもって立っていてもらう。

　数人の生徒を指名しカードを配ってもらう。

　他の生徒に配った穀物の量と人口から、1人あたりの1年間の穀物量（kg）を計算して知らせてもらう。配り終えたら予想した理由を述べてもらう。

います（国連食糧計画データ）。

　世界を見わたすと食料が足りず飢えに苦しんでいる人々がいる反面、わが国のように世界中から大量の食料を輸入し、しかも大量の残飯を出している国もあります。

> **指示3**　このように、平等に食料が行きわたっていない状況をどのように考えるか、それぞれの意見を出し合い、考えを交流しましょう。

3〜4人で1グループとし交流させる。

> **質問2**　現在日本人が食品についてもっとも関心があることはどんなことだと思いますか。以下の項目で一番関心が高いと思われるものを予想して下さい。
> また予想した理由を出しあい交流して下さい。
> 〈予想〉
> 　ア．食料不足の可能性
> 　イ．栄養価
> 　ウ．価格
> 　エ．食品の安全性
> 　オ．品質、味や見栄え

3〜4人で1グループとし交流させる。

> **説明5**　食品についてもっとも関心のあることを「食料不足の可能性」「栄養価」「価格」「食品の安全性」「品質、味や見栄え」の中から1つあげてもらう調査では、下図のとおり2位以下をはるかに引き離し、7割の人が「食品の安全性」をあげました。

食品についてもっとも関心のあること

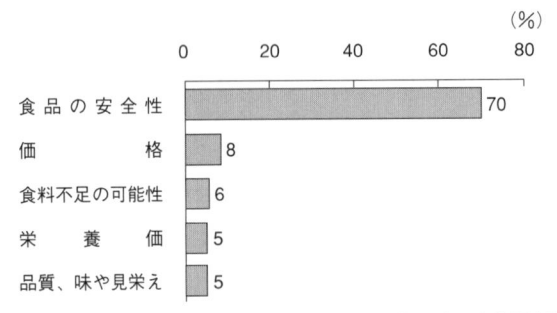

項目	（％）
食品の安全性	70
価格	8
食料不足の可能性	6
栄養価	5
品質、味や見栄え	5

（「食品の安全性と信頼に関する主婦調査」中央調査社，2002年）

　さらに「食品の安全性」に不安を感じる点として、もっとも多かったのは「（残留）農薬に関すること」で、約9割という結果でした。

> 「自然は、沈黙した。薄気味悪い。鳥たちは、どこへ行ってしまったのか。みんな不思議に思い、不吉な予感におびえた。裏庭の餌箱は、からっぽだった。ああ鳥がいた、と思っても、死にかけていた。ぷるぷるからだをふるわせ、飛ぶこともできなかった。春がきたが、沈黙の春だった…」（レイチェル・カーソン『沈黙の春』新潮社より）

これは今から40年以上前に海洋生物学者レイチェル・カーソンが著した『沈黙の春』にでてくる一文です。殺虫剤などの農薬の大量散布を続けると、鳥などの小動物に被害をもたらし、春になっても鳥の声が聞こえなくなってしまうと、農薬の大量生産と消費をしていたアメリカの社会に警鐘を鳴らしたのでした。

本書で取り上げられた農薬（DDT、BHCなどの有機塩素系殺虫剤と、パラチオンなどの有機リン系殺虫剤）は残留性が高く（つまり効果が長続きする）、大量散布は「食物連鎖」と「生物濃縮」を経て「最後は人間へ」と死の連鎖がジワリジワリと進むことを警告しているのです。さらに個々の人間が汚染されるだけにとどまらず、遺伝子の損傷というかたちで人類の未来が脅かされることを見通すものでした。

この警告以来、アメリカはもとより世界中で農薬の安全性に関する研究が進められ、危機と判断されたものは製造中止や販売禁止の措置が取られたり、使用に際して基準値を設けて対応してきています。

問題3　食料自給率が4割ほどになった日本は、食料の多くを外国からの輸入に頼らざるを得ません。近年では野菜などの生鮮食料品の輸入も大幅に増加しています。レイチェル・カーソンの農薬使用に関する警告から40年以上もたったこんにち、世界の農薬使用に関する基準はどのようになっているのでしょうか。
〈予想〉
　ア．世界中で統一されている。
　イ．それぞれの国で決めている。

説明6　2002年、中国から輸入された冷凍ほうれん草から日本の基準では考えられない程の高濃度の農薬が検出されました。その農薬はクロルピリホスという有機リン系の殺虫剤です。日本の残留基準値は0.01ppmで、中国はその100倍の1ppmです。おもに害虫の神経系に攻撃をかけ殺すもので、日本では当時、シロアリ駆除に使われてはいましたが、農薬としては使われていません。

中国ではほうれん草を栽培する際に殺虫剤として使われたり、輸出する際に害虫駆除のために使われていたと考えられます。この危険な農薬が使われたほうれん草が日本に輸入されていたのです。また、この農薬を使ってほうれん草を作っている中国の農民の健康状態も気になりますね。

かつてアメリカや日本といった先進国でも、毒性の高い農薬が使われ、その危険性が判明するにしたがい、その使用を制限したり禁止したりしてきたという歴史があります。これらの経験を世界中で共有できていれば、事態は違っていたかも知れません。

WHO（世界保健機関）は、その憲章前文の中で次のように述べています。

「どこかの一国があげた健康の増進・保護の業績は、またすべての国

厚生労働省の「輸入食品監視ホームページ」で違反輸入食品の状況が分かる。

（中島紀一『安全な食・豊かな食への展望を探る』2003年, 芽ばえ社）

0.01ppmは10m×10mのプールに1mの深さに水を張り、角砂糖1個を溶かした程の濃度。

収穫後の農産物に散布し、輸送や貯蔵のために使用される農薬＝ポストハーベスト農薬。

にとって価値のあるものである」。

今現在も、飢えに苦しむ人々が世界中に数多く存在することを学びました。その一方で、飽食といわれる日本では、ダイエットも大きなブームになっています。

しかし、そうした飽食やダイエットといった現象は、実は大量の輸入食料によって支えられているのです。しかも、輸入食料品の中には、残留農薬など、問題の多いものも含まれている可能性があります。

自分たちの日常の食生活を見直すことを通して、全世界の食料事情にも、一人ひとりが思いをめぐらせることが重要なのです。

「The achievement of any state in the promotion and protection of health is of value to all.」（世界保健憲章）

2　地球温暖化問題

I　学ぶ意味

　現在、地球環境全体の問題としてあげられるものには、オゾン層の破壊、廃棄物、海洋汚染、酸性雨、砂漠化、森林の伐採など、さまざまな問題がある。しかし、ここでは「地球温暖化現象」について取り上げた。
　地球全体の平均気温は年々上昇の一途にある。その原因は何にあるかといえば、私たち人間の生活や生産活動にあるといえる。そして、地球の温暖化は、地球全体規模での気候の変化や、災害、感染症の蔓延などの問題にかかわる。つまり、地球の温暖化はまさに「地球規模に広がる、原因者と被害者が同一の健康被害」なのである。よって、地球温暖化によっておこる問題について取り上げ、社会と個人の対応について考えさせることは、環境の問題としての知識を深めるだけでなく、自分自身の健康を考える上でも大切なことであると思われる。

II　ねらい

　世界の平均気温は年々上昇の一途にある。その原因には大気中の温室効果ガスの増加や森林面積の減少が関与していることを理解させる。また、それらは人間の活動によって生じることや、一部の地域でおこったことが、そこだけにはとどまらず、地球全体の問題に波及することについて気づかせたい。
　また、今後地球の温暖化がさらに進むと、どのような問題が生じるか、天気や気候、動植物、沿岸域、私たち自身の健康問題といったさまざまな角度から考えさせる。地球の温暖化は地球環境全体の深刻な問題であるのだということに気づかせたい。
　また、地球の温暖化を食い止めるために、世界全体や国家として取り組むべきことや、私たち一人ひとりに何ができるかについて考えさせたい。

◆授業の展開

問題1　下の図を見て下さい。この図は、地球全体のある変化を年代別に表したグラフです。
　何の変化を表したものだと思いますか。

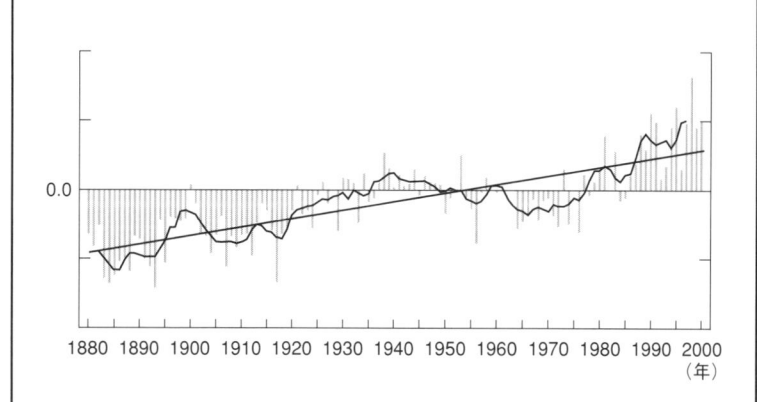

最初は、この項目で「地球温暖化現象」を取り上げることを伏せて問題を提起するとよい。

〈予想〉
　ア．世界の平均降水量の変化
　イ．世界の平均気温の変化
　ウ．世界全体の紙の消費量の変化

説明1　この図は、全地球平均気温の変化を年代別に表したグラフです。よって、縦軸には℃の単位が入ります。

2003年の世界の年平均地上気温（陸上のみ）の平年差は＋0.50℃で、観測を開始した1880年以降では1998年、2002年に次いで3番目の高い気温となりました。世界の年平均地上気温は、長期的には100年で0.7℃の割合で上昇しており、特に1980年代中頃以降、高温になる年が頻出しています。

また、IPCCの2001年度の報告によると、このままでは2100年には平均気温は1.4～5.8℃も上昇すると報告されました。

このように、地球全体の気温は確実に上昇する傾向にあります。

世界の年平均地上気温の平年差の経年変化

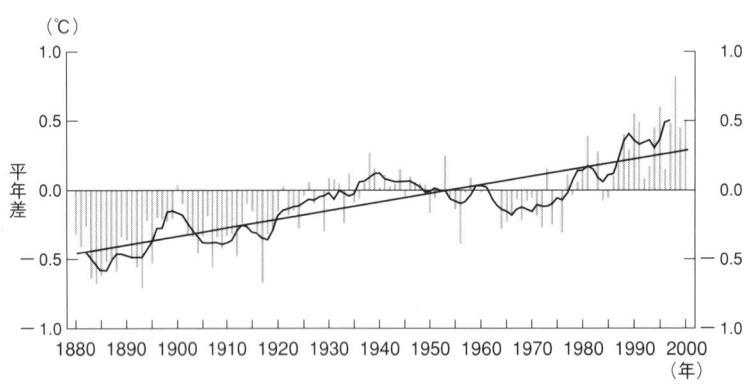

注：棒グラフは各年の値。曲線は各年の値の5年移動平均を、直線は長期傾向を示す。

（環境庁，2000年）

IPCC（Intergovernmental Panel on Climite Change：気候変動に関する政府間パネル）

UNEP（国連環境計画）とWMO（世界気象機関）によって1988年に設置。温暖化に関する科学的な知見の評価、温暖化の環境的・社会経済的影響の評価、今後の対策のありかたの3つの課題について検討している。

質問1　では、このように地球全体の気温を年々上昇させている原因は何にあるのでしょう。

〈予想〉
　ア．地球が温室のようになり、地表の熱がこもるため。
　イ．地球と太陽との距離がどんどん近くなっているため。
　ウ．地表を冷やす働きを担っている南極と北極の氷が徐々に減ってきているため。

説明2　地球の気温は、北極、南極から赤道付近に広がる熱帯までかなりの差がありますが、平均すると約15℃程度に保たれています。これは、大気が太陽からの熱は通す一方、地上で反射して宇宙へ逃げていく熱を吸収しているからなのです。そのため、大気がないと地球の平均気温は低くなり、－18℃ぐらいまで下がってしまうといわれてい

ます。このように、大気が地球を暖める働きを「温室効果」といいます。大気による温室効果があることで、地球は温暖な気候を保つことができます。そして、私たち人間だけでなく多種多様な動植物が生息しやすい環境を形成することができるのです。

　しかし、近年、温室効果を引きおこすガスの増加により大気のバランスが崩れ、温室効果が年々強まっていることが問題となっています。下の図のような二酸化炭素をはじめとする温室効果ガスは、気温が上昇する原因となっているのです。

　このように地球全体の気温の上昇には、「温室効果ガス」が深くかかわっています。

> 温室効果をもたらす気体には、二酸化炭素（CO_2）、メタン（CH_4）、一酸化二窒素（N_2O）、フロン類（CFC など）があげられる。
> 　CO_2 以外の温室効果ガスは、排出量は小さいが、温室効果は大きい。CO_2 と比較すると、メタンは 21 倍、一酸化二窒素は 310 倍もの温室効果がある。

温室効果ガスによる地球温暖化への寄与度

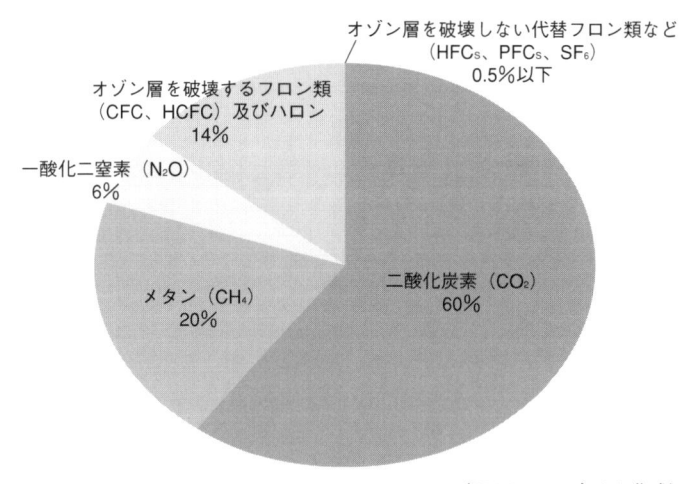

- オゾン層を破壊しない代替フロン類など（HFC_s、PFC_s、SF_6）　0.5％以下
- オゾン層を破壊するフロン類（CFC、HCFC）及びハロン　14％
- 一酸化二窒素（N_2O）　6％
- メタン（CH_4）　20％
- 二酸化炭素（CO_2）　60％

（IPCC，2001 年より作成）

質問2　地球温暖化をもたらす温室効果ガスで一番寄与度が高い二酸化炭素（CO_2）は、なぜ増加したのだと思いますか。あなたの意見を述べてください。

説明3　大気中の二酸化炭素の増加の原因には、二つの原因があげられます。

　まず、一つ目の原因は、「二酸化炭素の排出量が増加した」ということです。私たちは、生活の中で、石油、天然ガス、石炭などの「化石燃料」を燃やすことでエネルギーを得て生活をし、さまざまな生産活動を行っています。これらの化石燃料を燃やすことで二酸化炭素が発生します。これが大気中の二酸化炭素の濃度の上昇の原因となります。日本の二酸化炭素排出量は、世界の全排出量の約5％を占めています（次図上）。また、産業革命以降、人為的に排出された二酸化炭素の濃度は上昇の一途をたどっています（次図下）。

　二つ目の原因としては、「森林面積の減少」があげられます。樹木は、二酸化炭素を吸収し酸素を放出しています。そして、森林は大気中の二酸化炭素の濃度を一定に保つ役割を果たしています。地球上の二酸

> 一部地域で排出された二酸化炭素や、一部の地域での森林面積の減少が、地球全体規模の温暖化問題の引きがねになっていることに気づかせたい。

世界各国の二酸化炭素排出シェア

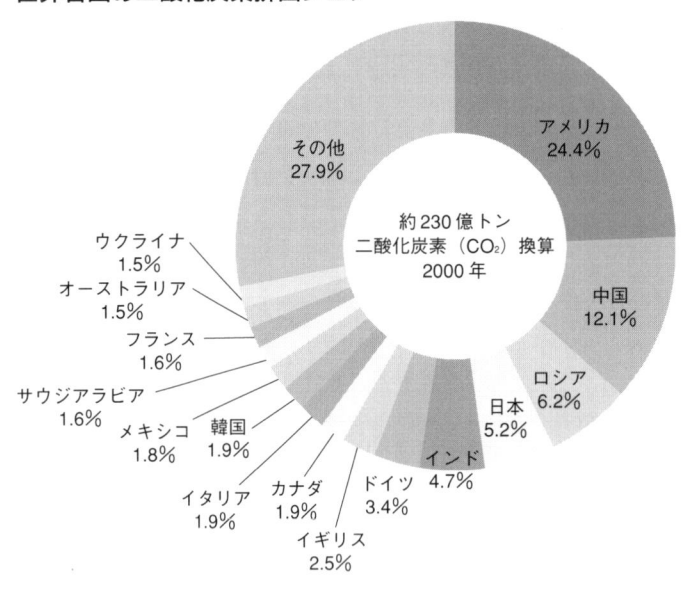

- アメリカ 24.4%
- 中国 12.1%
- ロシア 6.2%
- 日本 5.2%
- インド 4.7%
- ドイツ 3.4%
- イギリス 2.5%
- カナダ 1.9%
- イタリア 1.9%
- 韓国 1.9%
- メキシコ 1.8%
- サウジアラビア 1.6%
- フランス 1.6%
- オーストラリア 1.5%
- ウクライナ 1.5%
- その他 27.9%

約230億トン 二酸化炭素（CO_2）換算 2000年

(オークリッジ国立研究所，2000年)

世界の二酸化炭素排出量の推移

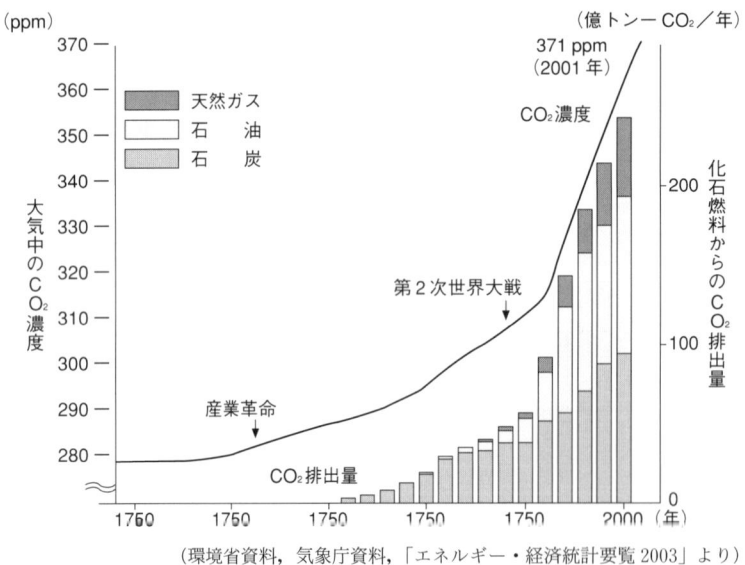

(環境省資料，気象庁資料，「エネルギー・経済統計要覧2003」より)

化炭素の濃度は、森林の樹木、特に熱帯雨林や針葉樹林によって保たれています。このため、これらの森林面積が減少してくると、地球規模で大気中の二酸化炭素の濃度が増加してしまうのです。そのため、熱帯雨林をはじめとした森林の減少は、地球温暖化を加速する原因の一つになるといわれています。

また、森林の役割は、二酸化炭素を吸収するだけではありません。森林は私たちの生活においては、大切な木材の供給源です。また、地球環境においては、土壌の保全、水源としての役割も担っています。

さらに、熱帯雨林には、世界の野生動物の約半数が生息しています。また、いろいろな種類の植物も分布しています。熱帯雨林の減少は、これら自然界の動植物の生態系にも影響を及ぼし、そこに住む野生動物や植物の絶滅の原因にもなりうるのです。

このように、森林は、さまざまな面で大変重要な役割を果たしているため、それが減少してしまうと気温の上昇だけでなく、さまざまな深刻な問題が生じてきます。

> **問題2** では、熱帯雨林の減少の原因は何だと思いますか。
> 〈予想〉
> ア．戦争や内紛によって焼失してしまった。
> イ．地球温暖化が生態系を乱したことで一部の動物が増加し、食い尽くされた。
> ウ．過度の焼き畑や森林の伐採による。

説明4 国連食料農業機関（FAO）によると、世界の森林面積は、38億6900万 ha で陸地の約30％を占めています。そして、森林面積のうち57％が開発途上地域に分布しています。森林面積の減少は、下の図に示したように熱帯雨林に多く、インドネシアでは、1950年以来、森林の40％が失われており、ここ20年間は消失率が2倍に加速しているといわれています。

熱帯雨林の周辺に住む人々は、昔から森林の中で生活をし、森林と上手に共存してきました。これらの地域では、昔から伝統的に「焼き畑農耕」と呼ばれる農業が行われてきました。焼き畑農耕とは、森林を焼き払った土地に作物を植え農業を営み、土地が痩せてくると別の土地に移動するという農業の方法です。昔から行われてきた伝統的な焼き畑農耕では、1年くらいで次の土地に移動していました。その場合、土地にまだ栄養分が残っているので、時間がたてばまたもとの森に戻っていました。しかし、近年行われている焼き畑は、土地に栄養分が残らなくなるほど作物を植えてしまい、結果、森は復元することができず熱帯雨林はどんどん減少していってしまいました。このような、無計画で過度の焼き畑が、熱帯雨林減少の原因の一つです。

また、もう一つの原因としてあげられるのは、森林の伐採です。伐採された木材は、角材や板に加工して家やビルなどの建築材として使われます。薪などの燃料や割り箸にも使われます。普段使っている紙も木材から作られます。その供給源となっているのが熱帯雨林です。

日本人は大変たくさんの木材を消費します。日本にある木だけでは足りないので、熱帯雨林の木を輸入していますし、それだけではなく北の国の針葉樹林の樹木も輸入しています。過度な樹木の伐採が熱帯雨林の減少の原因の一つとなっているわけですから、日本はその原因の一端を担っているといえます。

世界の年間平均森林減少面積（1990—2000年）

（World Bank『World Bank Atlas 2002』）

> **問題3** 地球温暖化が進むと、どのような影響がおこりうると予想されますか。次の点について、予想して答えて下さい。
> 1．天気や気候への影響
> （　　　　　　　　　　　　　　　　　　　　　　　　　　　　）
> 2．動植物への影響
> （　　　　　　　　　　　　　　　　　　　　　　　　　　　　）
> 3．沿岸地域への影響
> （　　　　　　　　　　　　　　　　　　　　　　　　　　　　）
> 4．人間の健康問題への影響
> （　　　　　　　　　　　　　　　　　　　　　　　　　　　　）

グループ学習として取りあげたり、まわりの仲間と話し合って考えさせても良い。

説明5 地球温暖化は、世界の気候や気象にさまざまな影響を与えます。

浸水しやすい地域のことを「浸水脆弱域」といいます。次の図は、温暖化にともなう海面上昇で水害を受けやすい浸水脆弱域を示しています。地球の温暖化により気温が上昇すると、南極や北極の氷や北部地域の氷河などが溶け出します。このため、このままだと2080年までに海面は9〜80cmも上昇すると予測されています。南太平洋のキリバス、ツバル、モルディブなどの島国は、海面の上昇によって、生活飲料水として使用している井戸水が海水化し、深刻な問題となっています。それだけではなく、このままでは50年以内に島全体が水没してしまうという危機に立たされています。また、世界人口の半分近くは、各国の沿岸に位置する大都市に居住しています。このような沿岸地域に熱帯低気圧などによって豪雨がもたらされると、洪水や地滑りなどの災害が多発します。また、高温、多湿になることから、衛生状態の悪いところでは水を介した感染症が拡大したり、マラリアやデング熱などの熱帯性の感染症が広まる原因にもなります。

一方、温暖化によって干ばつがおこるおそれがあるといわれている地域があります。中央アジア、アフリカ、地中海沿岸地域、オースト

温暖化は、一部の地域でおこる現象ではなくて、地球全体規模で気候や気象の変化が発生する。また、そのことが私たちの健康問題にも直結していることを理解させたい。

マラリアやデング熱は、特定の蚊に刺されることで感染する（「感染症問題」の項参照）。
熱帯性の感染症は、蚊などの衛生害虫によって引きおこされるため、温暖化が進むとこれらの衛生害虫の生息域も拡大することになる。

ラリアなどがそうです。このような地域では高温が数日続くような熱波がおこりやすく、温暖化によって水不足や干ばつがおこります。これらは、熱中症の患者や死亡者の増加の原因となります。また、水不足が深刻化することで、飲料水供給施設や下水施設が不十分な地域では、飢餓や栄養失調の危険性が増大します。

海面上昇で被害を受けやすい地域

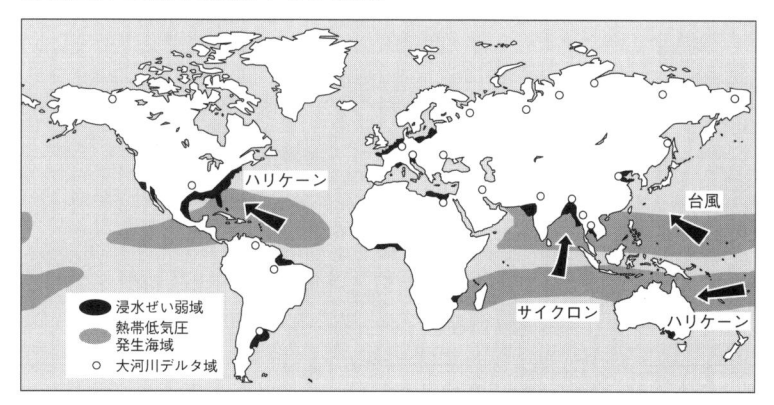

(朝日新聞1997年8月10日)

> **質問3** では、今以上に地球の温暖化が進まないようにするためにはどうしたらよいのでしょうか。意見を述べてください。
> 1．社会全体で取るべき対策
> （　　　　　　　　　　　　　　　　　　　　　　）
> 2．私たちができること
> （　　　　　　　　　　　　　　　　　　　　　　）

説明6 地球温暖化をこれ以上進めないために、社会全体、全世界レベルで取り組むべきこととして、森林破壊を進めないようにすることや、化石燃料に代わるエネルギーの開発、リサイクルの推進などがあげられます。また、地球温暖化防止に対する取り組みを国際的に協調して行っていくために、日本をはじめ各国は「気候変動枠組条約」を採択し、温室効果ガスの排出に制限を設け、その削減に取り組んでいます。

また、私たち一人ひとりができることとしては、紙をリサイクルするために分別する、エネルギーの節約（電気の節約・公共の交通機関の利用）などがあげられます。

気候変動枠組条約は、1992年5月に採択され、1994年3月に発効した。現在は、具体的なルールを定めた「京都議定書」の批准が進められている。

この問題は「総合的な学習の時間」を利用してさらに学習を深めることも考えられる。

3 感染症問題

Ⅰ 学ぶ意味

最近世界各国において脅威となった、「SARS」などの感染力が強く重篤度が高い「新興感染症」は、わが国においても潜在脅威となっている。各国間で人や物の国際交流が激しいこんにち、そのような新興感染症や地域特有の風土病について取り上げ、社会と個人の対応について考えさせることは、国際交流の進展の上での健康ということを考えるととても重要であると思われる。

Ⅱ ねらい

現在、先進国では生活習慣病が死亡原因の上位を占めているが、世界的レベルで死亡原因を考えると、第1位は「感染症（微生物感染症）」なのであるという事実を取り上げる。特に、開発途上国では現在も微生物感染症が脅威になっており、そのような国と交流があり、人や物品の行き来がある日本はこの問題と果たして無関係なのだろうかということを、導入として考えさせる。

また、新興感染症の例として「SARS」を取り上げる。中国で発生した「SARS」が世界各国へと感染が広がっていったいきさつを例に、人の移動による感染症の蔓延の危険性について理解させたい。そして、「SARS」などの病気を蔓延させないためには、病気が発生してしまった国の政府や医療機関での迅速かつ的確な対応が重要であることも理解させる。また、風土病であるマラリアを例に、このような病気の蔓延する地域に旅行をする場合に、一人ひとりができることについても考えさせたい。

◆授業の展開

> **問題1** 現在、日本人の3大死亡原因は、1位「がん」、2位「心臓病」、3位「脳卒中」です。
> では、全世界で3大死亡原因を考えると、どうなるでしょうか。語群から死亡原因を選んで1位から予想して順番に答えてみてください。
> 〈語群〉
> 肺炎　自殺　心臓病　脳卒中
> 不慮の事故　感染症　がん　老衰
>
> 1位＿＿＿＿　2位＿＿＿＿　3位＿＿＿＿

この場合の感染症は、正確には「微生物感染症」である。

> **説明1** 1945(昭20)年頃まで、わが国の死亡原因の第1位は「結核」つまり感染症でした。しかし、その後、日本人の死亡原因は大きく変化しました。現在、日本人の3大死亡原因は、1997年以降ずっと、1位「がん（悪性新生物）」、2位「心臓病（心疾患）」、3位「脳卒中（脳血管疾患）」です。特に、がんは年々増加の傾向にあります。また、日本だけでなく、アメリカやヨーロッパなどの先進国においても、順位に多少の変動はあるものの状況はほぼ同じです。つまり、これら3

2003年現在、日本人は、30.5％ががん、15.7％が心臓病、13.0％が脳卒中で死亡している。（厚生労働省「人口動態統計」2004年）

VI章　国際交流の進展と健康

つの病気は、先進国における3大死亡原因ということができます。これらの病気は、糖尿病や高脂血症などとともに、わが国では「生活習慣病」と呼ばれています。生活習慣病を防ぐことは、現在、わが国のみならず先進国において大きな健康課題であるといえるでしょう。

しかし、死亡原因を全世界的に考えると、状況は異なります。WHO（世界保健機関）の統計によると、世界全体の死亡原因の第1位は、「感染症」です。1999年には、世界中で約5,000万人が死亡していますが、そのうち感染症で死亡した人は約1,400万人にものぼります。2位は心臓病で約750万人、3位はがんで約700万人です。なお、脳卒中は4位で、約550万人です。

このように、死亡原因を世界全体で考えると、圧倒的な1位は現在もなお感染症なのです。特に開発途上国では、感染症は大変恐ろしい病気であると考えることができます。

では、感染症がおもな原因に入っていない現在の日本では、感染症は脅威ではないと考えてもよいのでしょうか。

> **問題2**　SARSは、2002年の終わりから2003年の初夏ごろにかけて、世界各地に急速に感染が広まり猛威をふるいました。SARSウイルスは、2002年11月下旬に中国の広東省で発生したと推定されています。その後感染は、香港、ベトナム、カナダ、シンガポールへと急速に広まり、2002－2003年の流行では、世界29ヵ国から8,098件が報告され、うち774名が死亡しました。
>
> では、このように、SARS感染が世界各国に急速に広まった原因は何でしょうか。予想してみましょう。
>
> 〈予想〉
> ア．流行地域でウイルスが付着した食料品が各国へ輸出され、感染が広まった。
> イ．流行地域を旅行した人が気づかないうちに感染し、感染した人の移動によって感染が広まった。
> ウ．流行地域から輸入した物品にまぎれ込んでいたネズミがSARSウイルスに感染していて感染を広めた。

説明2　中国で発生したとされるSARSウイルスが中国以外の国に広まったのは、SARSに感染した広東省の男性医師が2月下旬に香港に旅行した際、同じホテルに宿泊した数人に感染してしまったのがきっかけと考えられています。ホテルで感染し、潜伏期にあった人たちが、気づかずに、ベトナム、カナダ、シンガポールへと移動したため、その地で新たに感染が広まってしまったのです。

日本国内ではまだ感染者は報告されていませんが、2003年5月にSARSに感染した疑いのある台湾人医師が、日本に観光旅行にやってきていたことが発覚し、幸いにも国内にSARS感染が広まることはなかったものの、医師が訪れた大阪・京都・兵庫・香川・徳島では一時

SARSは「Severe Acute Respiratory Syndrome」の略で、「重症急性呼吸器症候群」のことである。WHOはこの病気が問題化した2003年3月中旬から原因究明にとりくみ、4月に原因が新型の「コロナウイルス」であると発表した。

潜伏期間は2～10日。発症すると、38℃以上の発熱、せき、呼吸困難、全身の倦怠感、頭痛、筋肉痛、下痢などがおこる。主として「飛沫感染」によって人から人へ感染すると考えられている。推定死亡率は約10％。子供の発症者は少なく重症化することはまれで、高齢者の致死率が高いのが特徴である。

コロナウイルスは、インフルエンザウイルスと同じように一般に低温・乾燥の環境を好む。

SARSは、1999年4月の感染症法施行以来、初めて「新感染症」となった（2003年4月）。その後、「指定感染症」に指定され（2003年7月）、2003年11月には感染症法の改正により「一類感染症」となった。

騒然となりました。

　航空機の発達によって、私たちは簡単にしかも手軽に世界各国へ旅行することができるようになりました。しかしそのことは、SARSのように、人から人へと感染が及ぶ重篤な感染症を拡散させる原因となってしまうこともあるのです。

> **質問1**　今後、日本でSARS患者が発生してしまった場合、感染を防ぐために私たち自身ができる予防策は何でしょうか。考えてみましょう。

　説明3　SARSは、主として「飛沫感染」によって人から人へ感染します。そのため、まずは、なるべく人ごみを避けることが大切です。やむを得ず人ごみなどの感染がおこる可能性が高い場所へ行ったり、外から帰ってきたら、うがい、手洗いを丁寧にすることが重要です。トイレの後の手洗いも重要です。SARSウイルスには、消毒用アルコールやうがい薬も有効なので、併用するとより良いでしょう。また、マスクを着用することも予防につながります。さらに、不規則な生活や疲労の蓄積は身体の免疫機能が低下するため、普段から栄養や睡眠を十分とり、体力づくりをしておくことも大切です。

　このような個人でできる予防対策は、SARSだけでなく他のさまざまな感染症に対しても有効です。

> **問題3**　ベトナムとカナダではどちらも2003年2月23日にはじめてSARSの「可能性例」が報告されました。
> 　では、その後、SARS患者の累積報告数と死亡者数はどちらの国が多くなったと思いますか。予想して下さい。
> 　また、その理由も考えてみましょう。

　説明4　同じ日に最初の患者が発生した両国でしたが、カナダでは感染者数が増加し続け、累積報告数251名、死亡者数43名にのぼってしまいました。しかし、ベトナムでは63名、死亡者数は5名にとどまりました（2003年9月26日現在）。

　では、医療先進国であるカナダの方がベトナムよりも累積報告数・死亡者数ともに多くなってしまったのはなぜでしょうか。

　患者が発生した当初、ベトナムのハノイの病院では、院内感染対策は不十分なものでした。しかし、ベトナムでは、感染規模の小さいうちに医療従事者のマスクやガウンの着用、徹底した患者の隔離治療を行いました。さらに、ベトナム政府は、SARSに関する情報を公開し、患者との接触者の追跡調査を徹底的に実施しました。これらの方策が功を奏し、二次感染が最小限に食い止められ、4月下旬にはSARSを制圧することができたのです。

　一方、カナダは、新たな感染者が発生しなくなったことで、4月下旬には渡航延期勧告の早期解除をWHOに働きかけていました。その

SARSコロナウイルス

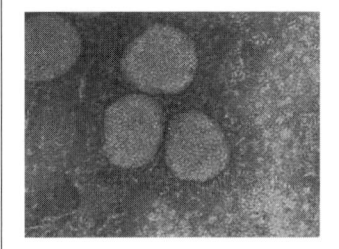

（WHO提供）

「飛沫感染」とは
　感染者がせきやくしゃみをすると、鼻やのどから病原体を含んだ分泌物が「飛沫（しぶき）」となって飛散する。それが直接他の人の鼻やのどの粘膜、または目の結膜を通して感染をすること。

「空気感染」とは
　乾燥に強い病原体を含んだ飛沫が蒸発するなどして、非常に小さく軽い粒子（飛沫核）となった場合、空中に長時間ただよい空気の流れに乗って移動する。この飛沫核が原因で感染するのが空気感染である。また、飛散している埃に細菌が付着し、それを吸入することで感染がおこる場合もある。

後、WHOの感染地域指定も解除され、5月中旬にはSARS制圧に成功したと考えられました。しかし、それから2週間もたたないうちに新たな感染者が発生し、再びトロントは感染地域に指定されました。医療先進国のカナダでの再流行は、SARS制圧がいかに困難であるかを示しており、最後の患者がいなくなるまで気をぬけないことをあらわしているといえましょう。

また、政府ぐるみの患者隠しが問題になった中国では、結果的に患者数の爆発的増加、対応の遅れにつながってしまいました。

このように、SARSのように治療法が確立されておらず、爆発的に広まる可能性のある「新興感染症」への対応は、個人だけではなく、政府や医療機関の迅速で的確な対応が大変重要であるということが、各国間の患者発生数や死亡者数の違いから理解できます。

問題4 次の表をみて下さい。

感染症名	流行地域	症状
ウエストナイル熱	北米・アジア・アフリカ・ヨーロッパ	急な発熱、頭痛、背部痛、めまい、発汗、全身の発疹、リンパ節の腫れ、扁桃の炎症など。ほとんどの場合短期間に回復するが、悪化すると脳炎になる。脳炎は50歳以上に多くみられる。
デング熱	アジア・アフリカ・中南米・オーストラリアの一部	突然発熱し、38〜40℃で5〜7日持続する。激しい頭痛や関節痛、筋肉痛、発疹が生じる。また、発熱期の最後や解熱後に足腿部、腋下、手のひらに軽い皮下出血が出現する。軽症で済むことが多いが、まれに「デング出血熱」という重症疾患になる。
黄熱	アフリカ・南米	発熱、頭痛、筋肉痛、悪心、嘔吐など、症状が悪化すると出血症状（鼻血、歯肉からの出血、吐血）やたんぱく尿が現れる。黄疸が出るため黄熱と呼ばれる。
日本脳炎	アジア	感染すると、50〜1000人に1人の割合で発病する。40℃以上の発熱、頭痛、嘔吐、意識障害、けいれん、異常行動などがおこる。発熱は7〜10日続き、発病後7日前後で死亡する。治っても精神障害や運動障害などの後遺症が残ってしまう場合もある。
マラリア	アジア・アフリカ・中南米	悪寒、震えをともなう発熱、顔面紅潮、呼吸切迫、結膜充血、嘔吐、頭痛、筋肉痛などがおこり、これが4〜5時間続くと、発汗とともに解熱する。このような熱発作をくり返す。治療が遅れると、意識障害、腎不全などをおこし死亡する。

これらの感染症は、すべて同一の原因で感染します。では、そ

の感染のしかたは何だと思いますか。予想してみましょう。
〈予想〉
　ア．人から人へせきやくしゃみで感染。
　イ．病原体に汚染された食品や水を摂取することで感染。
　ウ．蚊に刺されることで感染。

説明5　これらの感染症は、すべて蚊に刺されることで感染する病気です。予防策として、こうした病気が流行する地域に行く場合は、防虫スプレーやクリーム、蚊取り線香などを使用し、肌を露出しないような服装をして蚊に刺されないようにすることが大切です。また、感染症の種類によっては、予防接種や予防内服薬がある場合もあるので、専門家に相談することも必要です。

このように、これらの感染症は、日本国内では感染しない病気であっても、海外に行くことで気づかないうちに感染するかもしれないという点で充分注意を要する感染症であるといえます。

質問2　みなさんが海外に行く場合、感染症をはじめ病気を予防するために、どのようなことに注意をすべきだと考えますか。また、万が一感染した場合や感染のおそれがある場合、どうしたらよいと思いますか。まとめてみましょう。

説明6　海外に行く前には、渡航先の国の「風土病」があるかどうか、また、渡航先の気候や季節などについて、あらかじめ調べておくことが大切です。必要に応じてその病気の予防接種をしたり、季節や気候にあった服装を用意することが、感染症をはじめとしたさまざまな病気を予防することにつながります。さらに、持病の薬やかぜ薬、下痢止め、虫除けスプレー、虫さされの薬なども準備しておくと安心です。

海外で感染する病気の中には、潜伏期間があり、感染してもすぐには発病しないものもあります。日本ではみられない感染症に感染し、帰国後に発病した場合、海外で感染した病気だと分からずに診断が遅れたり誤診されることも考えられます。そうなると、感染者の命にかかわるだけでなく、重篤度の高い病気が日本で蔓延してしまうことも考えられます。

このようなことを防ぐために、帰国後1～2か月は、体調の変化に気を配ることが大切です。また、滞在中や帰国後に体調を崩し、何らかの病気に感染したおそれがある場合は、早めに医療機関へ行き、医師の診察を受けるようにしましょう。その際は、いつ海外へ行って来たかということを必ず医師に告げることが重要です。

全国の主要な海港・空港には、検疫所が設置されており、海外から到着した人に次のような用紙を配布しています。一人ひとりの感染症に対する対応は、個人の健康のためだけでなく社会に病気を蔓延させないことにもつながるのです。

原因となる蚊の種類
＊ウエストナイル脳炎・マラリア
　→ハマダラカ

＊デング熱
　→ネッタイシマカ

＊日本脳炎
　→コダカアカイエカ

病原体に汚染された食品や水を摂取することで感染する感染症には、赤痢、腸チフス、コレラ、A型肝炎、ポリオなどがあげられる。

海外に行く場合は、あらかじめガイドブックで現地の状況を調べたり、旅行会社に問い合わせておくとよい。

また、厚生労働省検疫所では、海外渡航者、旅行業者、医療従事者が渡航先で感染症にかからないための各種情報を提供している。たとえば、国際空港の出国エリアには「出国健康相談コーナー」が設置されており、国別の情報などが記載されたパンフレットを無料で配布している。

海外渡航者のための情報提供のためのホームページ（FORTH [FOR Traveler's Health]「海外渡航者のための感染症情報」）でもさまざまな情報を提供している。

検疫所の役割

〈検疫法に基づくもの〉

　日本に常在しない感染症の病原体が海外から国内に侵入することを防止する（来航者の検査等）。

　感染症の媒介動物（蚊やネズミ等）の調査や駆除、消毒を行う。

〈食品衛生法に基づくもの〉

　輸入食品の安全性を確保するため、輸入される各種の食品、食器などの器具等の輸入の届出の審査及び試験検査を行う。

　輸入食品等に含まれる残留農薬、添加物、抗生物質、重金属や病原微生物、カビ毒、放射能などについての監視を行う。

◆**執筆者（執筆項目）** 執筆順

藤田　和也（一橋大学教授）	序-1、I-1
池田　　忍（埼玉県立深谷第一高等学校教諭）	序-2、II-3
和唐　正勝（宇都宮大学教授）	序-3
岡崎　勝博（筑波大学附属駒場中・高等学校教諭）	I-2、IV-2、III-1
野村　良和（筑波大学教授）	I-3
数見　隆生（宮城教育大学教授）	II-1、IV-1
戸野塚厚子（宮城学院女子大学助教授）	II-2
今村　　修（東海大学教授）	II-4、III-3
小浜　　明（びわこ成蹊スポーツ大学助教授）	III-2
小泉　　綾（湘北短期大学講師）	IV-3、VI-2、VI-3
村上　恭子（広島県立廿日市西高等学校教諭）	IV-3、VI-2
坂田　利弘（愛知教育大学教授）	IV-4
菅沼　徳夫（千葉県立君津養護学校教諭）	IV-5
下村　義夫（上越教育大学教授）	V-1
友定　保博（山口大学教授）	V-2
面澤　和子（弘前大学教授）	V-3
山梨八重子（お茶の水女子大学附属中学校養護教諭）	V-4
佐藤　　理（福島大学教授）	VI-1
森　　昭三（びわこ成蹊スポーツ大学学長）	「授業書」方式による運営のしかた

□**協力**

角田　仁美（東海大学）	I-2、II-4、IV-2
岡本　利明（大阪府立北野高等学校教諭）	III-2

◆**保健教材研究会事務局**

〒305-8574　つくば市天王台1-1-1
筑波大学体育科学系
野村　良和
Tel. & Fax. 029-853-2691

最新「授業書」方式による保健の授業
©K. Fujita 2004　　　　　　　　　　　　　　　NDC375 184p 26cm

初版第1刷発行──2004年11月20日

編　者──────保健教材研究会
発行者──────鈴木一行
発行所──────株式会社 大修館書店
　　　　　〒101-8466 東京都千代田区神田錦町3-24
　　　　　電話03-3295-6231(販売部)/03-3294-2359(編集部)
　　　　　振替00190-7-40504
　　　　　［出版情報］http://www.taishukan.co.jp
　　　　　　　　　　　http://www.taishukan-sport.jp(保健体育・スポーツ)

装丁者──────平　昌司
印刷所──────広研印刷
製本所──────難波製本

ISBN 4-469-26561-6　Printed in Japan
Ⓡ本書の全部または一部を無断で複写複製（コピー）することは，
著作権法上での例外を除き禁じられています。

新版 「授業書」方式による 保健の授業

保健教材研究会 編

新しい保健授業の道筋を示す

本書は、中学校の保健授業を「授業書」形式でまとめたものであり、好評のうちに版を重ねてきた。今回、内容を全面的に見直し、喫煙、飲酒、薬物乱用、エイズなどの項目を新たに加え、新学習指導要領（平成11年告示）にも対応するよう改訂した。判型もこれまでより大きく、見やすくなっている。

●B5判・168頁　**本体2,300円**

■主な内容
1. からだの発達：人間らしいからだの発達／中学生期の発育・発達の特徴／二次性徴のあらわれ／月経と射精　ほか
2. 精神の発達と心の健康：脳の発達とその条件／中学生期の精神の発達と自己形成／心身の相関と健康
3. 健康と環境：体温の自動調節／適応の限界／適応の限界への挑戦／明るさの確保と騒音防止／空気条件とその調節／水の利用と確保／し尿・ゴミの処理と再利用／地球環境の保全　ほか
4. 傷害の防止：中学生期の事故・傷害／交通事故の要因とその防止／危険を予知する能力／交通事故防止のための社会的対策／人工呼吸／応急処置
5. 病気の予防：病気の発生要因／感染症の予防／生活習慣病の予防／病気応急処置／喫煙・飲酒・薬物と健康
6. 健康と生活：現代生活と運動／運動の効果とその行い方／健康な食生活／疲労の発生、回復／社会が病気をつくる、社会が健康を守る／健康を求める国民の運動

補章：「性とエイズ」

大修館書店　書店にない場合やお急ぎの方は、直接ご注文ください　Tel.03-5999-5434

小学校 「授業書」方式による 保健の授業

保健教材研究会 編

第3学年からの保健授業に対応！

「指導案＋教科書＋ノート」の性格を兼備した「授業書」による授業は、子どもにとって楽しく、また科学的認識を育てるのに最適とされている。平成14年度より実施に移される新しい学習指導要領に示された学習内容を網羅する約30編を収載。

【主要目次】
1. 毎日の生活と健康　2. 育ちゆく体とわたし　3. けがの防止
4. 心の健康　5. 病気の予防　6. 補章　付録．小学校学習指導要領解説（抜粋）

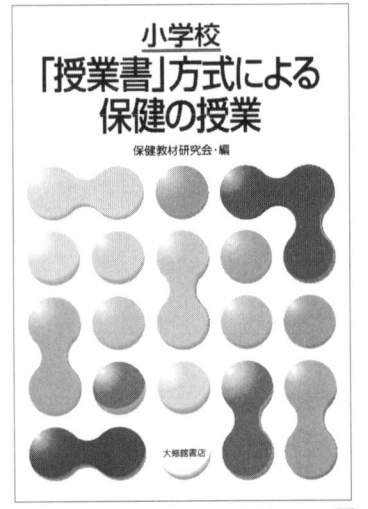

■B5判・160頁　**本体2,300円**

大修館書店　直接注文はお電話で。03-5999-5434　詳細を紹介しています。http://www.taishukan.co.jp

定価＝本体＋税5％（2004年10月現在）

新版 保健の授業づくり入門

森昭三・和唐正勝 編著

● A5判・362頁
定価2,625円（本体2,500円）

"楽しい・わかる" 授業づくりに！

教材づくりや評価はどうすればよいのか，教師はどんな技量を身につければよいのかなど，授業づくりを軸に保健科教育の理論と方法を余すところなく展開した，楽しい・わかる保健の授業づくりに最適のテキスト。指導要領の改訂を機に，課題学習やライフスキルも取り上げて最新化した。

【目次】
1. 保健授業の今日的課題
2. 魅力ある保健の授業像
3. 保健授業の教育内容と教材づくり
4. 保健の授業展開
5. 保健の授業研究と評価

大修館書店　　書店にない場合やお急ぎの方は、直接ご注文ください。☎03-5999-5434

〈シナリオ〉形式による保健の授業

近藤真庸 著

誰もができる楽しい授業の道しるべ

「授業記録を公開することの最大の意義は、追試への意欲と見通しを喚起させることにある」と考える著者は、「シナリオ形式」と呼ぶ"誰もがイメージできる表現形式"で自身の授業を記録している。本書には、これまでバージョンアップを重ねてきた9つの授業記録が「シナリオ形式」で再現され、あわせて、保健指導のアイディアも多数収録されている。
大好評の前著『保健授業づくり実践論』の続編。

A5判・上製・216頁 **本体2200円**

大好評5刷！
保健授業づくり実践論
近藤真庸 著

すぐれた保健授業を開発してきたことで知られる著者が、自身の実践に材をとって、教材開発のノウハウや授業づくりの舞台裏を明らかにする。　A5判・242頁 **本体2200円**

大修館書店　　書店にない場合やお急ぎの方は、直接ご注文ください。Tel.03-5999-5434

定価＝本体＋税5％（2004年10月現在）

のんちゃんたちの 口の中探険 上・下2巻

ドキドキワクワク なるほど ザ・保健指導

好評発売中

岡崎好秀 著／下野 勉 監修／株式会社松風 企画制作

[上] よい歯をつくろう！むし歯予防コース
[下] 楽しくおいしく食べよう！かみかみコース

たのしい歯の教材絵本、上下2巻ついに完成／愉快なクイズ、興味しんしんの実験、ユーモアあふれる「お話し」満載／「なるほど」と読み進むうちに、子どもたちは（いえ、大人も）、たんにむし歯予防だけでなく、「食べること、噛むことの本質」へと導かれていきます。歯の保健指導がグーンとおもしろくなると大好評。

各A4判・48頁
オールカラー
上＝本体1600円
下＝本体1456円

先生、ご自分の歯をなめてみてください。どんな感じがしますか？
1、ツルツルする
2、ヌルヌルする
3、ザラザラする
えっ！ヌルヌル、ザラザラするって……
先生は、虫歯菌の"うんち"をなめたんですヨ!?

大修館書店
〒101 東京都千代田区神田錦町3-24
電話03-3294-2221〈大代表〉

養護教諭のための看護学

藤井寿美子・山口昭子・佐藤紀久栄 編

学校現場でのとまどいや不安を解消!!

養護教諭にとっての「看護」の基礎・基本をおさえ、実際に学校現場において遭遇する場面に対応する能力を身につけることを目的とした内容構成。理解しておくべき知識と、習得すべき基礎的技術と看護実践が盛り込まれた、現職及び未来の養護教諭必携の書。

【主要目次】
Ⅰ.総論（1.看護学総論／2.基礎看護論）
Ⅱ.各論（3.小児看護／4.思春期看護／5.母性看護／6.成人看護／7.老人看護／8.眼科疾患と看護／9.耳鼻咽頭疾患と看護／10.歯科保健／11.訴えや症状に対する理解と看護／12.障害のある児童生徒への理解と看護／13.健康教育／14.健康相談活動／15.地域看護）
Ⅲ.実習（16.基礎看護／17.救急処置／18.臨床実習）
Ⅳ.参考資料

●B5判・200頁・本体2200円

大修館書店 書店にない場合やお急ぎの方は、直接ご注文ください。Tel.03-5999-5434

定価＝本体｜税5％（2004年10月現在）

変革期の養護教諭
―企画力・調整力・実行力をつちかうために

森　昭三（筑波大学名誉教授）

教育改革を支えるキーパーソンとして!!

　急激に変化した養護教諭をめぐる状況とその職務を整理し、期待とエールをこめて、これからの養護教諭に求められる資質、果たすべき役割、さまざまな課題に対応する際の考え方・ヒント等を盛り込んだ、現場の養護教諭、養護教諭養成課程の学生必携の書。

■四六判・288頁　本体1,800円

【主要内容】
第1章　教育改革と学校保健
1.「生きる力」と学校保健
2.ヘルスプロモーションと学校保健
3.教育改革と学校保健のこれから

第2章　教育改革と養護教諭
1.保健主事としての仕事も担う養護教諭
2.ヘルスカウンセリングを担う養護教諭
3.保健の授業を担う養護教諭

第3章　学校保健活動と養護教諭
1.主体管理をめぐる問題状況と課題
2.環境管理をめぐる問題状況と課題
3.生活管理をめぐる問題状況と課題
4.健康教育をめぐる問題状況と課題
5.保健室の組織運営

第4章　養護教諭の研究
―力量形成のために
1.力量形成をめぐる課題
2.保健の授業づくりの力量をつける
3.研修を考える

第5章　終わりにかえて
―養護教諭の「専門性」を支える「養護概説」

大修館書店　直接注文はお電話で。03-5999-5434　詳細を紹介しています。http://www.taishukan.co.jp

教育としての健康診断

日本教育保健研究会健康診断プロジェクト [編]

子どものための学校健康診断はどうあるべきか？

学校健康診断とは何か？　どんな健康診断が子どもにとって必要なのか？　子どもにとって意味のある健康診断に仕立てるにはどうしたらよいのか？　近年の自覚的で追求的な健康診断実践の積極面を整理し、具体的な実践像として描き出すとともに、これまでの学校健康診断をめぐる議論や政策・歴史を見直しつつ、これからの学校健康診断のあり方を探る。

■主な内容
1章：学校健康診断の意義と役割　2章：学校健康診断の教育的役割（実践例）
3章：見えてきた「子どものための健康診断」の実践像　4章：戦後学校健康診断の歩みとその性格　5章：これからの学校健康診断

●B5判・160頁
定価2,100円（本体2,000円）

大修館書店　書店にない場合やお急ぎの方は、直接ご注文ください。　Tel 03-5999-5434

定価＝本体＋税5％（2004年10月現在）

健康教育ナビゲーター 知っておきたいキーワード210

渡邉正樹＝著
A5判・224頁 定価2,100円（本体2,000円）

健康教育の"いま"がわかる！

ヘルスプロモーション，健康寿命，リプロダクティブ・ヘルス／ライツ……，次々に登場してきた健康教育に関する重要な概念や用語を，わかりやすく，丁寧に解説。理解を助け，実際の指導場面でも役立つ20の「お話」，問題への着眼点，指導のポイントが豊富に盛り込まれた「読む」用語集。

【キーワード】健康寿命／PTSD／薬剤耐性菌／BSE／低容量ピル／サプリメント／アレルギー／生殖医療／ジェンダー・フリー／ドメスティック・バイオレンス／新エンゼルプラン／健やか親子21／介護保険制度／インフォームド・コンセント／環境ホルモン／HACCP／消費者契約法／グリーン購入／意思（志）決定／恐怖喚起コミュニケーション／エンパワーメント／EBM 他

大修館書店　書店にない場合やお急ぎの方は、直接ご注文ください。☎03-5999-5434

学校保健・健康教育用語辞典

大澤清二、田嶋八千代、礒辺啓二郎、田神一美、渡邉正樹 編

●A5判・450頁
定価3,360円（本体3,200円）

高等学校保健体育の教科書に出てくる用語はもちろんのこと、日常で使用されている保健に関する用語や学校保健に関する用語、約2,600語を解説。広範にわたる用語を簡潔にまとめた画期的な辞典。学校保健関係者にとって必携の書。

教育現場でよく使われる保健・健康関連の用語を網羅！

鳥インフルエンザ／SARS／O157／エイズ／HIV／エコノミークラス症候群／SRSV食中毒／性感染症／狂牛病／肝炎ウイルス／ヘルスプロモーション／健康リテラシー／意志決定・行動選択／栄養教育／遺伝子組み換え食品／健康寿命／シックハウス症候群／セカンド・オピニオン／ドメスティックバイオレンス／環境ホルモン 他

大修館書店　書店にない場合やお急ぎの方は、直接ご注文ください。☎03-5999-5434

定価＝本体＋税5％（2004年10月現在）